斎藤 眞

アメリカを探る

自然と作為

古矢 旬・久保文明監修

みすず書房

アメリカを探る　自然と作為

目次

Ⅲ

IV

凡例

一　「まえがき」にもあるように、本書の構成は著者の指示によるが、監修者の判断で全体を四部に分け、併せて監修者による解題を各章末に付した。

一　用字・用語はじめ表記については、書かれた時期に幅があることもあり、各章ごとの基準を尊重し、全体を通しての統一ははからなかった。但し、数字表記は全て漢数字に改め、明らかな誤字・誤植は訂正した。

一　参考文献及び註については、表記の仕方を現在の水準で見直し、統一した。読者の便宜のためにその後の情報を補ったところもある。

アメリカを探る——自然と作為

まえがき

戦後日本にあって、長くアメリカ研究を牽引し続けた斎藤眞の長逝は、二〇〇八年一月一六日のことである。著者の死後一〇年を経て、ここに新たな論文集を編み、上梓するにあたっては、その経緯についていささかの説明が必要であろう。

著者はその六〇年余りの研究者生活をとおして、『アメリカ政治外交史』(一九七五年)『アメリカ現代史』(一九七六年)などの書き下ろしの通史や多数の編著にくわえ、ゆうに三〇〇を越える論文、学術的書評、評論、エッセイ等を残している。著者斎藤が、戦後日本の数少ないアメリカ研究のパイオニアの一人であり、早くからアメリカ万般について意見や助言を求められる立場にあったためもあろう、この膨大な作品群は、今日の専門分化したアメリカ学からは考えられないほど、広範多岐な分野に及び、多様なテーマを含んでいる。

これらの作品群のなかから、著者は生前、『アメリカ外交の論理と現実』(一九六二年)、『アメリカ史の文脈』(一九八一年)、『アメリカ革命史研究』(一九九二年)、『アメリカとは何か』(一九九五年)のつごう四冊の論文集を刊行している。ただし、このうち『アメリカとは何か』は、『アメリカ史の文脈』中の一篇を別の論文に差し替え、巻末に新たに一篇を「補論」として付け加えたにとどまり、実質的には同書の改訂版である。

これらの論文集を編むにあたって、著者は、論文集がえてして陥りがちな、たんに著者個人の学問的来歴の記録や存在証明に堕してしまう弊を避けるため、いくつかの原則を立てている。第一に、論文集ごとに、その時々のアメリカ研究にとって有意性のあるテーマを設定すること。第二に、そうしてあらかじめ設定された中心的かつ求心的テーマに相応し、相互に緊密に連関する論文だけを厳選して入れること。第三に、選択した論文間の叙述・論旨の無駄な重複を避けるために、元の論文を徹底的に推敲すること。第四に、元の論文の発表以後の研究史の展開を、できる限り追記や註の中で補うことで、論文集を時々の先端的な学問水準にかなうものとすること。これらの諸原則は、著者が、折に触れ後進を諭すかたちで述べられたものであるが、自らもそれにつくことによって、著者の過去の論文集は、そのいずれもが緊密な統一性を有する独立の一書として成り、今日では、各分野のアメリカ研究者が当然にふまえるべき古典とみなされるにいたっている。

このような論文集の性格が示唆するように、著者は学術研究のスタイルとして、膨大な史資料とともに沈潜し、長い雌伏の末に大著を書き下ろすというやり方はとらなかった。というよりも、研究以外の教育、大学行政、さらには学会の指導、運営などで終生多忙を極めた著者には、そうしたやり方はとりえなかったというのが正確かもしれない。かかる事情のしからしむるところ、著者は、細分されがちな貴重な研究時間を活かし、時々のアメリカ研究の動向と頻繁に交わり、対話をかわしながら、そのつど得られた着想を急ぎ論文という形で定着させる方法を選んできたといえよう。

ただし、そのような学術研究がともすれば、外からの要請に受動的に応答するだけの他律性に支配される危険についても、著者は十分に自覚的であったように思われる。というのは、著者の論文の多くは、より具体的かつ限定的な研究課題を追求しながら、同時にそれらの直接的な課題を包含し、大きく方向付けるより高次で持続的な、いわば戦略的な問いを伏在させているからである。おそらくこうした問いをつねに念頭においてきた結果であろうか、著者の研究は全体として、独創的な視角から捉えたアメリカの政治社会の構造的特色やその根本的な歴史的由来の解明に向けられ、他律に起因する散漫や拡散をまぬがれてきたといえよう。

著者が終生問い続けたそのような大きな問の一つが、アメリカ政治社会における「自由と統合」の矛盾にほかならない。その初発から、多様な個々人の抑えがたい自由への欲求をほぼ手放しで承認、奨励してきた近代のアメリカ社会は、それではいったいいかにして統合されてきたのか、制約なき自由と国民国家としての秩序とはどのような緊張関係にあり、それはアメリカ史のなかでいかなる変容をとげてきたのか。

著者の回顧によれば、こうした問題群を最初に意識したきっかけは、はじめての滞米生活で目の当たりにした一九五〇年代のマッカーシイズムにあったという。冷戦の開始を契機とし、ソ連共産主義に対するアメリカ自由主義の擁護が、すでに国民的コンセンサスとなっていた当時のアメリカは、同時に苛烈な「赤狩り」と言論弾圧が吹き荒れる極端な思想的不寛容のさなかにあった。『アメリカ外交の論理と現実』所収論文や同時期のいくつかの論考の中で、著者は繰り返し問うている。自由の名において思想的不自由や不寛容が発動されるという、この病理現象は、はたしてどこまで冷戦という異常事態に帰することができるのだろうか。それ以上に、この病理現象の根源には、アメリカに特有の「自由と統合」との矛盾が作用しているのではないか。マッカーシイズムとは、一面でアメリカ史につねに潜在してきた、この慢性的矛盾の間欠的な表出の一例にすぎないのではないか。

これらの問に対する答えを模索して、著者の視点は、やがてアメリカ革命期からさらに植民地時代へと遡ってゆく。そして著者のアメリカ研究にとり、大きな区切りとなった『アメリカ革命史研究』は、次のように指摘する。「一七、八世紀にかけて、宗教的、経済的、政治的、精神的、肉体的、何であれ自由を求めて、イギリスより北アメリカ大陸に移住してきた人びとは、そこに、彼らの間で統合を、彼らなりの政治社会を形成する、否、形成せざるを得なかった。……移住者は、多かれ少なかれ、自由を享受できた。しかし、その自由を確保するためには、また自らの手で権力の構成……をしなければならなかった」（ⅱ頁）。同書の副題が、「自由と統合」とされた所以である。

著者のアメリカ史研究の全体を貫く、もう一つの基底的な問は、アメリカ史の「文脈」に関わるものである。たとえば『アメリカ外交の論理と現実』の「あとがき」で著者は次のようにいう。

本書を構成する多くの章は、今日のアメリカ外交の当面している問題を、その歴史的文脈において解明しようと試みており、多かれ少なかれ歴史的な接近法をとり入れている。〔それは〕アメリカ外交が今日あらわにしている行き詰まりの多くが、〔冷戦という〕新しい国際政治状況の展開と、旧きアメリカの外交観・外交への接近法の遺産との矛盾に基づくのではないかという疑問によるところも多い（二五三頁）。

歴史的文脈と新しい政治状況の展開との相克に着目する著者の観点は、むろん外交の分野だけに限られるものではなかった。その後、この観点の有効性は、『アメリカ史の文脈』において、まさにそのタイトルが示すように、より明瞭に意識化され、方法化されている。「私はかねて外国人のアメリカ史理解にとっては、文脈的ないし構造的理解ということが重要であると考え、その視点からアメリカ史に接近してきた。……独立以来二〇〇年余、基本的には一貫して一つの体制のみを体験して来たアメリカ史における諸事件は、アメリカ史全体の文脈のなかにおいてこそ、よりよく理解され得るといえよう」（同書、二八五―二八六頁）。

かくして「自由と統合」といい、また「文脈的理解」といい、いずれもが、アメリカ史の全体をとおして、さまざまに変奏されながらも繰り返し立ち現れてくる政治的、社会的関係のパターンの発見を可能にする、著者独自の視点であったということができる。そこにこそ、著者の多くの論文が、今日なお後発の研究者を触発し続けている理由が、潜んでいるのであろう。

著者は生前、このように、大きな問を外枠とし、緊密な構成をもち、アメリカの全体像の解明に貢献しうる論文集として、あと数冊の刊行を構想していたと思われる。すでに『アメリカ史の文脈』の「あとがき」に、著者はこれまで書きためた「アメリカの植民地時代史から現代史にいたるまで」の諸論稿を「アメリカ建国史研究、アメリカ現代史研究、アメリカ外交史研究と三冊にまとめる」計画を開陳している。このうち、最初のものだけが、一一年を経て『アメリカ革命史研究』に結実をみたものの、その「まえがき」に、「もはや無理であろうが、残された研究生活の課題としたい」とされた現代史と外交史関連の二冊の論文集は、ついに完成をみることはなかった。

ところが、最近になって、著者自身の手によってほとんど完成間近まで到達し、最後の仕上げ《フィニッシング・タッチ》を待つばかりの出版企画の存在が明らかになった。それによれば、著者はすでにみずから「アメリカを探る――自然と作為」というタイトルを決め、収録すべき論文を選別し、各論文の配列、目次まで練り上げていた。先に挙げた著者のいう独立の論文集であるための条件の、ほぼ六、七〇パーセントは満たしているといってよい企画であることから、本書の出版計画がスタートしたしだいである。

先行の論文集と同様、本書もまた、アメリカ史の全体像理解のための一つの戦略的な問いに向けられていることは、タイトル副題「自然と作為」が示すとおりである。すでに以前の論文集でも繰り返し説かれているように、著者の解釈によれば、アメリカの民主政治の特色を形成したもう一つの主要因は、まさに近代アメリカ社会が初発から直面し続けてきた「自然と作為」の矛盾相克にあった。三〇〇〇マイルの大西洋という不可避の自然的制約条件を克服し、長くヨーロッパとは異質の文明を育んできた先住の人びとが居住するという同じく不可避の風土的かつ人倫的な前提条件を打破しつつ、この新しい空間にヨーロッパ流の生活習慣、社会規範、統治制度を移植するという「人為」こそが、アメリカの社会と政治の骨格を作り上げてきたと著者はいう。

この矛盾相克を集約点として念頭に置きつつ、本書所収の諸論文において、著者は、あらためて以下のような多様なテーマについて文脈的考察を展開している。すなわち、すべての始原としての植民の過程、植民後の信仰生活と政治生活との結合と分離のあり方、植民地時代には考慮の外にあった「外交」という政治活動の導入の経緯と展開過程、戦争と社会、そして二〇世紀以降急速な膨張を遂げた巨大国家合衆国の全体を一点から統括する使命を負わされるにいたった大統領制の変遷といった、アメリカ理解の根幹に触れる諸テーマである。くわえて最後には、近代日本が、このふくれあがった矛盾の塊のようなアメリカに当面し、これをいかに「探り」、いかに理解しようしてきたのかが、論じられている。

このように分野横断的、時代往還的という性格において、本書は『アメリカ史の文脈』（もしくは『アメリカとは何か』）の続編という色合いが濃いかもしれない。ただ、著者がどこまで意識していたかは、いまとなっては知るよしもないが、本書には、従来の論文集ではそれほど表立って強調されなかった一つの力点が伏在していることを指摘しておきたい。

それは、宗教である。多くの人が知るように、著者はきわめて敬虔なキリスト教徒であり、深い神学的学殖を有し、同信の人びとに向けた信仰的教説も少なからず残している。そう考えると意外とする向きもあるかもしれないが、あるいはむしろそうであったからこそ、著者はアメリカ研究という学術の世界に個人としての信仰が入り込むことには、かなり警戒的であったとも思えるのである。しかし、そうした自己抑制は、また同時に、著者の広大なアメリカ研究の中に、本来豊かであるはずなのにやや手薄に見える分野が生ずるという皮肉な結果をもたらしたようにも思われる。

そのことは、著者も意識していたらしく、『アメリカ革命史研究』の「あとがき」に、同書に収めえなかった主題として、「アメリカ革命とキリスト教」を挙げ、次のように将来的課題を提示している。「ヨーロッパから移植されたキリスト教が、アメリカ的風土の上で、ことにその教会組織、政治との関係でいかに変容したか、またアメリカ革命にさいし、いかなる影響を与えたか、あるいは受けたかを追求してみたかったのである。もし、余命があれば、いつの日か、この課題を私なりにまとめてみたい」。

その後、晩年の著者は、以前の抑制を取り払ったかのように、この課題を正面から追究し、多くの論文を発表している。それらから選び、著者は本書に、植民地時代、革命・建国期を中心とし、アメリカ・キリスト教における「自然と人為」問題に関わる数編を収めている。研究課題としての宗教に晩年の著者がより積極的に取り組むようになった契機は、(著者の内面に起こったかもしれない変化はおくとして)一つに一九八〇年代以降の日本のアメリカ研究学界における宗教研究の隆盛にあったと思われる。本書所収の宗教関連論文の多くが、若いアメリカ宗教研究者たちの立ち上げた「初期アメリカ学会」や、同学会のメンバーを中心とする共同研究への参画によって触発された結果であることを考えると、その感が深い。いずれにしろ、本書の冒頭四章は、著者が九〇年代後半から永別の直前までの間、新しい学界の動向に即応しつつなお新たな境地に進もうと努めた結果もたらされたアメリカ宗教研究の重要な成果であるといえよう。

*

最後になるが、本書がこのような形をとって刊行されるにいたった経緯について簡単に触れることとしたい。著者斎藤眞先生が、その最晩年にいたるまで、本書を含めいくつかの出版企画を温めていたことは先に触れたとおりである。それらのいくつかについて著者と密接な連絡をとりあってきた編集者の一人が筑摩書房(当時)の湯原法史氏であり、著者の没後、氏の手許に残された一連の草稿が、本書の元となっている。湯原氏の相談を受けた二人のジャーナリスト、ともに生前の斎藤先生に親炙された松尾文夫、池田伸壹の両氏を介して、斎藤先生のご遺族の了承を得るとともに、久保、古矢に企画の趣旨が伝えられ、両名が監修にあたり、本書の完成に協力する運びとなった。また湯原氏の懇請を受けて、みすず書房の守田省吾氏がさまざまな困難をおして出版をお引き受け下すったことによって、ようやく本論文集は完成をみたのである。みすず書房は、斎藤先生若かりし頃のもっとも重要な訳業であり、かつ戦後日本のアメリカ研究にとり道標の役割を果たしたダニエル・ベル編『保守と反動』やリチャード・ホーフスタッター著『改革の時代』の出版社でもあったことを考えると、感慨もひとしおである。

ここに名前を挙げた方々のどのお一人を欠いたとしても、本書の刊行にこぎ着けることはなかったであろう。斎藤先生の指導の下にアメリカ研究の道を歩んできた監修者たちとして、関係各位のご尽力に深く御礼申し上げたい。とくに著者の遺志を継ぎ、貴重な論稿を温め続け、粘り強く刊行の道を探ってこられた湯原氏には、感謝の言葉もない。

なお、以上のような経緯からなった論文集であるため、所収の諸論文の参考文献リストや註に関しては、かならずしも一貫しておらず、不完全な書誌データも少なくない。これらの不備をできる限り補い、少しでも標準的なスタイルに近づけるために、監修者は神奈川大学助教の上英明氏および東京大学総合文化研究科大学院生の遠藤寛文氏の両若手アメリカ研究者に、註記の補訂を依頼した。貴重な研究時間を削ってご協力くださった両氏には深く感謝申しあげたい。

最後に、本書刊行にあたっては、公益財団法人渋沢栄一記念財団より寛大なご支援をいただいた。記して感謝する次第である。

古矢　旬

I

第一章　契約による社会形成——ウィリアム・ブラッドフォード『プリマス植民地について』

解説

アメリカ史におけるプリマス植民地というと、まずは、信仰の自由を求めてアメリカに移住したピューリタンたち、あるいはアメリカ民主主義の源泉としてのメイフラワー盟約、といったことが連想されるのが普通であった。アメリカ建国神話、アメリカの自由の伝説の一環として、「ピルグリムズ」一行について神話化、伝説化が意識的に無意識的に行われてきたのである。しかし、現在ではピルグリムズ、メイフラワー号、プリマス植民地などにつき実証的な研究が進み、その非神話化が行われ、今や逆に、アメリカ史の中でプリマス植民地形成について述べること自体が、むしろ躊躇されるようになったとも言える。

それを、あえてここで取り上げるのは、非神話化を前提にしつつ、一六二〇年のメイフラワー盟約によるプリマス植民地社会の形成が、実は信仰的にも社会的にも相互に見知らぬ者、他者たちの集団が、しかるべき法的正当性もなく、未知の荒野に上陸、定住しようとする時、まさしくその生存のために、相互に契約を結んで、政治社会を形成せざるをえなかった、という性格のものであることを指摘したかったからである。それは契約思想、民主主義といった主義・当為のためではなく、上陸直前に反乱、分裂の動きに直面した一行の生存・存在のための行為であった。その点で、やはりプリマス植民地社会の形成は、人為的に形成された共同体、多文化社会としてのアメリカ社会形成の一つの史的原型として注目されるべきであろう。

原典としては、ウィリアム・ブラッドフォード『プリマス植民地について（*Of Plymouth Plantation*）』の中より、なぜ、一二年近く滞在し、一応信教の自由を享受できた亡命地オランダを去って、あえて未知のアメリカ大陸へ移住することを望んだかの部分と、なぜ、上陸直前に船中でメイフラワー盟約を結んだかの部分とを選んだ。その他、イングランドの出資者との関係、先住民との関係についての部分も取り上げるべきと思ったが、紙数の都合上断念した。

著者のブラッドフォード（一五九〇―一六五七）は、分離派ピューリタンの一人であり、一六二一年春プリマス植民地の二代目の総督に選ばれ、その後、何年かを除いて毎年選ばれ、三〇年余り勤め、まさしく同植民地の中心的人物の一人である。一六三〇年に書き始め、オランダに渡る以前から一六四六年までをほぼ編年体で記述している。総督の筆になるというと自画自賛的記述かとも思われよう。しかし、元来印刷されることを予定したわけでもなく（事実最初に印刷されたのは一八五六年）、自分たちのことを「彼ら」という三人称で記したその記述には失敗や犯罪の記録なども多く、むしろ子孫に対し自戒の意味を込めて書いたものと言えよう。なお、その原稿はブラッドフォード家に保存されていたが、一七二八年以来ボストンの教会に収納され、独立戦争の時に同教会に駐屯していたイギリス軍がイギリスに持ち帰ったらしい。一九紀半ばに、ロンドン主教館の文庫にあることが判明し、一八九七年マサチューセッツ州に返還され、その後同州立図書館に収納されている。同書には版が多いが、著名なアメリカ史家サムエル・E・モリソンが現代風のスペルに変え、注と序文とを加えた一九五二年刊行版が最も信頼でき、また利用しやすい。本章でもその一九八四年刷りを使用した。

ところで、一六二〇年一二月、メイフラワー号に乗船して、ニューイングランドのプリマスに上陸し定住する一行一〇二名は、一体どういう人たちであったのか。問題はその一〇二名の構成である。通常、一般には、全員がピューリタンであり、かつ信仰の自由を求めてアメリカへ移住し（略）と考えられ、また上にふれた神話化の過程で意識的にそうした語り方がなされてきた、とも言える。しかし、実はその一〇二名の、半数たらずが分離派ピューリタンで、かつてイギリスでの迫害を逃れて、オランダにわたった人びとであり、あとの半数余りは分離派ピューリタンとは関係なく、イギリス内で投資家による移住者募集に応募して、メイフラワー号に乗船同行した人びとであった。ブラッドフォードは彼らのことを「よそ者（strangers）」と記しているが、彼らから言えば、オランダからの移住者たちは「よそ者」なわけである。

なお、ピューリタンといっても、大きく二つの異なるタイプが認められる。エリザベス女王時代以降、イギリス国教会のあり方について、宗教改革の線にそって改革を進めたいという動きがあり、この改革派の人びとが、通常ピューリタンと呼ばれたが、その多くは、既存の国教会、公定教会制の下にあって改革を行おうとする人びとであった。それに対し、もはや既存の国教会では正しい信仰を維持できない、したがってイギリス国教会より離脱、分離して、信仰を同じくする者が、公定教会ではなく、それぞれ別個に任意団体として教会を形成すべきであるとする分離派（Separatists）と呼ばれた信徒、分離派ピューリタンの人びとがいた。メイフラワー号上のピューリタンとは、そうした分離派信徒である。

当時のイギリスにあっては、分離派は異端者であり、国法に背く者であり、事実処刑された者もいた。そうした背景の下で、イングランド東北部スクルービにあった分離派教会の信徒が、官憲の追及を逃れ、一六〇八年に宗教的に寛容であるオランダへ移住し、ライデンに落ち着き、そこで他の分離派移住者などと共に約一二年をすごす。それは、丁度独立したオランダとスペインとの間での休戦期間であり、幸い平和でもあり、信仰の自由も享受できた。しかし、その休戦期間も終わりに近づき、ヨーロッパ大陸に広がる三〇年戦争が始まり、彼らも巻き込まれる可能性を危惧し、他の地への移住の話が出てくる。史料でブラッドフォードが率直に記しているように、彼らは元来素朴な農村育ち、農民であり、オランダの都市生活はいわばカルチャーショックであった。しかも他人に雇われ、低賃金で不慣れな織物の徒弟的労働などにより、ようやく生活していた。さらに、彼らの子供は、次第にオランダ化し、イギリス人でなくなる可能性も出てくる。そこで、彼らは、イギリス人として彼らだけの、しかも農村的生活ができる地に移住することを考えるようになる。どこで、それが可能であろうか。議論の末、当時大きな話題となっていた新大陸、すでにイギリス植民地もでき、移住者も増えつつあるアメリカ大陸が対象になる。

そこで、一行の中でケンブリッジ大学で学び、官吏も務め、ロンドンに知己も多いウィリアム・ブルースターを介して植民会社であったヴァージニア会社につてを求め、幸いその管轄内の地域に移住する許可状を得ることができた。しかし、移住する費用をどうするか。彼らは元来資産家ではないし、すでにオランダへの移住で多くを費消し、持ち物をすべて売却してもアメリカへの移住費用を出すには不足する。頼みのヴァージニア会社も資金に行き詰まり、余裕はない。結局トマス・ウエストンという当時はやりの企業投資家の一人が乗りだし、投資家を集め、資金を提供する。ウエストンたち投資家にとっては、この植民計画はもとより慈善事業などではなく、利潤を生むべき事業であった。そこで、彼らはその事業を成功させるため、有効な労働力としての移住者を、イギリス本土において独自に募集したのである。当時、民衆の間には移住熱があり、アメリカ滞在の経験のあるスティーヴン・ホープキンズ、元軍人マイルズ・スタンディシュをはじめ、年季奉公人を含め多くの応募者があった。その結果、メイフラワー号船上には、イギリスからの参加者の方がライデンからの移住者より少し多かったのである。しかも、上述したスクルービからライデンへ、そしてメイフラワー号でプリマスへと移住したのはブラッドフォードを含め五名ほどでしかない。ということで、メイフラワー号乗船移住者一〇二名の構成は複雑で、互いに知らない者、言うなれば他者同士の集団という側面をもっていたのである。

一六二〇年一一月、その彼らが、紆余曲折を省くがヴァージニア会社の管轄外、したがって彼らが定住する法的正当性のないニューイングランドの土地に上陸することになる。そこで、〈史料〉にあるように一部の若者の間に、一行と生活を共にし働かされるより、自分たちは別れて、別行動したいとの動き、いわばメイフラワー号上の反乱ともいうべき言動が出てくる。若者たちは、その別行動を、許可状が適用されえない土地への上陸であれば、誰も自分たちの行動を拘束する権限はない、というもっともな理由で正当づけた。しかし、未知の荒野で厳しい冬を迎えて、統一もなく行動すれば、一行の生存自体が難しい。そこで、一行の主だった者は、全員が協力して行動するために、プリマス上陸、その後の集団的生活の法的正当性を作り出そうとした。つまり、彼ら自身が政治社会を形成し、政治権力（集団の意思決定とその実効性の確保）を創出し、一行をその法と秩序との下におこうとした。それは何も個人、あるいは特定のグループの野望、権力欲とかのためではなく、一行の生存自体にとって必要であったからである。しかし、どうして政治社会を形成するのか。誰も国王からその伝統的権威を委嘱された者もいない。といって、特に傑出した指導力、カリスマをもった者がいるわけでもない。となると、結局皆で相談し、ともかく一緒にやろうという相互の合意を基礎とする他はない。事実、船内で話し合いが行われ、分裂を企てた若者の説得にあたるなどして、結果として出来たのがいわゆるメイフラワー盟約である。いわば緊急事態に対処する意味で作成された文書ゆえ、ごく短い。おそらく、草案は法的なことに通じていたブルースターが作成したものと思われる。いわば半ば自然状態、政治秩序以前の状態に直面した人びとが、互いの間で相談の上、その合意を契約文にし、それに成年男子四一名が署名して政治社会を形成した、という次第である。

その契約のモデルとして、分離派信徒が、信徒の間での契約、そして神との契約により教会を形成した教会契約があったことは十分考えられる。しかし、メイフラワー盟約はあくまで世俗的な契約であり、信仰を同じくする者の間の契約ではなく、ライデンからの分離派信徒とイングランドでの応募者とを横断し、年季奉公人、雇人をも含めた成年男子四一名の間の政治社会形成の契約である。そこに、成員の合意による統治という、後に新開拓地でタウンを形成するさいの仕組み、さらにコネティカット基本法（一六三九年）などのような植民地社会形成の原型ともいうべきものが、認められよう。なお、翌年の一六二一年六月一日には、ニューイングランド地方の管轄権をもつニューイングランド会社から改めて許可状を得、イギリス本国から定住の法的根拠を得たことになる。それより七〇年後、プリマス植民地は、マサチューセッツ植民地への一六九一年特許状により、同植民地へ併合され、独自の植民地としては消滅し、忘却されてしまう。それだけに、後世、プリマス植民地は逆に神話化、伝説化されるようになったとも言えるかもしれない。

――訳文中、（　）内は原著者によるもの、［　］内は訳者の付記。

史料　ウィリアム・ブラッドフォード『プリマス植民地について』

三章、オランダへの到着（略）

ところで低地帯諸邦［オランダ、一六〇九年］に着いて、彼らが目にしたのは、頑丈な城壁に囲まれ、武装した兵士によって防衛されている多くの立派な都市であった。と共に、奇妙な聞き慣れない言葉を耳にし、見なれない装いをした人びとの、異様な風俗や習慣を目にすることになる。すべてが、（彼らが育ち、長く暮らしてきた）素朴な農村とは全く異なっていたので、彼らには新世界にでも来たように見えた（略）あらゆる類いの富と豊かさに満ちあふれた華麗なる町々を、彼らは目にしたわけだが、間もなく彼らは、武装した者のように彼らに襲いかかる貧困という怖い恐ろしい顔を目にする事になり、貧困と真っ正面から取り組まざるをえず、それから逃れることはできなかった。しかし、彼らは信仰と忍耐とをもって身を固め、貧困をはじめ、遭遇するあらゆる困難に立ち向かい、時に挫折することもあったが、神の助けによりそれを克服し、勝ちを得たのである。（略）

四章、［オランダからの］移住の理由と要因との説明

彼らがこの町［ライデン］に約一一年ないし一二年（それがこの国とスペイン人との間の有名な休戦期間全体に相

当することは、十分注目されるべきであろう）生活してきたが、彼らの中には死により奪い去られた者もあり、また年と共に病に侵された者も多いが（経験という厳粛なる女王は彼らに多くのことを教えてきた）、賢明な指導者たちは、一行の分別ある人びとと共に、現在の危機を深く憂慮し、将来をよく見通し、時宜を得た改善策に思いをいたすようになった。彼らの思いは激しく揺れ、この問題について多くの論議を交わした後、彼らは次の結論、すなわちどこか他の地へ移住するという結論に傾いていった。これは何も、しばしば人がその結果大きな損害を受け危険に陥ってしまう新奇を求める傾向や、軽率な気分とかによるものではなく、いくつかの重大な確固とした理由に基づく結論であった。ここに、その理由の主なものを、いくつか短く記しておきたい。

まず、第一には、この場所、この国において生活することの労苦のゆえに、［イギリスから］彼らのところに加わる人びとが比較的少数しかおらず、ましてその労苦に耐えて、彼らと続けて共に生活する人びとはさらに少ないことを、彼らは経験から知っていた。彼らのところに来た多くの人びとにとって、また彼らと共にいたいと願っている多くの人びとにとって、他の不便は耐え忍ぶことができても、あの大変な労働とひどい賃金とにはとても耐えることができなかったのである。そこで、その人たちは、彼らの人柄は愛し、彼らの主張も認め、彼らの受難には敬意を表したものの、やはり彼らのもとを去っていった（略）その人たちの多くは、神の定めをその純粋の形で受けとめ、また福音の自由を享受することを望んだが、やはり（悲しいことに）、上に述べた労苦に耐えるよりは、良心を危くならしめても、むしろ従属を受け入れたのである。事実、そうした労苦を伴うオランダにおける自由よりも、イギリスにおける牢獄の方がましであるとして、それを選んだものもいた。しかし、もしも、より良い、生活の容易な地が得られたならば、より多くの人を引きつけ、こうした躊躇を取り除くことになろうと思われた。事実、彼らの牧師［ロビンソン］もしばしば語っているように、今は文書や説教で彼らに反対しているものも、もし自由があり、かつ気持ちよく暮らせるような場所があれば、彼らと同じような行動をすることになろう。

［第二の理由は第一とほぼ同じで、彼らは今は働き盛りで、労苦に耐え得るが、老齢化と共に労苦に耐えられず死去するか、離散してしまう、と記す。］

第三に、必要上、彼らはいかなる仕事も引き受けざるをえなかったが、彼らはその奉公人のみならず、彼らの愛する子供たちにも、仕事を引き受けさせざるをえなかった。そのことは、多くの愛情ある父親や母親のやさしい心を少なからず痛めることになったが、またいくつかの悲しむべき痛ましい効果を子供の上にもたらすことになる。子供たちの多くは、すばらしい性格とやさしい気質の持ち主であり、若き日に軛［くびき］を負うことを学び、両親の重荷の一端を進んで担おうとしたが、その結果しばしば重労働によって押しつぶされそうになっていた。彼らは、精神的には自由でやる気があったが、肉体的には労働の重圧で腰もまがり、未だ若い間に衰えていった。自然の生気が、あたかも蕾の間に摘みとられてしまったようであった。しかし、より嘆かわしく、多くの悲しみの中でももっとも耐えがたかったのは、上のような事情に、さらにこの国［オランダ］の若者の気まま放縦さ、この地の多くの誘惑が加わり、子供たちの中には、その悪例に染まり、首の手綱をとり捨て、親元を離れ、放縦にして危険な道に転落してしまう者も多かったことである。子供たちのある者は兵士になり、ある者は遠く航海にのり出し、またある者はさらなる悪の道を選び、身を持ち崩し魂を危くし、両親を深く悲しませ、神の名を汚していた。かくして、彼らは、その子孫が堕落し退廃してゆく危険性を認めたのである。

最後に（といって最小にではないが）、彼らは、世界のどこか遠い地にまで、神の国の福音を伝え、広めるための、何かよき基礎作りをしたい、少なくともその方向へと少しは進みたいという大きな望み、内なる願いをもっていた。いや、そうした偉大な事業のために、誰か他の人に役立つ踏み台にでもなれればよい、と願っていたのである。

こうした理由に動かされて、彼らは移住するというこの決定をするに至った。彼らは、この決定を実行するのに大変な困難に出合うが、その点については後述するところにより、明らかにされよう。

彼らが考えていた土地は、アメリカのあの広大な無人の地方のどこかであった。そこは、土地は肥え、人が住むに適し、しかも文明人の居住者はおらず、ただ未開の野蛮な人たちが見え隠れし、その他には野獣が散在するのみである。この［アメリカ移住の］提案が公にされ、全員による検討に付される段になると、人びとの間でいろいろな意見が出され、彼らの間に多くの危惧や疑問が生じることとなった。一方には、自分たちの抱く理由と希望とに基づき、移住を実行するよう他の者にも働きかけ励ます者もいた。他方、危惧から、この提案に反対し、取り止めさせようとする者もいた。彼らはいろいろ申し立てたが、それは必ずしも理由のないことでも、ありそうもないことでもなかった。たとえば、この提案は壮大な計画ではあるが、予想できないいくたの危難、危険にさらされているとか、（だれも逃れることのできない）海難による犠牲以外にも、女性の体力や、年老い労苦のため疲れきった人びと（事実多くの者はそうであった）の体力では、この長途の航海を耐えることはとてもできないであろう。また、かりにそれに耐えて到着できたとしても、彼らの前に広がる土地の惨めさは、とても耐えられるものではなく、ある者は、いや全員が消耗しつくし、全滅してしまうであろう。というのも、その地では、食べ物も、着る物も、いや何もかもないという状態になりそうだからである。さらに、今までとは異なる空気、食べ物、飲み水のため、彼らの肉体は難病、苦病にかかる事になろう。さらに、そうした困難を逃れ、克服した者も、野蛮人たちによる絶えざる危険に曝されていることになる。彼ら野蛮人は残酷で粗野で狡猾で、怒ると荒れ狂い、相手に勝るとなると情け容赦なく、相手を殺して生命を奪うだけでは満足せず、およそ可能なかぎりの血なまぐさい方法で、相手を苦しめて喜ぶのである（略）［など、のべられた］。

また、そのような航海をし、必需品を用意するには多額の費用を要し、彼らの財産を売却しても、とても足りないであろう、しかも［上陸した後も］いろいろ品物を供給してもらわなければならない、現に彼らは［イギリスから］いろいろ送ってもらっているではないか、といった反対もあった。さらに、同じような計画による結果招いた失敗、悲惨極まる窮状の先例はいくらでも見つかるし、それらを考慮に入れることも忘れてはならない。さ

読者カード

みすず書房の本をご愛読いただき，まことにありがとうございます.

お求めいただいた書籍タイトル

ご購入書店は

・新刊をご案内する「パブリッシャーズ・レビュー　みすず書房の本棚」（年4回
3月・6月・9月・12月刊，無料）をご希望の方にお送りいたします.

（希望する／希望しない）

★ご希望の方は下の「ご住所」欄も必ず記入してください

・「みすず書房図書目録」最新版をご希望の方にお送りいたします.

（希望する／希望しない）

★ご希望の方は下の「ご住所」欄も必ず記入してください

・新刊・イベントなどをご案内する「みすず書房ニュースレター」（Eメール配信
月2回）をご希望の方にお送りいたします.

（配信を希望する／希望しない）

★ご希望の方は下の「Eメール」欄も必ず記入してください

・よろしければご関心のジャンルをお知らせください.
（哲学・思想／宗教／心理／社会科学／社会ノンフィクション／
教育／歴史／文学／芸術／自然科学／医学）

（ふりがな） お名前　　　様	〒
ご住所　　都・道・府・県　　市・区・郡	
電話　（　　）	
Eメール	

ご記入いただいた個人情報は正当な目的のためにのみ使用いたします.

ありがとうございました．みすず書房ウェブサイト http://www.msz.co.jp では
刊行書の詳細な書誌とともに，新刊，近刊，復刊，イベントなどさまざまな
ご案内を掲載しています．ご注文・問い合わせにもぜひご利用ください.

郵便はがき

料金受取人払郵便

本郷局承認

2074

差出有効期間
2019年10月
9日まで

113-8790

東京都文京区
本郷2丁目20番7号

みすず書房営業部 行

通信欄

（ご意見・ご感想などお寄せください．小社ウェブサイトでご紹介させていただく場合がございます．あらかじめご了承ください．）

らに、彼らがオランダへの移住にあたり経験した艱難辛苦を、オランダは隣国であり、豊かな文明社会ではあったが、やはり見知らぬ地に住むことは、彼らにとりいかに辛いことであったことかも忘れてはならない、と語られた。

それらの反対論に対して、次のような答えがなされた。すなわち、すべて偉大にして名誉ある行動は大いなる困難を伴うものであり、その企画にあたっても実行にさいしても、そうした困難に応じえるような勇気をもってなされなければならない。その危険が大きいことは当然であるが、絶望的なものではない。数多くの困難はあるにせよ、克服できないものではない。（略）彼らは、ここオランダではただ亡命の徒として、貧しい状態の中で生きてきた。そして、この地で彼らの身に、大いなる悲惨が降りかかるかもしれない。というのも、［スペインとの］一二年の休戦は今や終わりになり、ただ太鼓を叩く音、戦争への準備があるのみであり、その成り行きはおよそ分らないからである。スペイン人もアメリカの野蛮人と同じであるかもしれないし、飢餓や疫病はここでも、あちらと同様に惨めなものでありえるし、彼らの自由もここではその回復を求めにくくなるかもしれない。

そのほかにも、多くの具体的な事柄が、［移住賛成、反対の両者から］応答され、主張された後、この計画を実行に移し、出来うる限りの最善の方法をもって遂行することが、大方の者の賛成によって決定された。

一一章、一六二〇年の残余の事［メイフラワー盟約］

［一〇章で一一月半ば以降プリマス湾一帯を探検し、適当な上陸地を求め、一二月二五日にプリマスに最初の家屋を建て始めたことが記されている］少し話をもどし、上陸する前に、彼らの間でなされた相互の結合について始めたい。というのも、それは、この地における彼らの政治組織の最初の基礎となったものであるからである。それが結ばれたのは、一つには、彼らの中のよそ者［イギリスで応募したもの］の何人かが船内で不満、不穏な言葉を漏らしたことによるものであった。すなわち、彼らは上陸したならば、自由に行動しよう。そもそも、一行が

所持している許可状はヴァージニアについてのものであり、ニューイングランドについてのものではなく、ニューイングランドは、ヴァージニア会社とは関係のない別の管轄下にある故、誰も彼らに命令する権力を有するものはいない、と言いだしたのである。また、一つには、そうした盟約ができれば、一行の事情を考慮する時、その盟約はいかなる許可状とも同様に確かなものに、ある点ではそれ以上に確固たるものとなるかもしれないからである。

その文面は次のごとくであった。

神の名により、アーメン

われわれ、下に名前を記したものは、神の恵みにより、グレイト・ブリテン、フランス、およびアイルランドの王にして、信仰の擁護者である、わが畏怖すべき君主ジェイムズ王の忠誠なる臣民であり、神の栄光のため、キリスト教の信仰の増進のため、わが王と祖国との名誉のため、ヴァージニアの北部地方に最初の植民地を建設するべく航海してきたものであるが、この証書により、神と各自相互との前で、厳粛に相互に、契約により一つの政治体に結合し、もってわれわれの間の秩序をよりよく形成し、上記の目的を保持し促進しようとするものである。また、その政治体によって、植民地全体の福利のために、もっとも適切と思われる正当かつ公正な法律、法令、条例、憲法、官職を適宜制定し組織し、それに対しては当然服従し遵守することを、ここに約束するものである。その証拠として、わが君主ジェイムズ王のイングランド、フランス、アイルランドの国王としての治世第一八年、スコットランドの国王としての治世第五四年、一六二〇年一一月一一日、ケイプ・コッドにおいて、われわれは下のごとく署名するものである。［以下四一名の署名がなされるが、ブラッドフォードは、本文中にはその名を記していない。］

この後、ジョン・カーヴァー氏（篤信の人で、皆に信頼されていた）が、その年の総督に選ばれた、というより確認された。その後、彼らの貨物（それらは、ボートも少なく、冬季の悪天候や病人が多かったため、長い間船に積んだままになっていたのである）を入れて置く場所、倉庫を造り、また彼らの居住のための何軒かの小屋を建てはじめた。その後、時間の許す限り、彼らは会合し相談して、彼らの状況の必要に応じ、一般的な、また軍事上の法律や規則を作ったが、さらに緊急事態に応じ、何回かその事件に対処するため会合をもったのである。

このような辛い難しい当初の時期には、ある者は不平のつぶやきをもらし、中には反抗的な言葉や態度も見られはしたが、総督や、概して忠実に堅く団結していた大半の人びとの英知、忍耐、正当かつ公平な物事の運びにより、それも間もなく鎮められ、克服された。

原典

William Bradford, *Of Plymouth Plantation, 1620–1647*, ed. Samuel Eliot Morison (New York: Alfred A. Knopf, [1952] 1984), pp. 16, 23–27, 75–77.

【解題】 初出は遠藤泰生編『史料で読むアメリカ文化史1　植民地時代　一五世紀末―一七七〇年代』I―3、七一―八三頁（東京大学出版会、二〇〇五年）。副題にあるウィリアム・ブラッドフォード『プリマス植民地について』から抜粋した原典資料に付した解説。ここで、著者は、長くアメリカ政治社会の原型とみなされてきたプリマス植民地に関する独自の再解釈を提示している。旧来の研究では、メイフラワー盟約に基づくプリマス入植は、もっぱら分離派ピューリタンの始祖《ピルグリム・ファーザーズ》たちによる純粋な信仰共同体設立行為として理解されてきた。これに対し著者は、このときの入植者集団の内に含まれていた分離派ピューリタン以外の「よそ者（**strangers**）」の存在に着目することによって、この植民地建設が、むしろ宗教的にも世俗的にも多様な人的諸要素間の妥協と統合の過程にほかならなかったと強調する。これは、著者の晩年に興隆をみた多文化主義的なアメリカ研究にたいする、初期アメリカ研究からの積極的かつ独創的な応答の成果である。なお「原型としてのプリマス植民地」については、『アメリカ革命史研究』『アメリカとは何か』にも関連の論文が収録されており、本章は、それらの簡潔な総集編という性格をもつ。

（古矢）

第二章　アメリカ革命と宗教——文化的多元性・政教分離・統合

はじめに

今日、アメリカでは多文化主義について何かと議論されている[1]。多文化主義の厳密な定義はしばらくおくとして、それは人種・エスニシティ・性などの違いと関連して、文化的少数派が自己のアイデンティティを確立する動きといえる。その前提になっているのは、アメリカ社会の文化的多元性であり、ことに一九六〇年代以降の公民権運動、移民法の基本的改正、フェミニズムなどによる文化的多元性の事実と意識との拡大であろう。しかし、顧みればアメリカ社会は、すでに植民地時代において、住民の大多数はグレイト・ブリテンからの移住者であったにせよ、そのなかは政治的、経済的、文化的に多元的であった。そのことは、アメリカという単数の植民地ではなく、複数、一三の異なった植民地という空間的、行政的多元性にも表現されている。そして、その住民の大多数は宗教的にプロテスタント系であったにせよ、そのなかは多数の異なった教派を含み、文化多元的であった。その点、西半球のイギリス領諸植民地は、そしてそこにおけるキリスト教の在り方は、政治的にも宗教的にも一元的であったスペイン領やフランス領の植民地と、そしてそこにおけるキリスト教の在り方と決定的に異なってくる。

ところで、この文化的多元性と信教の自由、政教分離とは、一見無縁に見えるかもしれない。しかし、実はアメリカ社会は、一方でその本来的な文化的多元性の故に、統治機構としての国家と宗教組織としての教会との分離、つまり国家と教会との分離、公定教会制（established church）の否定という意味での政教分離が必要かつ必然とされていたのではなかろうか。すでに植民地時代を通じ、外的な制度としてはともあれ、事実上は政教分離が進行していたのではなかろうか。その後、アメリカ革命、連邦憲法、修正第一条などを通じ、政教分離はしだいに制度化されてゆく。そして、他方でアメリカ社会はまさしくその文化的多元性の故に、逆にいえば自然的統合を欠くが故に、社会統合、社会的結びつきの要因として、人々が共有できる宗教的なもの、基本的価値を必要としていたのではなかろうか。その意味で、アメリカ社会においては、政治と宗教は重複し合い、補完し合っていたのではなかろうか[2]。

では、アメリカ革命と宗教とは、そもそもいかなる関係にあったのであろうか。一八世紀後半に起こったアメリカ革命は、一七世紀中葉のイギリス革命のように宗教上の争点を、また宗教的勢力関係を争った明確に宗教的な革命ではない。といってアメリカ革命は、後のフランス革命や、さらにはロシア革命のように無宗教的な、まして反宗教的な革命でもない。たしかに信教の自由、政教分離は、アメリカ革命の進行とともに主張され、部分的には制度化され、アメリカ革命の革命性を示す一つの表れと解釈されている[3]。しかし、アメリカ革命は、必ずしも政教分離、信教の自由それ自体を目的として始まり、遂行されたものではなく、イギリス帝国内の植民地側の自治と本国側の統治とをめぐる対立から起こったものであった。むしろ注目すべきことは、そうした政治的革命の前に、アメリカ社会内で民衆の意識を変革した宗教的な運動、大覚醒（Great Awakening）があり、さらに、宗教的要素が、植民地人をアメリカ革命に動員し、結集させる大きな要因ともなったことである。

以下、本章では、まず植民地時代におけるキリスト教教会の実情を瞥見し、ついで一八世紀前半アメリカ全土に起こった信仰復興運動である大覚醒の社会的意味を検討し、それがアメリカ革命を精神的に準備したいわば意識革命であると捉える。さらに、アメリカ革命の進行とともに、思想的には革命は主として啓蒙思想により理論化されるが、他方アメリカ革命は多くの宗教的な信仰、修辞、象徴によって支えられ遂行されたこともまた事実であることに注目したい。

1　植民地社会における教会

アメリカにおけるキリスト教は、植民地時代についていえば圧倒的にプロテスタント系であり、そのいずれもが本来ヨーロッパから移植されたものであった。ヨーロッパと比較して、もしアメリカのキリスト教が特殊アメリカ的であるとすれば、それは教義内容そのものにおいてというよりは、まずは教会の在り方、教会と政治社会との関係においてであったといえよう。

ヨーロッパの国教会制

つまり、ヨーロッパ諸国にあっては、宗教改革を経て絶対主義王政が確立したころより、普遍的教会としてのローマ教会から離れて、特定の教派の教会がその国家権力の統治空間における唯一の教会、正統教会（the Church）、国教会として公定され（established）、国民はすべてその教会員であることが当然とされた。その他の教派に属するものは、異端として排除、抹殺されるか、周辺的存在として許容されるにすぎなかった。

歴史的にいえば、一五五五年、アウグスブルクの和議によって、広くドイツ諸邦において、その君主が採用する宗教がその領民の宗教となるという原則が確認され、いわゆる領邦教会制が確立されたが[4]、政治的統治者の権力と宗教的組織との一体化は、多かれ少なかれヨーロッパ諸国において国教会制度として一六、一七世紀には定着していったといえよう。イギリスでは、国王の世俗的必要から国内の教会をローマ教皇から分離させたが、エリザベス女王時代に、君主自身を教会の首長とし、礼拝様式を統一した国教会制度が確立する。フランスではカトリック教が支配的であったが、ローマ教皇から独立したフランスの教会としてのガリカニズム（フランス教会自立主義）の主張が、ウルトラ・モンタニズム（教皇権至上主義）を超えて、ルイ一四世時代に確立する。つまり、一八世紀前半の西欧社会を見る限り、国家、君主の支配下で特定の教派教会が国家と一体化されていたのである。

では、北米大陸におけるイギリス領諸植民地の場合はどうであったのか。その場合まず二つのことを留意しておきたい。一つは、アメリカにおける植民地時代の宗教というと、すぐピューリタニズムが連想されるが、少なくとも宗教組織としてのピューリタニズム系教派はほぼニューイングランドに限られており、中部、南部の植民地では他の教派が支配的なことである。二つは、ごく一部の分離派を除くならば、ピューリタンたちは、信教の自由一般を求めてアメリカに移住したわけではなく、彼ら自身の信仰の自由を求めて移住したことである。このことを踏まえて、以下ごく概括的に、植民地時代におけるキリスト教会の状況を、ことに公定教会制度、すなわち公費によって特定の教派の教会、牧師を支える制度との関連で一瞥しておきたい。個々に一三の植民地について見るのではなく、大きくニューイングランド、南部、そして中部とまとめて考えたい。

ニューイングランド

ニューイングランドに移住してきたピューリタンの主流派は、イギリス国教会の主教制、礼拝様式、信条内容について批判したにせよ、教会を公の機関が維持すること自体を否定したわけではなかった。むしろ、教会と国家との一致、一定の信仰に支えられた政治社会の建設を理想としていた。したがって、制度的にタウンの住民が教会、牧師を財政的に維持し、教会の会員のみが公民として政治的決定に与ることは当然とされる。その意味では、ピューリタンは公定教会制を積極的に取り入れた。そのさい、一方で、彼らの教会は、会衆派教会（Congregational Church）と呼ばれるごとく、回心体験をもち、神と会員の前でそれを告白する真の信徒である「聖徒」たちによる神との、そして「聖徒」相互の間の契約に基づく自発的結社としての教会であった。このこと自体は、彼らの真摯な信仰態度からして当然であろう。しかし、他方で、このように教会の会員であることの条件を厳格にすることは、当然タウンの住民に対して教会員（聖徒）つまり公民の数はかなり少なくなるという落差を生じさせた。一七世紀中葉以降会員になる条件は緩められはしたが、住民七人に対し教会員の数は一人を超えなかったと推定されている。[5] そこには、宗教的な自発的結社の構成員については、自己の信条に忠実であればあるほど厳選的（exclusive）であらざるをえないが、政治社会の構成員については、労働力を必要とする発展途上にある社会だけに包含的（inclusive）であらざるをえないという矛盾が存在したのである。

なお、分離派ピューリタンの一人として移住してきたロジャー・ウィリアムズはイギリス国教会の否定のみならず、教会の純粋性の維持のために一切の公定教会制を否定し、また他教派に対しても信教の自由を主張し、マサチューセッツ植民地を追われ、ロードアイランド植民地を設立する。およそ教会を国家権力の拘束から解放するという宗教的立場からの原理原則に基づく政教分離論を主張し、ロードアイランドという特定の空間内ではあったが、それを実現したことは十分注目されてよい。[6]

一八世紀になると、ニューイングランドでも、神学的にイギリス国教会の自由神学的傾向に惹かれ、会衆派から同教会へ転ずる者も出てくる。ことに、イエール大学学長であり、指導的な会衆派牧師のティモシイ・カトラーが数人の同僚とともに一七二二年国教会へ改宗したことは、当時衝撃的な出来事であった。カトラーはイギリスへ行き正式に国教会の牧師に任職され、国教会の教会であるボストンのオールド・ノース・チャーチ（正式名はクライスト・チャーチ）の司祭になった。この事件は、ニューイングランドの公定教会としての会衆派教会の内的動揺を示すものといえよう。

南部諸植民地

南部における諸植民地についていえば、当初主としてイギリス国教会（Church of England, Anglican Church）の会員が移住し、早くより王領化した故、イギリス国教会がそのまま南部各植民地の公定教会となっている。しかし、広大な領土に人口の散在する植民地のこと故、教会の数も、また教会に通う者も少なかった。しかも、植民地のイギリス国教会はロンドン主教区に属しており、植民地には主教（bishop）は存在せず、主教代理（commissary）が任命されていたが、その権限も弱小であった。牧師になる者はロンドンに行き、ロンドン主教によって任職されなければならず、したがって牧師の数が少なく、またイギリスから派遣されてくる牧師も概してその質はよくなかった。その結果、教会の実権を握っているのは平信徒よりなる教区委員会（vestry）であり、多くの場合地方名士がその委員になっている。

北米大陸最初の英領植民地であり、もっとも人口の多いヴァージニアですら公定教会としてのイギリス国教会の影響力は弱かったが、他の南部諸植民地においてはほとんど形式的に公定教会とされ、他教派の移住者が西部地方に多く住みつき、南部植民地を通じ教会活動は一般的にいって活発ではなかった。こうした弱体のイギリス国教会を強化する意味で、一七〇一年イギリス本国の国教会によって、北米大陸に対する伝道、宣教機関として「福音宣教協会（Society for the Propagation of the Gospel）」が組織され、本国から多くの牧師、伝道師が植民地へ派遣され、ニューイングランド地方にも勢力を伸ばし、後に述べるように革命前夜には植民地側の反英抗争の一つの争点となる。

中部諸植民地

中部の植民地では事情はさらに複雑であった。ニューヨーク地方は元来オランダ領であり、したがってオランダ改革派教会が公定教会とされていたが、後にイギリス領となるとイギリス国教会が公定教会とされる。結果的には、カウンティごとにそこの住民の多数が信奉する教派が公定化されていた。さらに、移民としてフランスの新教徒（ユグノー）、ドイツのルター派などが移住してくるにつれ、ますます多様化する。

ペンシルヴェニアは、周知のようにクエーカー教徒のウィリアム・ペンが、一六八一年、借金の返済の代わりに広大な土地を国王より私領として与えられた領主植民地であるが、公定教会制を否定するペンはそこに信教の自由を、ただしキリスト教、それもプロテスタントという枠内ではあるが確立した。したがって、イギリスのみならず大陸諸国での少数派、セクトの信徒たちがペンシルヴェニア地方に移住し、そうした移民の労働力がペンシルヴェニアの経済的発展の基礎をなすが、長老派、ルター派、さらにドイツの敬虔主義の諸教派（メノナイト派ほか）など教派的にはきわめて多様化する。

さらに、特殊なのはメリーランドの場合であろう。同植民地は、カトリック教徒のチャールズ・カルバートが、チャールズ一世から一六三二年領主植民地として与えられたものである。しかし、移住者の多くがプロテスタントであり、同植民地をカトリック教徒のための植民地とはできず、同植民地固有の宗教寛容法(7)により宗教的に寛容な植民地とした。一六八八年の名誉革命以降、同植民地は王領化し、イギリス国教会が公定化され、寛容法も大幅に修正される。

公定教会制の脆弱性

こうして見てくると、一八世紀中葉のアメリカ各植民地では、ペンシルヴェニア、ニュージャージー、デラウエアといった中部の植民地、そして特殊な例であるが上にふれたロードアイランドを除き、九植民地においては一応公定教会制がとられていたわけである。しかし、それらの公定教会制も広大な空間（同じ植民地内においても教会組織は地方分権的であった）と教派の多様性（同じ教派内においても教義、礼拝様式は多様であった）により、イングランドにおけるイギリス国教会制、あるいはドイツの領邦教会制に比べれば、きわめて脆弱な形骸化した公定教会制度であったといえよう。

というのも、一方、イギリス本国側についていえば、本国においては国教会制度を厳守したが、そのイギリス国教会を各植民地において公定教会にすることを必ずしも強制しなかった。イギリスの植民地建設は原則として私的企業として行われ、ときにペンの場合のように異端ともいえる者に土地を与え、開発させ、帝国の版図を拡大するという現実主義的政策の故である。他方、植民地側についていえば、その植民地を発展させていくためには、労働力としての移住者が必要とされ、ユダヤ教徒、カトリック教徒は別として、移住者の宗教的信仰内容は結果的にはそれほど問題とされえず、どの植民地においても、多かれ少なかれその人口構成は多元的、多文化的にならざるをえない。ニューイングランドにおいてすら、会衆派教会以外の他教派を完全に排除することは現実には無理であった。まして、アメリカの諸植民地を通じ特定の教派を唯一の公定教会に定めることなど、かりに望んだ者がいたとしても[8]、まずは不可能であった。

2　意識革命としての大覚醒

大覚醒とは、一八世紀の三〇年代、四〇年代英領各植民地を通じて起こった信仰復興運動であるが、各地の既成教会を揺さぶり、社会そのものにも大きな影響を与え、アメリカのキリスト教、さらにはアメリカ社会の在り方を、ヨーロッパにおける在り方と一段と異なるものにしたといえる[9]。

ここで、一八世紀初葉のアメリカ社会を顧みると、大西洋沿岸定住地帯から辺境へ人口が移動し、その開拓が進んでいた。そのことは、しかし、教会がまだ存在しない地域、信者はいても牧師不在の地域（羊飼いなき羊の群れ）が多かったことをも意味した。さらに、イングランド、スコットランド、北アイルランド、ヨーロッパ大陸と各地よりの移住者が増え、かてて出生率の高さもあり、人口が増大するが、その人々は空間的にきわめて流動的であり、一定の地域にとどまらず、よりよい条件を求めて移動していく。その結果、定住した教会生活が困難になり、教会員の世代交替が行われ、教会を離れる者も多くなる。

他方、教会は古くよりの会員、結果的にタウン、コミュニティの相対的に上層の人々を中心とし、教会の階層化、そして礼拝、説教などの形式化が進行していった。つまり、教会活動の固定化が見受けられたのである。しかし、そのことは直ちに、人々の間における宗教への希求心の消失を意味するものではない。空間の拡大は地理的孤独感を、人口の増大、多様化は心理的孤独感をもたらし、そこに個人の支えとしての宗教を求める機運は存在していたのである。

そうした潜在的な宗教心を一挙に顕在化させたのが一七二〇年代から始まり、三〇年代四〇年代にアメリカ全土に広まった信仰復興運動である大覚醒にほかならない。なお、この時代の信仰復興運動には、イギリスのメソジスト派の始祖ジョン・ウェスレーなどを介し、イギリス、ヨーロッパ大陸、そして北米大陸と大西洋圏にまたがる運動という性格もあり、またその点から接近した研究も最近見られるが[10]、ここではやはり特殊アメリカ的文脈の下で、そのアメリカの教会や社会に及ぼした影響に注目したい。

始動――エドワーズとホィットフィールドと

一七二〇年代初期に、ニュージャージーのオランダ改革派教会の間で、またコネティカットの会衆派教会の一部で信仰復興が起こっていた。しかし、そうした個々の信仰復興ではなく、アメリカ社会全体への影響という点では、一方でニューイングランド西部のノーサンプトンで、人々の信仰の衰退を嘆き、悔い改め、回心の必要を説いた会衆派牧師ジョナサン・エドワーズによる信仰復興運動が、他方ではイギリスよりアメリカを訪れ、広くアメリカ各地を説教して回ったイギリス国教会牧師ジョージ・ホィットフィールドによる信仰復興運動が、それぞれ各個人、各地域を超え、アメリカ社会、文化そのものを震撼させた大覚醒として記憶されるべきあろう。しかし、エドワーズとホィットフィールドとの活動姿勢は対照的であり、エドワーズの場合はその神学的深みにおいて、ホィットフィールドの場合はその社会的影響の広さにおいて注目される。[11]

エドワーズは、カルヴィニズムの伝統の下で、神の絶対的主権、人間の原罪、神の選び、義認、聖化などを基に、会衆に罪の悔い改めを迫りつつ、聖霊の働きによる救いの恵みを説いた。一七三四年、彼はノーサンプトンの教会で会衆の間に回心者を輩出させ、彼自身ボストンの牧師への書簡で次のごとく記している。すなわち、多くの回心者を出したという「この神の御業は、あらゆる点で、神の摂理の格別なる配慮としか思えません。それは、あらゆる類の人々、高きにも低きにも、富める者にも貧しき者にも、賢き者にも愚か者にも、老いたる者にも若き者にも、悪人にも善人にも広く漏れなく及んでいる点で格別です。幸いにも救いがもたらされた人々の数、ことに老人、子供、ふしだらな者の数の多さという点で格別です。しかも、聖霊が迅速に働きたもうたという点でも格別です」と記している。[12] しかも、この信仰復興はノーサンプトンだけではなく、コネティカット川峡谷地帯の多くのタウンで同時的に起こっていたのである。

他方、ジョージ・ホィットフィールドは、イギリスにいるときからすでに感動的な説教師として名声を得ていた。その彼が、アメリカの新植民地ジョージアに孤児院を設立することで一七三八年派遣され、爾来一三回アメリカを訪れ、アメリカでその生涯を終える。その間、彼はアメリカ各地を説教師として巡回し、その透き通る声、わかりやすい内容、そして情緒的な訴えにより、きわめて多くの回心者を得たのである。彼はアメリカだけではなく、イングランド、スコットランドでも説教を続けており、その点、彼は一八世紀大西洋圏に広がった信仰復興運動をそのまま代表する説教師であったといえる。また、最近の研究は近代産業主義を背景にしたコマーシャリズムを巧みに利用したホィットフィールドの伝道方法に注目している。[13] そのことを十分認めつつ、なおホィットフィールドが、アメリカ社会で広く受容され、アメリカ社会に大きな影響を与え、彼に続くアメリカ人説教者を生み出していったことは注目すべきであろう。

対立――「回心なき牧師」対「資格なき牧師」

エドワーズやホィットフィールドなどによる信仰復興運動が急激にアメリカ全土に広まってゆく背景としては、上にふれたように、既成の教会が固定化し、地域社会の階層化を反映して教会自体が階層化していたことが挙げられよう。その牧師たちもハーヴァード、イエールなどの大学を卒業し、学識、教養は豊かではあるが、回心体験に乏しく、神学的にも啓蒙主義の影響を受けて、アルミニウス派自由神学に近く、聖霊よりも理性を重んじることが多くなった。その説教も一般の会衆にとってわかりにくく、無味乾燥であったらしい。その点、信仰復興運動の担い手の説教師たちは、一般に学識こそ乏しいものの、民衆にわかりやすい言葉でカルヴァン主義の原罪、選び、救済の信仰を説き、聴衆の心を揺さぶり捉え、民衆に直接回心体験を与えていた。

この既成の教会の形式化を批判する牧師たちの素朴な訴えが民衆に浸透し、既成教会の会員たちにも影響を与えるに従い、それに対する既成教会の牧師側の危機感、反発もまた起こってくる。この既成教会側の牧師と大覚醒側の牧師との対立を説教の形で明文化したものとして、大覚醒の有力な推進者の一人、長老派の巡回牧師ギルバート・テナントの「回心なき牧師の危険性」（一七四〇年）という説教と、それに対抗してなされた会衆派の牧師ジョン・ハンコックの「資格なき牧師の危険性」（一七四三年）という説教との応酬を挙げることができよう[14]。

ギルバート・テナントの父ウィリアム・テナントは、長老派の牧師であるが、北米中部地帯に牧師養成の機関がなく、またハーヴァード、イエールなどの既成の大学がアルミニウス派の自由神学に侵されていることを批判し、自ら新たに牧師養成の学校をつくることを決意し、ペンシルヴェニアに文字通りの丸太小屋の神学校（Log College）を一七二六年建てる。爾来、一七四二年死ぬまで、福音主義的な長老派牧師の育成に努めた。そこからは、自分の三人の息子をはじめ、大覚醒の担い手になる牧師たちが出ていくが、とくに息子のギルバートは、若い牧師として、悔い改め、回心を迫る情緒的な訴えで名が知られていた。ギルバート・テナントは、形式的権威にこだわる教区牧師を批判し、彼らを偽善的パリサイ人と呼び、古い公立の大学（ハーヴァードなど）を腐敗していると批判し、新しい私立の神学校（丸太小屋大学）を称える。[15] そして、聴衆に、もし教区牧師の説教が心に訴えないならば、教区を超えて他の牧師の訴えに耳を貸すように勧めたのである。これは、既成教会、既成大学への挑戦であり、古き教区制度を突き崩すものであり、当然既成教会のなかで激しい論議、非難を呼ぶ。

テナントのこの説教は、小冊子として印刷され、広く各地で読まれ、当然ニューイングランドの会衆派教会にも影響を及ぼす。そこで、テナントの挑戦に正面から応えるべくなされたのが、ハーヴァード大学出で、ニューイングランド、ブレイントリー（後のクィーンズ）の会衆派第一教会の牧師であるジョン・ハンコックが、「資格なき牧師の危険性」と題して行った説教である。信仰復興運動の牧師たちによる感情的、情緒的な訴えを批判し、「福音を説き、守るためには、少なからず広範な理性と学識を必要とすること」を説いたものであり、既成教会の教職者たちの多くの見解を代表するものであろう。彼の教会の会員にはジョン・アダムズなどエリートが多かったが、おそらくそうした会員たちの意見をも代弁していたものといえよう。ちなみに、第二回大陸会議の議長として独立宣言の筆頭署名者となり、マサチューセッツ州の初代知事となる有名なジョン・ハンコックは、彼の息子である。

かくして大覚醒の広まりの結果、既成の牧師は旧派（会衆派にあってはold light、長老派にあってはold side）と呼ばれ、大覚醒の推進者の牧師は新派（それぞれnew light、new side）と呼ばれるようになった。もし少しく断定的な表現を用いるならば、前者は、理性、学識を重んじ、啓蒙主義の影響を受け、自由神学的であり、後者は、聖霊、回心を重んじ、情緒的な訴えによる正統派カルヴィニズムを説く。この情緒的訴えが難しい教義の理解を超えて、直接聞く者の心を捉え、一般の民衆には受け入れられやすかった。ただし、その説教により、聴衆のなかには呻き叫び体を揺すりといった熱狂的な反応を起こす者も多く、さらには牧師のなかには焚書事件を起こすなど過激な行動に出る者もおり、既成教会の古い会員などの顰蹙を買うことも少なくなかった。[16]

この対立には、自由神学対正統派神学という側面もあるが、厳密な意味での教義の対立というよりも、むしろ説教、礼拝、聴衆のスタイルの対立の性格が強かったというべきであろう。一方に、既成の教会堂で一定の礼拝様式に従って、よく準備された草稿にそって福音の教義を説くという伝統的な在り方があった。それに対し、他方に、所を問わず、しばしば野外で、礼拝様式にとらわれず、その場の雰囲気に従って、即席に説教が語られ、繰り返し罪の恐ろしさ、福音のありがたさを単純に説くという新しい在り方があった。前者は頭（head）の宗教と呼ばれ、後者は心（heart）の宗教と呼ばれた。さらに、この対立は必ずしも教派の間で起こった対立ではなく、各教派内で、また教派を超えて起こった対立であった。その点、大覚醒は基本的には超教派の運動であり、その担い手のなかには、教派を超えて、巡回牧師として不特定多数の聴衆に訴える牧師が多く、しばしばまったく牧師の資格をもたない平信徒の説教師による伝道活動が行われた。平信徒が受け身ではなく、自ら積極的に伝道、牧会などの活動をしたことは、大覚醒運動の大きな特色であり、牧師、教会組織中心の宗教の在り方を変えてゆく。

結果——その社会的影響

以上のような大覚醒は、北はニューハンプシャーから南はジョージアにいたるアメリカ全土に及び、既成のアメリカ社会を震撼させ、二つの面、一方で個人としての自覚、他方でアメリカ人としての自覚をもたらす。

つまり、一つには、大覚醒により、既成の教会、牧師の権威が弱まり、教会と結びついていた社会の階層性が揺らいでくる。そして、平信徒各人が、必ずしも教会を通さずに、各人が直接神との交わりをもち、自己の選択で教会、牧師を選び、信仰復興運動にも個人として参加していく傾向が強まってくる。人口の増加に比し牧師の数が少ないこともあって、しだいに平信徒主導型の教会、集会が多くなる。キリスト教内のこうした傾向は、広く社会的文化的に個々の民衆の自信と積極的な言動を促し、草の根におけるデモクラシーを広めてゆく。また、アメリカ人のなかに、自発的結社としての教会観が強まるとともに、より広く社会的に自由に自発的に結合し、共同作業を行い、必要がなくなればまた離れ、あるいは解散するという考え、行動がもたらされてきたといえよう。このことは、アメリカ革命にさいして、各地における抗議集会、イギリス製品ボイコット、さらには民兵、大陸軍などの各種の組織的活動への自発的参加の重要な背景をなすものといえよう。

それと関連して、既成の主流教派（国教会、会衆派）に対し、少数派の教派、すなわち長老派、バプテスト、メソジストの信徒の数が相対的に増大し、さらにヨーロッパ大陸からの諸教派の信徒がアメリカに移住し、既成の主流教派の力が相対的に衰退する。それは、結果的に既成の教会と結びついていた社会構成を揺すぶり、アメリカ社会の多文化性を促進させていった。このことは、アメリカの教会の在り方が、一つの教会（イギリスの国教会、ドイツの領邦教会、など）と複数のセクトといったヨーロッパ的なキリスト教の在り方と異なり、相互に対等で並列的共存的な教派主義（denominationalism）、さらにはむしろ自発的結社としての各個独立教会主義ともいえる教会の在り方がますます強くなってくることを意味する。[17]

他方、それとともに、従来は植民地人の間では、とくにアメリカ人という意識は薄く、ごく一般的な意味でのイギリス人としての意識か、あるいは各植民地ごとに自己を結びつけてヴァージニア人、マサチューセッツ人という意識をもっていた。それが、巡回牧師の活動による各植民地の枠を超えた大覚醒運動により、印刷業の発展、道路などの整備を背景に、植民地人の間にしだいに新しいアメリカ人としての一体感、アイデンティティが生まれてくることになる。さらに、上にふれたイングランド以外のヨーロッパからの移住者の増大は、イギリス人としての帰属意識の希薄化を促進せざるをえず、それだけに、逆にアメリカ人としてアイデンティティの必要性を増す。それはまた、広い意味でのプロテスタント社会としてのアイデンティティであり、腐敗した権威主義的なヨーロッパ社会に対比される質実にして健全な、機会均等の社会としてのアメリカという自己像の形成につながっていく。そうした自己像の形成へ、宗教的に寄与したものとして千年王国論を挙げることができるであろう。[18]

3　アメリカ革命の展開と宗教

アメリカ革命期は、一七六三年、七年戦争（アメリカにおける「フランス人とインディアンとの戦争」）がイギリス側の勝利をもって終了し、フランス領カナダがイギリス領となったときから始まるといってよい。すなわち、一方で、アメリカ諸植民地は、北米大陸における大国フランスの脅威が去り、本国への依存の必要性が減少し、北米大陸で拡大、発展しつつ、イギリス帝国内でより広い自治性を求めるという遠心的、分権的傾向を志向する。他方で、イギリス本国政府は、インドをも含むグローバルな帝国を手に入れ、従来の「有益な怠慢政策」を改め、帝国の再編、植民地統治の強化を求めるという求心的、集権的傾向を志向する。そして、この内在する両者の対立は、一七六五年の印紙税法をめぐり表面化することは周知の通りであるが、ここでアメリカ革命の進行について述べることは差し控えたい。

世俗的千年王国論——主教問題とケベック法

ただ、直接宗教との関連で、植民地人の反英感情を刺激し、促進させたものとして、二つの事件を挙げておきたい。一つは、アメリカ主教職設置説であり、二つは、旧フランス領ケベック地方におけるカトリック教会公定問題である。前者は実現せず、後者は既成の事実を政治的配慮から認めたものではあるが、アメリカ革命の大義、アジテイションに宗教的側面を加え、牧師、平信徒の多くを革命に動員する機能をもった点で注目される。

先にふれたように、国教会に属する「福音宣教協会」が、先住民を改宗させるためという名目で国教会牧師をアメリカに派遣してきたが、植民地人の間には、この協会の目的は、アメリカにある他教派の信徒を改宗させるためのものであるとの疑いがあり、ことにニューイングランド地方では猜疑の目をもって注目されていた。そこへ、イギリス国教会がアメリカ内に主教を任命し、各植民地を通じての主教区を設置するという噂が一七六〇年代初めに流れた。イギリス政府による植民地統括の強化策がとられつつあったときだけに、その一環として捉えられ、植民地人、ことにジョナサン・メイヒューなどのニューイングランド会衆派牧師の間に強い反論を呼び起こした。[19] 国教会の本拠が大西洋の彼方にある限り、その直接的支配力は脆弱であったが、それがアメリカ内に主教職をおくとなると、イギリス国家権力が宗教的権威をもって直接植民地人を支配することになると、強い危惧を招いたのである。南部のイギリス国教会の牧師たちはこの計画を歓迎したにせよ、教会の実権を握っていた平信徒の指導者たちは否定的であった。そもそもこの案はイギリスにおける国教会内の希望であり、必ずしも政府、議会の賛同を得たものではなく、植民地人の反英感情を刺激したのみに終わった。

植民地人にとって、主教問題が受け身の防衛的性格の問題であったとすれば、ケベック法の問題はむしろ土地獲得、空間拡大に絡む攻撃的性格の問題であった。その背景に千年王国という発想も存在する故、あえて少し歴史をさかのぼって説明することにしたい。フランス領カナダは、植民地人にとり軍事的に脅威であるとともに、また将来の拡大の対象としても考えられた。したがって、英仏の世界大の抗争の一環としてカナダをめぐり英仏間に戦闘が生じると、植民地人はこれに進んで参加していた。その場合、しばしば、アメリカにおけるプロテスタントの旧派も新派も、その説教を通じ、カトリック教会とフランスとを重複させ、ローマ教皇を戴く外なる敵、反キリスト勢力としてのフランスとの戦いという論理、修辞で会衆に訴えた。そこでは、イギリス本国もプロテスタントの国であり、イギリスと協力するのは当然とされる。そして、その戦いに勝利を収めることは、この地上に至福千年が始まることを意味するものとも説かれたのである。[20]

しかし、対仏戦争にイギリス側が勝利をし、カナダが英領になると、この広大な土地の処理をめぐり、植民地人と本国政府との利害は衝突する。カナダ、さらにはオハイオ州、ミシシッピ川流域を直轄の植民地とするケベック法の制定（一七七四年）により、西方進出の期待を閉ざされた植民地人は、同法に激しく反対する。そのさい、同法が同地方におけるカトリック教会の公定制を認めたことが、反対の理由として挙げられた。ハーヴァード大学学長のサムエル・ラングドンは、その説教のなかで、これを政治的専制とローマ教会公定とを求めるステュアート王朝復活の計画であることを示唆するが(21)、かつてフランスのみが反キリスト勢力とされていたのが、いまや「ケベック法とともに、諸植民地を通じ、しばしばイギリスが反キリストとして描かれるようになった」のである(22)。

前にも論じたが、教会契約と政治契約とを同一化することは、同一社会内に居住する真の回心者である「聖徒」とそうでない「よそ者」との間の乖離が生じ、社会的には不安定化を招きやすい。そこで多くの植民地では、ましてアメリカ全体としては、教会契約と政治契約とを切り離し、文化的多元性を前提にして、空間的に拡大し人口的に増大し、発展、繁栄しえたのであった。しかし、対仏戦争、その後の対英緊張の下、フランスやイギリス本国といった外なる敵と対比して、抽象的に内なるアメリカ社会全体を神と、相互との間で契約した社会と見なし、選ばれた神の民としての自己像を描くことがなされるようになった。そして、フランスのカトリック教、それと結合したイギリス国教会からの信教の自由という形で、信教の自由が、イギリス政府の圧制からの政治的自由の確保と結びついて使用されるようになってくる。ここに、戦争、独立というきわめて政治的、世俗的事柄が、反キリスト軍団に対するキリストの軍団の戦いという宗教的象徴と結びつけられ、独立は腐敗したヨーロッパからの有徳なアメリカの分離、思想史家ルイス・ハーツの表現を借りれば「ヘブライ的分離主義」が主張される(23)。

中央の指導者と地方の実行者

この抽象的なアメリカ社会全体という把握と関連して、反英抗争を有効に行うためには、具体的な一三の植民地間の協力が必要であり、そのためには各植民地、独立後は各州を超えての機関、中央機関が必要とされる。それが、大陸会議であり、軍事組織としては大陸軍にほかならない。そこで、そうした中央機関に選出される指導者と、各地方レベルで活動する人々との間に一種の役割分担がなされる。この中央でのオピニオン・リーダーたち、政策決定者の間には、第二代大統領になるジョン・アダムズ、第三代大統領になるトマス・ジェファソンに代表される大学出の法曹が多い。ちなみに、あの独立宣言の署名者五六名のなかには法曹が多く、牧師はニュージャージー大学（後のプリンストン大学）学長で、長老派の牧師であるジョン・ウィザスプーン一人のみである。[24]反英抗争において、植民地人の立場も、当初はイギリス憲法論をもって、やがて共和主義論、さらに自然法、自然権論をもって主張され、上述のような特殊な事例の場合を除き、とくに宗教的な理論は使用されない。また、当時の指導者たちの宗教的立場も、これまたジョン・アダムズやジェファソンの場合に見られるように、どこかの教会の会員ではあり、決して反キリスト教ではないが、一般的には正統派であるよりは、理神論的立場に近かったといってよい。

他方、アメリカ革命の実際の担い手は、地方レベルで、各種の組織をつくり、たとえばイギリス製品をボイコット、つまりイギリスから物を輸入しない、購買しない、使用しないという運動の担当者であった。これは決議だけではなく、実際に実行されなければ、意味をなさない。その点、各地方で自発的に各種の委員会が組織され、実行していったのは、普通の職人、農民、そして家庭の主婦たちであった。つまり、あの大覚醒運動の支え手であった平信徒たちである。このイギリス製品ボイコットは実際の生活に影響を及ぼし、奢侈に対し質素を、乱費に対し節約をといった日常生活における倫理的運動の性格をもつ。その点、歴史家エドモンド・モーガンのいうごとく広い意味での「ピューリタン倫理」が、アメリカ革命を支えていたのである。[25]ここでは、独立戦争という軍事面についてはふれないが、民兵として、大陸軍の兵士として参加した人々は、多くは農民であり、しばしば自己を「イスラエルの軍」と見なして戦った。[26]そして、これらの人々に訴えるとき、直接に、また牧師の説教を通して間接に、宗教的言辞が使用されることは少なくなかった。

ペイン『コモン・センス』と聖書語句

アメリカ革命とは、イギリスからの独立とともに、イギリス王室の下での君主制を廃止して共和政に移行することも意味した。しかし、このことは、自己をイギリス人と自覚し、イギリス国王への忠誠を当然としてきた植民地人にとっては、心理的に必ずしも直ちに受容できることではなかった。一七七五年四月、ボストン郊外のコンコードでイギリス正規軍と植民地民兵との間で武力衝突が起こった後も、アメリカ人の多くはまだイギリスからの独立、国王への忠誠の拒否を考えてはいなかった。たとえ事実上は、あるいは潜在的には、イギリスから分離しており、国王への忠誠は形骸化していても、それを法的なものとし、顕在化させることに踏み切れなかったのである。この潜在を顕在させる役割を果たしたのが一七七六年一月刊行された小冊子、一七七四年末アメリカへ移住したばかりのトマス・ペインの書いた『コモン・センス』(*Common Sense*)にほかならない[27]。

『コモン・センス』の売れ行きは、もとより正確なことは不明であるが、一七七六年に一五万部売れ、全部で三〇万部ともいわれる。当時の植民地人口二五〇万弱を考え合わせると大変なベストセラーといえる。文章の易しいことにもよるが、その内容が読者に受け入れられやすい思考枠組みを使っていることにもよろう。では、ペイン自身の思想はどのようなものであったのか。その思想形成には、父より受け継いだクエーカー教徒としての考えもあろうし、ニュートンの科学的思考、また急進ホィッグの思想の影響もあろう。基本的には、ペインの思想は啓蒙主義、合理主義、自然権思想であり、宗教的には三位一体論は、さらに啓示は否定するが、宇宙、自然の創造者としての神の存在を肯定する理神論者であったといえよう。ことに晩年の『理性の時代』(*The Age of Reason*, II, 1795)においては反聖書的、反キリスト教的表現が頻出するようになる[28]。ここで、私が注目し、強調したいのは、晩年に聖書否定の言辞を公にするペインが、その『コモン・センス』では、聖書からの引用、引照が実に多く、聖書に依拠して、宗教的枠組みを使って、その主張を展開している点である。

『コモン・センス』において、ペインは独立を主張するとともに、世襲的君主制の否定、共和政治を主張し、イギリス国王への伝統的な忠誠を断ち切り、諸植民地が共和国として出発することを、訴えている。その場合、ペインにとっては、アメリカ革命の指導者ではなく、革命の実行者になる民衆一般を対象に広く訴え、いかに彼らに理解され、受容されるかが重要であった。フィラデルフィアの町で、広く民衆とも交わっていたペインは、大覚醒運動の残したもの、民衆の間での素朴な信仰、聖書用語の日常的使用に気づいたであろうことは想定できる。民衆に訴えるには、難しい自然法理論よりも、単純な聖書的表現のほうが受け入れられやすい。もとより、ペインがどこまでそうした訴え方の効用を考えて聖書の語句を用いたかは定かではない。しかし、そうした使用が、民衆にペインの主張を馴染みやすいものとしたことは疑いをいれない。

たとえば『コモン・センス』において、世襲制君主制の否定を主張するさい、ペインはそれを旧約聖書、ことにサムエル記を長く引用して、聖書的に君主制が悪であり、神により否定されたものであることを強調する。イギリス国王を、エジプトのファラオ（国王）になぞらえる。また「全能の神がイギリスとアメリカとの間に設けた距離でさえも、イギリスのアメリカ支配は断じて神の意図ではなかったことを示す」といった表現を用いる。さらに、ペインの議論には「われわれは自らの手で、もう一度世界をつくり直すことができる。現代に似た情勢はノアの時代以来なかったことだ。新しい世界の誕生日は目前に迫っている」といったいささか飛躍した表現があるが、これも大覚醒に伴った「千年王国」的な発想には訴えるものがあったであろう。(29)

『コモン・センス』の議論の進め方は必ずしも論理的ではないにせよ、聖書の字句を使っての訴えは、大覚醒時代を経たアメリカの民衆には、たとえばジョン・アダムズやジェファソンの洗練された論文よりも、わかりやすく、受け入れられやすかったのではなかろうか。『コモン・センス』は、独立と君主制否定を、文字通り広くアメリカ人一般に「共有される考え」とすることに大いに貢献したのである。なお『コモン・センス』は、ペンシルヴェニアのドイツ系移民、ニューヨークのオランダ系住民たちにも、それぞれの言語に翻訳されて読まれ、彼らの間でも「共有される考え」となることが期待された。

独立宣言――創造者としての神を前提として

この「共有される考え」を背景に、周知のように一七七六年独立宣言が公布される。独立宣言の目的は、単に独立を宣言することではなく、なぜ独立するのか、長年当然のこととしてきたイギリス帝国の一員であることを、なぜ止めるのかという理由、大義（cause）を宣言することにあった。独立宣言文の劈頭、その対象が広く世界、人類であるともとれる表現があるが、具体的には、まだ独立に踏み切れないでいる者も多いアメリカ人を対象とした説得の文章であったといえよう(30)。

植民地人に対し、独立し、国王への忠誠を断ち切ることを、いかにして納得させたらよいのか。その場合、一方では、国王の植民地人に対する具体的な権利剝奪の行為が細々とかなり長く述べられ、だからイギリス国王の統治下から離脱するのであると、訴える。今日から見ればきわめて具体的、散文的、少々退屈なこの長い部分が、独立宣言文の構成上は中心をなし、また当時の政治状況にあっては人々の個々の体験に迫り、説得的な部分であったと思われる。このイギリス国王、イギリス政府の非難すべき行為を並べた部分は独立のための、いわばネガティヴな形での訴えといえよう。

それに対し、独立宣言の最初の部分、すべての人は平等につくられ云々という、あの広く人口に膾炙している部分は、独立宣言文の構成上は、本文というよりは前提であるが、独立した後、アメリカ社会はいかに在るべきなのか、このような基本的原理原則の下に新しい社会をつくり、一三の植民地に分かれているアメリカ人をUnited States という形でまとめるのだ、という統合の原理、いわばポジティヴな形での訴えの部分といえよう(31)。であればこそ、その後のアメリカ史展開のなかで、繰り返し読まれ、訴えられてきたのである。

つまり、最初のほうに出てくる有名な「生命、自由、幸福の追求」は、独立との関連で解すれば、それらは権力から守られるべき基本的権利であり、それを国王は侵害したのだという意味で、その守られるべき権利性が重視されているといえよう。とともに、統合との関連で解すれば、それはアメリカ社会として実現すべき基本的目的であり、建国にあたりアメリカ社会の存在理由として掲げた自己束縛的な課題性が重視されているといえよう。あえて、付言すれば、前者は個人の私的自由を尊重するリベラリズムに通じ、後者は社会の公的共同性を尊重するリパブリカニズムに通ずる。

ところで、独立宣言文のこの部分を、主たる起草者のジェファソンが何に基づいて書いたかについては、カール・ベッカーの研究以来多くの研究、議論がある。[32] しかし、ここで注目したいのは、この部分で、人間は神によってつくられた者という創造者としての神が前提とされ、神によってつくられた自然の法があるという捉え方がなされていることである。そこでの神とは、何を意味するのか。ジェファソンはヴァージニアの国教会の会員であり、ときにその教区委員を務めたこともあるが、このころよりユニテリアンに近く、晩年イギリスから亡命してきたプリイストリイとも親しく、[33] またジョン・アダムズへの手紙では、カルヴァンを正面から否定し、その宗教は悪魔主義であるとし、「世界の創造者であり、恵み深き統治者である神」とは異なると記している。[34] その点、独立宣言文の神は、まずは正統派カルヴィニズムの神を意味するものではないであろう。しかし、神、創造者という人間を超えた超越的、絶対的存在を前提とし、人間はその被造物であり、神から生命、自由、幸福の追求という権利を与えられ、またそれらを実現すべき義務を神に負い、したがって政府も単にそれを守るだけではなく、それを実現する任務を負う、という文脈は宗教的な枠組みで語られているといえる。[35]

では、この文章が訴える対象である一般民衆はどう受け止めるのか。ニューイングランドなどでは神、自然、理性を結びつける理神論に近い説教が一部の教会において説かれていた。大覚醒の洗礼を受けたごく「普通の人の心にも、この自然法の考えは入り込み、神の支配に対する彼らの信仰をさらに確かなものとし、国王の支配に対する彼らの信念を揺るがすにいたった」というカール・ベッカーの解釈はそれなりに妥当しよう。[36] しかし、より端的にいえば、人々は、創造者、神という言葉のなかに、それぞれが信じる神を読み込む、あるいは読み取ることによって、信仰上の立場の違いを超えて、正統派カルヴィニズムを信ずる者であれ理神論の信奉者であれ、自己を独立宣言と、そしてそれが設立を目指す新しきUSAとに結びつけることができたのではなかろうか。独立宣言文の最初の方に、神、創造者をもってきたことは、それを意図したかどうかは別として、統合の文書としての機能を高めたことは否定できないであろう。

おわりに

一般的にいって、アメリカ社会は、元来ヨーロッパから移植されたものが、アメリカの広い意味での風土（広い空間、短い時間、多様な人間）の下で変質し、アメリカ的なものになった社会といってよい。宗教もまたその例外ではない。それは、ヨーロッパより移植されたものではあるが、アメリカ社会の文化的多元性を反映して、ヨーロッパ的な「教会とセクト」という在り方から離れ、政教分離、信教の自由が、まず必要として存在し、やがて当為として制度化される。それと並行して宗教的多元性が拡大再生産されてゆく。まことに教会史家リッテルの書名『国教会から多元主義へ(37)』が示すごとくである。

一八世紀前半の大覚醒運動は、このすでに存在していた宗教の多元化を、既成の教会、教派といった宗教組織を超えて個人の次元まで拡大したといえよう。必ずしも「万人祭司」といった教義ととくに関係なく、平信徒各個人による宗教体験、理解、活動が進み、それは既成の教会のみならず、社会構造をも揺るがす。アラン・ハイマートの少しく誇張した表現を使えば、それは「中世との最終的な決別」を意味し、「一七四〇年に目覚めたのは、アメリカのデモクラシーの精神であった(38)」。その意味では、大覚醒はアメリカ革命を民衆レベルで無意識の間に準備したものといえよう。

一八世紀中葉のアメリカ革命は、すでに対内的に潜在的事実として存在していたイギリス本国からの分離（独立）と君主制への決別とを顕在化させたものであるが、それを思想的に正当化したのは啓蒙思想であったにせよ、それをアメリカの民衆に受容させたのは宗教的枠組み、修辞、象徴であった。多元的な植民地社会が、対外的に独立、戦争という極限的な対外関係に直面したとき、その多元性を超える統合の象徴を必要とする。まさに独立戦争において、アメリカ社会統合の契機として、個人、教派、各植民地を超えた「選ばれた民」「新しきイスラエル」という神と結びつけられた抽象的アメリカ像が説かれた。

独立戦争が終了した一七八三年五月、イエール大学の学長であり、会衆派教会牧師であるエズラ・スタイルズは、「栄光と栄誉とに高く輝く合衆国」と題する選挙日説教を行った。[39]「主は誉れとよき名と栄えとをあなたに与えて、主の造られたすべての国民にまさるものとされるであろう……」という旧約聖書「申命記」の言葉[40]を基にし、スタイルズは、この聖書の箇所を「合衆国の将来の繁栄と栄光とを暗示する予言である」とし、モーゼに率いられたイスラエルの民にアメリカの民をなぞらえる。ようやく独立を達成し、諸列強に伍して出発するアメリカ社会を祝福する言葉である。ただし、神と自己とを結びつけ、自己を神の代理人のごとく思い、「国民的自己崇拝」に陥るとき、「神の審判は選ばれた民の上にも下る」ことは忘れられやすい。[41]

ところで、顧みれば、本来、相互に「よそ者」であり、多文化的である人々より構成されるアメリカ社会は、法的契約により相互を結びつけるとともに、内面的に相互を結ぶ「共有される価値」を必要とする。それは、特定の教義、教派、宗派により支えられる排他的（exclusive）価値であってはならず、多元的な社会全体を包含しうる包括的（inclusive）価値でなければならない。幸いアメリカ革命はそれをアメリカ社会に遺すことができた。独立宣言文における、創造者によって、すべての人は平等につくられ、生命、自由、幸福の追求という権利を与えられている、というあの言葉である。そして、その言葉を肉体にすべき課題を、アメリカ社会は与えられたのである。一方でその文化的多元性を保持しつつ、他方でこの基本的価値を共有し、少しでもその実現を図ることにアメリカ社会の存在がかかっているといえよう。

（1）多文化主義については、たとえば有賀貞編『エスニック状況の現在』（日本国際問題研究所、一九九五年）、越智道雄「文化多元主義の現状」、辻内鏡人「多文化主義の思想史的文脈――現代アメリカの政治文化」『思想』（一九九四年九月）、Ronald Takaki, *A Different Mirror: A History of Multicultural America* (Boston: Little, Brown, 1993); 富田虎雄監訳『多文化社会アメリカの歴史』（明石書店、一九九五年）など参照。

（2）一九世紀前葉、アメリカを訪れたトクヴィルが、フランスと異なりアメリカでは宗教と政治とが対立せず、宗教が一つの政治制度となっていることを指摘し、それを教会と国家との分離によるものと解したことは有名である。Alexis de Tocqueville, *Democracy in America* (New York: Vintage Books, 1955), vol. 1, pp. 310–326. なお、トクヴィルのアメリカ宗教観については、松本礼二『トクヴィル研究――家族・宗教・国家とデモクラシー』（東京大学出版会、一九九一年）、第二章「トクヴィルにおける啓蒙と宗教」参照。

（3）そのことは、今日ではあまり読まれなくなったが、アメリカ革命の革命性について論じた画期的な著述としてよく参照されたJ・F・ジェイムソンの『社会的運動としてのアメリカ革命』で論じられている。J. Franklin Jameson, *The American Revolution Considered as a Social Movement* (Princeton, NJ: Princeton University Press, 1926), pp. 129–158.

（4）領邦教会制については、有賀弘『宗教改革とドイツ政治思想――領邦教会制の展開とその帰結』（東京大学出版会、一九六六年）参照。

（5）Richard Hofstadter, *America at 1750: A Social Portrait* (New York: Vintage Books, 1973), p. 181. アメリカ革命直前の教会の状態一般については、同書、chap. 8 ("The State of the Churches") が要領よくまとめている。

（6）日本においては、山梨大学の久保田泰夫氏によるきわめて丹念なロジャー・ウィリアムズ研究が、『山梨大学教育学部研究報告』に一九七五年以来毎年発表されてきている。なお、ウィリアムズについての最近の研究動向については、大西直樹「ロジャー・ウィリアムズ＝ジョン・コトン論争再再考」国際基督教大学『社会科学ジャーナル』第29号（三）（一九九一年三月）参照。

（7）本論と直接関係はないが、一七八七年連邦憲法案起草に貢献あったジェイムズ・ウィルソンが、後年フィラデルフィア大学で法学の講義をしたさい、宗教上の寛容につき次のような発言をしている。すなわち、宗教上の寛容については世界はジョン・ロックに負うところ大であるが、ロックにより「ヨーロッパで寛容論が刊行される前に、アメリカでは寛容が実際に行われた。信教の自由についての法律がメリーランドで早くも一六四九年に成立していたのである」。さらに、ウィルソンは「彼（ボルティモア卿）こそ、国の父である」ともいう。"Lectures on Law (1791)," in *The Works of James Wilson*, ed. Robert G. McCloskey (Cambridge, MA: Harvard University Press, 1967), vol. 1, p. 71. このウィルソンの表現は多分にミスリーディングではあるが、アメリカ社会の文化的宗教的多元性が宗教上の寛容、信教の自由を必要とせざるをえないことは示しているといえよう。

（8）たとえば、ヴァージニアにおけるイギリス国教会の指導者であり、ロンドン主教代理の役をしたジェイムズ・ブレアは、国教会系の大学ウィリアム・アンド・メリー大学の創立者であり初代学長であるが、彼はイギリス国教会を諸植民地を通じてのただ一つの公定教会として確立することを求めていた。Jon Butler, "Coercion, Miracle, Reason: Rethinking the American Religious Experience in the Revolutionary Age," in *Religion in a Revolutionary Age*, ed. Ronald Hoffman and Peter J. Albert (Charlottesville, VA: University Press of Virginia, 1994), p. 5.

（9）William G. McLoughlin, *Revivals, Awakenings, and Reform: An Essay of Religion and Social Change in America, 1607–1977* (Chicago: University of Chicago Press, 1978), p. xiii. 彼は、大覚醒について文化的再活性化（cultural revitalization）といった表現を使う。なお、大覚醒一般については、たとえば、Edwin S. Gaustad, *The Great Awakening in New England* (New York: Harper & Brothers, 1957); Alan Heimert, *Religion and the American Mind: From the Great Awakening to the Revolution* (Cambridge, MA: Harvard University Press, 1966); Hofstadter, *America at 1750*; David S. Lovejoy, *Religious Enthusiasm in the New World: Heresy to Revolution* (Cambridge, MA: Harvard University Press, 1985); McLoughlin, *Revivals, Awakenings, and Reform* 参照。

（10）そうした大西洋圏における一八世紀信仰復興運動の比較研究の代表的なものとして、Mark A. Noll et al., eds., *Evangelicalism: Comparative Studies of Popular Protestantism in North America, the British Isles, and Beyond, 1700–1900* (New York: Oxford University Press, 1994) 参照。

（11）森本あんり『ジョナサン・エドワーズ研究――アメリカ・ピューリタニズムの存在論と救済論』（創文社、一九九五年）。著者はエドワーズを「プロテスタンティズム、ピューリタニズム、アメリカ的キリスト教」を代表し象徴するものという従来のエドワーズ像を超えて、「それ以上のもの」、特定の「時代的・地域的・信条的な限定を超越」するものとして、エドワーズの神学自体を論じている。

（12）Jonathan Edwards, "To the Rev. Dr. Benjamin Colman, May 30, 1735," in *The Works of Jonathan Edwards*, vol. 4, ed. C. C. Goen (New Haven: Yale University Press, 1972), p. 107. この手紙自体は未公刊であるが、この手紙に基づいて有名な *A Faithful Narrative of the Surprising Work of God* が一七三六年ロンドンで刊行されている。

（13）Harry S. Stout, "George Whitefield in Three Countries," in Noll, *Evangelicalism*, pp. 58–72; Frank Lambert, "'Pedlar in Divinity': George Whitefield and the Great Awakening, 1737–1745," *Journal of American History* 77, no. 3 (December 1990), pp. 812–37.

（14）Gilbert Tennent, "The Danger of an Unconverted Ministry (1740)," John Hancock, "The Danger of an Unqualified Ministry (1743)," in *Religious Issues in American History*, ed. Edwin Scott Gaustad (New York: Harper & Row, 1968), pp. 30–45 に、その抜粋が収録されている。なお、より本格的な新派対旧派の神学的論争としては、ジョナサン・エドワーズとボストンの会衆派教会の指導者チャールズ・チョウンシイとの間のものがある。Jonathan Edwards, "Thoughts on the Revival of Religion (1742)," Charles Chauncy, "Seasonable Thoughts on the State of Religion (1743)," in *The Great Awakening: Documents Illustrating the Crisis and Its Consequences*, ed. Alan Heimert and Perry Miller (Indianapolis: Bobbs-Merrill, 1967), pp. 263–305.

（15）本論とは直接に関係はないが、ハーヴァード大学は何となく私立の機関として、また牧師養成の機関として設立されたというイメージがもたれている。しかし、同大学は、一六三六年マサチューセッツ植民地議会が公的基金をもって設立し、学長も同議会が任命した理事会によって任命される。また、牧師を含む同植民地の市民的指導者を養成することを目的とし、カリキュラムも教養教育に則してつくられていた。Samuel Eliot Morison, *Three Centuries of Harvard: 1636–1936* (Cambridge, MA: Harvard University Press, 1946), pp. 3–10; Bernard Bailyn, "Foundation," Bailyn et al., *Glimpses of the Harvard Past* (Cambridge, MA: Harvard University Press, 1986), pp. 11–12. なお、丸太小屋大学は、その創始者W・テナントの死後、ハーヴァード、イエールの自由主義神学に対する正統派カルヴィニズムの大学となることを期待して長老派牧師たちによりニュージャージー大学として改めて設立され、後一八九六年プリンストン大学と改名される。たとえば、古屋安雄『大学の神学』（ヨルダン社、一九九三年）、四二―五一頁参照。

（16）William Warren Sweet, *Revivalism in America: Its Origin, Growth and Decline* (Gloucester, MA: Peter Smith, [1944] 1965), chap. 3 ("Theodore J. Frelinghuysen and the Log College Evangelists"), pp. 44–70; David S. Lovejoy, "The Great Awakening as Enthusiasm," in *Religious Enthusiasm in the New World*, pp. 178–93. なお、ホーフシュタッターは、一九五〇年代の反主知主義傾向を背景に、この大覚醒運動のもつ反主知主義的性格を指摘している。Richard Hofstadter, "The Religion of the Heart," *Anti-Intellectualism in*

American Life (New York: Vintage Books, 1963), part 2.

(17) 柴田史子「アメリカ社会における宗教と自発的結社」、井門富二夫編『アメリカの宗教伝統と文化——アメリカの宗教・第一巻』(大明堂、一九九二年)、八八—一〇四頁参照。

(18) 残念ながら、本稿では「千年王国論(millenarianism)」を取り上げる余裕はなかった。邦語文献として、とりあえず野村文子「ジョナサン・エドワーズとミレニアリズム——ヨハネの黙示録とアメリカ合衆国」、井門編、前掲書、一六七—一八四頁、岩井淳『千年王国を夢みた革命——一七世紀英米のピューリタン』(講談社選書メチエ、一九九五年)など参照。エドワーズ自身の千年王国論については、"The Millennium Probably To Dawn in America," in *Works*, vol. 4, pp. 353–370.

(19) メイヒューは革命期ニューイングランドにおける神学的にユニテリアン的自由神学の信奉者であったが、政治的にも急進的な発言で有名であった。一七五〇年にチャールズ一世の処刑を当然とし、人民の抵抗権を説いた説教"A Discourse Concerning Unlimited Submission and Non-resistance to the Higher Powers"で著名となり、主教問題をめぐる論争の旗頭であり、印紙税反対でも指導者の一人であった。Bernard Bailyn, *Faces of Revolution: Personalities and Themes in the Struggle for American Independence* (New York: Alfred A. Knopf, 1990), pp. 125–136 参照。

(20) Nathan O. Hatch, *The Sacred Cause of Liberty: Republican Thought and the Millennium in Revolutionary New England* (New Haven: Yale University Press, 1977), chap. 1 ("The Origins of Civil Millennialism in America: New England Clergymen, War with France, and the Revolution").

(21) Samuel Langdon, "A Sermon (May 1775)," *The Pulpit of the American Revolution: Or, the Political Sermons of the Period of 1776*, ed. John Wingate Thornton (1860; repr., New York: Da Capo Press, 1970), pp. 227–58.

(22) Ruth H. Bloch, "Religion and Ideological Change in the American Revolution," in *Religion and American Politics: From the Colonial Period to the 1980s*, ed. Mark A. Noll (New York: Oxford University Press, 1990), p. 52. このカトリック教会公定制は、現地のフランス人植民地人への政治的配慮から既存の制度の存続することを認めたものであり、イギリス植民地政策の現実主義の一つの表れにほかならない。

(23) Louis Hartz, *The Liberal Tradition in America* (New York: Harcourt, Brace and Co., 1955), p. 37. 同書のすぐれた解説付きの邦訳として、有賀貞訳『アメリカ自由主義の伝統』(講談社学術文庫、一九九四年)がある。なお、分離主義の反面、神との契約という点では、本質的、潜在的に普遍主義の契機をもつが、世界政治の力関係では、もとより当時のアメリカにはそれを顕在化するだけの力はなかった。

（24）Dumas Malone et al., *The Story of the Declaration of Independence* (New York: Oxford University Press, [1954] 1975), pp. 148–154.

（25）Edmund S. Morgan, "The Puritan Ethic and the American Revolution," *William and Mary Quarterly* 24, no. 1 (January 1964): pp. 3–43.

（26）Charles Royster, *A Revolutionary People at War: The Continental Army and American Character, 1775–1783* (Chapel Hill: University of North Carolina Press, 1979), chap. 2, ("1776: The Army of Israel").

（27）Thomas Paine, *Common Sense*, 1776. 多くの版があるが、とりあえず手近の Howard Fast, *The Selected Work of Tom Paine & Citizen Tom Paine* (New York: Modern Library, 1945), pp. 3–41 を挙げておく。邦訳として、小松春雄訳『コモン・センス他三編』（岩波文庫、一九七六年）がある。「ペインの為したことは、この潜在的な敵意を顕在化させたことであった」、Hartz, *The Liberal Tradition in America*, pp. 71–72.

（28）ちなみに、彼は一八〇二年アメリカへ戻るが、その少々偏屈な性格にもよるが、その反キリスト教的表現の故にアメリカ社会に受け入れられず、孤独な晩年を送り、一八〇九年死去する。A. J. Ayer, *Thomas Paine* (New York: Atheneum, 1988); A・J・エイヤー著、大熊昭信訳『トマス・ペイン――社会思想家の生涯』（法政大学出版局、一九九〇年）、八章「理性の時代」参照。

（29）「ペインは、迫りくる千年王国についての用語を、新世界のユートピアという世俗版に変用した」、Eric Foner, *Tom Paine and Revolutionary America* (New York: Oxford University Press, 1976), p. 81.

（30）拙稿「独立宣言における分離・革命・統合――トマス・ジェファソンによる〈独立〉の理解」、拙著『アメリカ革命史研究』（東京大学出版会、一九九二年）、一四一―一七六頁参照。

（31）Morton White, "The Laws of Nature and of Nature's God," in *The Philosophy of the American Revolution* (New York: Oxford University Press, 1978), pp. 142–84.

（32）拙稿「独立宣言研究史論」、拙著、前掲書、四一一―四三八頁参照。

（33）Paul K. Conkin, "Priestley and Jefferson: Unitarianism as a Religion for a New Revolutionary Age," in Hoffman and Albert, pp. 290–307.

（34）Jefferson to John Adams, April 11, 1823, *The Life and Selected Writings of Thomas Jefferson*, ed. Adrienne Koch and William Peden

(New York: Modern Library, 1944), pp. 705–6.

（35）Robert N. Bellah, "Religion and the Legitimation of the American Republic," in *Varieties of Civil Religion*, ed. Robert N. Bellah and Phillip E. Hammond (San Francisco: Harper & Row, 1980), p. 11.

（36）Carl L. Becker, *The Declaration of Independence: A Study in the History of Political Ideas* (New York: Vintage Books, [1922, 1944] 1970), p. 78.

（37）Franklin H. Littell, *From State Church to Pluralism: A Protestant Interpretation of Religion in American History* (New York: Macmillan, 1971).

（38）Heimert and Miller, *The Great Awakening*, pp. xiv–xv, lxi.

（39）Ezra Stiles, "The United States Exalted to Glory and Honor," in Thornton, pp. 397–520.

（40）「申命記」二六章一九節、日本聖書協会、一九五五年改訳版の訳による。

（41）Robert N. Bellah, *The Broken Covenant: American Civil Religion in Time of Trial* (New York: Seabury Press, 1975), p. 43.

【解題】 初出は森孝一編『アメリカと宗教』第三章、六四―九四頁（日本国際問題研究所、一九九七年）。植民地時代以来のアメリカ・キリスト教界の特色と変容過程に照らして、アメリカ革命と宗教との関わりを、全体的にかつ精細に描き出したスケールの大きな論稿である。植民地時代、キリスト教という人為が、アメリカという新しい自然、風土の中でいかに変容していったかが、ヨーロッパとの対比の内に浮き彫りにされる。ついで、啓蒙主義的、あるいは理神論的な政治指導者たちが成し遂げたとされるアメリカ革命の根底に、多様な個人、教派、各植民地を統合し、より高次の抽象的な「神」に結びつけられた「選ばれた民」「新しきイスラエル」という宗教的な国民意識の形成に向かう流れが伏在していたことが説かれる。この論文の射程もまた、現代の多文化主義にまで伸びている。

（古矢）

第三章　制度的政教分離と心情的政教融合
――一八世紀後半アメリカ社会における政教関係

はじめに

政教関係といった場合に、三つぐらい類型ができるのではないかと思います。一つは国家が特定の宗教の教派の教会を公定する、要するに財政的援助を与えたりして公定する、エスタブリッシュするという公定教会制(established church)です。もう一つはその反対の政教分離ということで、国家は宗教には一切関係しない、逆にいえば信教の自由を前提としているという政教分離制です。普通この二つなのですが、ことにアングロ・アメリカンでは普通この二つ、公定教会制と政教分離ということで議論されますが、私はどうもそれだけでは政治と宗教の問題を論ずるには足りないのではないか。制度的には明らかに分離だけれども、政治と宗教というものが何となく入り混じる、ことに何となく心情的、少し妙な表現ですが、エモーショナルあるいはサイコロジカルとでも申しますか、制度的にははっきり分かれているが、心情的には何となく結びあっているという意味で政教融合、特にアメリカのことを考える場合には、そういう側面から考えることは必要ではないかということで、政教融合という言葉を使わせていただいたわけです。今日はそういう前提のもとで、だいたい植民地時代の後半、一八世紀半ば、要するに植民地がイギリス本国に対して独立しだす、独立を考え出すその時代から連邦憲法制定ぐらいまでのことをお話しさせていただこうと思った次第です。

1 独立前——植民地時代における多文化性

まず、植民地時代においてもアメリカ社会の特殊性は、やはり多文化性ということにあったと思います。多文化性というと、一九八〇年代から多文化主義ということが大いに言いはやされましたが、実は植民地時代からアメリカ社会自体は多文化社会であり、多文化性が前提になっていたのです。しかし同時に、多文化社会であるがゆえに、他方でいかにしてそれを統合するかという側面もまた重要で、そういう意味でアメリカのことを考える場合に、一方で多文化、他方で統合、多文化性と統合という緊張、何となく矛盾しているのだが、他方どこかで融合しているということが意識されております。

そこでまず最初に、植民地時代のアメリカ社会の多文化性について少し考えてみたいと思います。まず、英帝国といっても英帝国自体についての理解がイギリスとアメリカとでは違う。イギリスの場合には、本国が上にあり、その下に諸植民地があり、本国がそれを支配している。もっと実体的にいえば、イギリスの議会というのはイングランドないしグレイト・ブリテンの議会ではあるが、その議会は植民地のヴァジニアとかマサチュセッツの内政についても、議決権を、法律制定権を持っているという解釈をしていました。そういう英帝国の構造解釈に対して、植民地人の方は、いや、そうじゃない、イギリスという国も、ヴァジニアもマサチュセッツも皆同列なのだ。ただそれが英国王、これはジョン・アダムズが言った言葉ですが、グレイト・ブリテンの国王は同時にヴァジニアの国王であり、あるいはロードアイランドの国王でありと言い、国王というものを絆にして英帝国が構成されている、そういう意味で一種の複合帝国（Compound Empire）である。エンパイアという言葉の意味が、本国が植民地を支配しているのではなくて、植民地も本国も含めて、それが複合的な関係にあり、ただ一人の王を同時に国王としているということでまとめられているという解釈でありました。

そういうことで、一七六三年に七年戦争が終わって、イギリスが財政的困難から植民地に対しても課税しよう、それに対して植民地が反発するという状況から、次第に対立、抗争が出てくるわけです。その場合に私が非常に面白いと思ったのは、エドマンド・バークがイギリス議会で演説をして、彼は英帝国の構造に関しては、法律的にはイギリス議会はアメリカにあるいくつかの植民地に対しても法律制定権は持っている、それは前提ではあるが、実際にはそれを行使しない方が賢明であるということを、一七七五年イギリス議会で演説いたします。その演説の中で、バークは“natural constitution”「自然の構造」という言葉を使うのです。彼の演説を読みますと、われわれイギリス人と彼らアメリカ人との間には三〇〇〇マイルの波荒い海が横たわっている。この距離が結果的にイギリスの植民地に対する統治を弱めるということは、いかなる工夫をもってしても避けがたい。イギリスが何か決めてもそれが実際に実行される間には、波は逆巻き月日は経ち……という演説をやって、「自然の構造」という言葉を使うのです。要するに三〇〇〇マイルの海があるから、仮にイギリスの議会が植民地に対して統治権を持っても、それを実際に行使するわけにはいかない、あまり植民地の内政に関与しない方が利口だ。つまり、権利があるかないかの問題ではなくて、実際にそれが有効に行使できるかどうかの問題だと、現実主義的な保守主義者としての見解であり、賢明な判断だと思います。バークは「自然の構造」というものをもって、イギリスとアメリカとの関係、英帝国の構造を考えたわけです。言葉を換えていえば、しかるべくアメリカの諸植民地の自治というものを許した方がよいということでした。

ところで、アメリカの植民地という言葉を私も今使いましたが、そんなものがあるのか。要するに、アメリカン・コロニーという言葉がよくでてきますが、単数のアメリカン・コロニーなんていうものは存在しないわけです。イギリスとアメリカとの関係で「自然の構造」があるように、アメリカの中でも諸植民地間に「自然の構造」がある。要するに、北はニューハンプシャーから南はジョージアまで、南北にわたる広い空間にあって、その間の統一性というのはあるのか。そういう意味で、一つのアメリカ植民地というものは正式にいって存在しないし、実感的にも存在しなかった。一三の植民地の間は非常に多様でした。例えば、経済的に南がプランテーションのような大農園制をとっても、北の方は小農場しかできない、あるいは商業、小工業だとかいうことで経済構造も違うし、人間的にも移住者は同じイギリス人であっても違います。例えば宗教的にも南部の場合にはイギリス国教会が公定教会となります。一六〇七年、はじめてアメリカに植民地ができたのはヴァジニアですが、その時代から一貫してイギリス国教会が、ヴァジニアの植民地の中で公定化されていたという状況で、大体南部の諸植民地はそうです。

ところが、ニューヨークあたりに行くと、オランダ領であったこともありますから、オランダ改革派教会が勢力を占めることもあり、さらに北に行けば、ニューイングランドの会衆派教会がエスタブリッシュされている。あるいは、中部に戻りますが、ペンシルヴェニアはクエーカーのウィリアム・ペンが先頭に立って移住し、クエーカーが多く、したがって信教の自由があり、いろいろな教派がそこに混在しているというようなことで、同じアメリカの植民地といいますが、実態は植民地間でかなり違います。そういう意味で、アメリカの中にも「自然の構造」により、多様化・多文化性が存在するというのが事実です。

そこで一つ例として、前にも述べましたけれどもヴァジニア植民地を考えると、一六〇七年に入ってきたときからイギリス国教会がエスタブリッシュされていた。ところが、イギリス国教会の牧師というのは、ロンドンの主教の任命を受けないと牧師になれない、資格を得られないということで、結局イギリスから来る牧師も数が少ないし、アメリカからわざわざイギリスへ行ってロンドン主教により資格を受けてまた戻って来るというのも少ない。ということで牧師の人数が少ないのみならず、ものの本によればその質もあまり良くなかったようです。しかもヴァジニアというのは広大な空間ですから、そこに教会が点在するということで、公定教会制はとったけれども、形式的にはいざ知らず、実質的にイギリス国教会の信者であったという人はそれほど多くない。ついでながら、ジョージ・ワシントンもトマス・ジェファソンもノミナルには、公定教会としてのイギリス国教会の会員です。ただし、実際的にはあまり関心を持っていなかったというところです。

したがって、やがてヴァジニアの北の方にはメソジストとかバプティストが入ってくるし、そういう人たちが独自に教会を作っても、イギリス国教会系としてはどうしようもないのです。ということで、公定教会制度の下で寛容制がとられているという状況で、それがやがてだんだん進んでジェファソンのような啓蒙主義派系の人たちの間から、寛容からさらに一歩進めて信教の自由を認めようではないかという動きが出てきます。ついでながらジェファソンは民主主義、デモクラシーの人というイメイジが強いかと思いますが、彼の家に行きましたが、モンティチェロという小高い丘の上にある豪壮な邸宅で、ヨーロッパであれば完全に貴族の豪邸のような華麗な豪壮さで、これだけの邸宅を維持するのに黒人奴隷が何人必要だろうかなんて余計なことを考えました。彼は思想的には民衆のことを考えていましたが、実感的には民衆のことは分かっていなかったのではないかとも思われます。

それは別として、これもアメリカの「自然の構造」の特殊性ですが、各植民地は別個に独立するのです。例えば、ヴァジニアは、いわゆる独立宣言の前に独立します。そこでヴァジニア憲法を作り、権利の章典を作り、そこに信教の自由ということがはっきり謳われています。権利の章典の中で「すべての人びとは良心の命ずるところにしたがって自由に宗教を信仰する平等の権利を享有する」ということを一七七六年六月に決めているわけです。

少し視点を変えてアメリカ全体をみた場合に、これは一七四〇年代、一八世紀前半の終わり頃なのですが、アメリカ全土にわたって、いわゆるリバイバル、信仰復興運動があちこちで盛んになります。その場合に、教会の中でリバイバルが行われるだけではなくて、教会の外でもリバイバル活動が行われる。教会の牧師が教会の中で教会員に語ってみんなを回心させる、あるいは回心したものがさらに熱心な信者になるという面もありますが、むしろ一定の教会に結びついた牧師でない巡回牧師、例えばイギリスのホイットフィールドのような牧師、説教者が各地を訪れるのです。そういう人たちが街頭や野原で説教し、それを民衆が聞きに来る。そこで説教者と民衆の間で相互反応が起きるということで、民衆も発言して、中には平信徒、教会員ではあるけれども牧師ではないような人たちが、自分で野原や街頭に立って説教するというようなことが起こる。ということで、民衆の信仰心・宗教心が非常に盛んになる時代があります。それが大覚醒（Great Awakening）といわれておりますが、その余韻が一八世紀後半まで残っているのです。目に見えるものではないかもしれないが、そういう民衆の間の宗教心・信仰復興心のようなものが残っていたのではないか。

一方、本国とアメリカにある植民地との間の関係というのは、一七六三年に七年戦争が終わって、イギリスとフランスとの間の大戦争が終わります。本国はカナダにおけるフランスの脅威がなくなったのだから、植民地も感謝してしかるべきであるという思いがあるわけです。それで植民地にも課税して税金を取ろう、それで財政困難を緩和しようというので、植民地に課税しだします。有名な印紙税法とかいろいろ出てくるわけです。それに対する反発が植民地の間から出てきます。その時に例の「代表なければ課税なし」ということが主張されるわけです。イギリス議会は植民地に対する課税権があるといっても、アメリカ側はイギリス議会に代表を送っていないのだから、イギリスには植民地に対する課税権はないと主張する。それに対してイギリス側は実質的な代表(virtual representation）ということがあり、イギリス内でも代表を送ってないところが課税されているではないかと反論する。だけど、三〇〇〇マイルの海と、何マイルか知りませんがロンドンとイギリス内のマンチェスターとの間の距離とでは比較にならない。そこでも「自然の構造」の問題で、本国に課税権はないという植民地側の主張がだんだん強まってきます。やがて単に課税権があるなしの問題からさらに進んで、植民地はもう本国から分離してもよいのではないかという空気が一七七五年くらいから出てきます。

しかし、アメリカ人というのは、元来、ドイツから来た人もフランスから来た人もいますが、圧倒的にイギリスから来た人が多いわけです。そういう意味で、イギリスから分離することはイギリス人であるというアイデンティティを捨てるということになります。元来、先住民を別とすれば、アメリカ人というのは存在しないのです。いるとすればヴァジニア人、マサチュセッツ人などがいるわけですが、イギリス人であることをやめてアメリカ人になるというのは、これはかなり心理的な抵抗があるわけで、その辺が複雑な心理状態ではなかったかと思います。そういう雰囲気の中で影響を与えるのが『コモン・センス』（*Common Sense*）といわれるトマス・ペインのパンフレットですが、これは本文が一〇〇頁くらいのごく薄いもので一〇万部売れたとか三〇万部売れたとかいう話があります。文字通り常識的なことを書いているのです。トマス・ペインというのは啓蒙主義者であって、あまりキリスト教とは関係ない人です。ところが一つ面白いと思ったのは、君主制を否定するところで、彼は旧約聖書のサミュエル書を引用するのです。長々とサミュエル書に基づいて君主制を否定しているところがある。それから本文のなかでも神が出てくるのです。例えば、これも「自然の構造」に関連するのですが、「全能の神がイギリスとアメリカとの間に設けた距離でさえも、イギリスのアメリカ支配は断じて神の意図ではなかったことを示す有力な自然の証拠である」と、やはりここでも三〇〇〇マイルの海が出てくるわけです。バークとペイン、相互対立の相手方ですが、「自然の構造」では似ているところがある。ともあれ、この影響があって、そこで神という言葉が出てくる、あるいは聖書の引用が出てくるというのは、理神論者のペインが、ある程度大覚醒後の民衆の動向を考えて、そういう表現を使ったのではないかという感じがいたします。

2　独立宣言――政治的文書と宗教的表現

上に述べたように、一つのアメリカ植民地というのは存在せず、ヴァジニアとかマサチュセッツとかがある。

しかし、イギリスを相手にするときに各植民地がばらばらにやっても勝ち目はない。そうなると、何かまとまる方法はないか、そこで多文化に対する統合の面が必要となります。それで一応植民地間の会議を開こうというので大陸会議（Continental Congress）という各植民地の代表が集まって相談する会議が開かれます。要するに広い空間を代表して集まった代表たちが、互いに相談して、一定の方針を決める会議を一七七四年の六月頃から開きます。なお、イギリス兵とアメリカ兵とが衝突し、戦争状態になりますが、やはり各植民地の民兵ではやっていけない。民兵というのはヴァジニアならヴァジニアの中でしか動きませんから、アメリカ各地で戦闘が起こった場合にあちこち移動できるような軍隊でないと困るというので、民兵と別に大陸軍（Continental Army）というのを作ります。アメリカ大陸全体で行動できるような軍隊で、その総司令官にジョージ・ワシントンが任命されます。ともあれ大陸会議を開いて、やがてやはりイギリスとは分離した方がよいというので、独立の決議を一七七六年七月二日にいたします。この独立した方がよいというのには、独立したら自分たちアメリカだけではイギリスに対抗できないから、フランスを引き入れようというので、独立国としてフランスと同盟を結ぶという考えもあります。さらに、もはやばらばらの植民地ではやっていけないから、連合体を作ろうというので連合（Confederation）という組織を考える。その三つの決議がなされます。

ただ当時、ジョン・アダムズによれば、アメリカに住んでいる人びとのうち三分の一はもうイギリスから分離した方がよいという独立賛成、あとの三分の一は依然として自分たちはイギリス人だ、イギリス国王に忠誠であるロイヤリスツだというので独立反対、あとの三分の一はどっちつかずの人びとだという情勢でした。そこで、なんとしてもアメリカ人に独立せざるをえないということを納得させなければならないというので、独立の決議と別に、独立についての一つの声明を出そう、それを準備せよというので起草委員会が作られます。ジェファソン、アダムズ、フランクリン、シャーマン、リビングストンの五名で起草委員会が組織されました。ジェファソンはヴァジニア、南部出身です。アダムズはニューイングランド、北部です。フランクリンはちょうど真ん中辺のペンシルヴェニアです。ジェファソンはこの時三三歳ですが、フランクリンは七〇歳でした。その五人とも大陸会議の議員ですが、誰がそういう文章を起草するかを相談の結果、ジェファソンが若いし文章もうまいから草案を書けということになりました。草案を書いて、それにアダムズとフランクリンとが注文をつけるわけです。それは別として、独立宣言というといかにも独立を宣言するみたいですが、それはもう独立を七月二日に決議しているので、七月四日の「独立宣言」は、独立についての理由の声明であって、独立を宣言するものではないのです。

もう一つ、この文章は誰を相手にしているのか。この文章の中にworldという言葉が多いものですから、有名な独立宣言研究者のカール・ベッカーなどによる「世界に向かって」というような解釈がありますが、世界に向かってではなくて、やはりアメリカの民衆に向かっての声明であるというふうに考えるべきではないかと思います。

そこを考えると、実はようやく本論に入るみたいですが、この文章は、独立を宣言するのではなくて、独立についての声明ですから非常に長いものです。そのなかに四つほど宗教的表現があるのです。調べてみると、ジェファソンが書いた草案には“nature’s God”「自然の神」、しかもそれは“those of nature and of nature’s God”「自然法および自然の神の法」という文で、これはジェファソンが書いているのです。これは自然法主義という点から、“nature’s God”というのは自然にでてくるのだと思います。最終文には、その他“their Creator”とか、“the supreme Judge of the world”とか、“a firm reliance on the protection of divine Providence”という宗教的表現が出てきます。前文にあたる初めの方に“nature’s God”“God”“their Creator”とあります。なお文章の構造からいいますと、独立宣言の中間の長いところは英国王はいかにアメリカ人民に対して専制的な行動を行ったかということを具体的に縷々と述べた説明です。今読んでは何のことを言っているのか判りにくいですが、二六箇条書いてあります。当時の人がおそらく、これは自分も経験したといった事実がならべてあるのです。例えば、英国王が勝手に軍隊をアメリカ人の民家に宿営させたとあります。おそらく読んだ人の中には「わが家にも無理してイギリスの兵隊を泊めざるをえなかった」というようなことで、具体的に、実感をもって読んだ人が多かったと思います。それから最後の方で、いよいよ独立というところに二つ宗教的な表現が出てまいります。

宗教的表現が出てくる前後関係をいいますと、「自然の神」（"nature's God"）というのは、ちょっと訳文でいきますと「地上の各国の間にあって、自然の法や自然の神の法によって本来当然与えられるべき独立・平等の地位を主張しなければならなくなる場合がある」。これは前文のところです。続いて「すべての人間は創造主（Creator）によって、誰にも譲ることのできない一定の権利を与えられている。これらの権利の中には、生命、自由、そして幸福の追求（life, liberty, and the persuit of happiness）が含まれる」というのが出てきます。それから、先ほどふれた英国王非難の箇条書きがならび、そして終わりのほうで「これらの連合した諸植民地は、それぞれ自由にして独立な国家であり、また権利として当然そうあるべきものである」ということを声明することを「世界の最高の審判官」（the Supreme Judge of the world）に訴え、最後に「我々は神の摂理の加護（the protection of divine Providence）を信じ、この宣言を支持するため、互いに、おのが生命、おのが財産、おのが尊き名誉を捧げ合うことを誓うものである」とあります。

このように四カ所宗教的表現が出てきます。これはジェファソン自身草案を書いたとき、あまり考えてはいなかったと思われます。その後で草案をアダムズとフランクリンがみて、直すことを示唆し、最終的には大陸会議が修正し、追加したわけです。誰がこう直せと言ったか、こう加筆しなさいと言ったかははっきりしないのです。私の想像では、フランクリンが当時痛風の病身でしたが、示唆した面もあるのではないか。というのは先ほど申し上げたように、ジェファソンはヴァジニアの大プランターで、実感的に彼に民衆の声がどこまで伝わっていたかは問題です。それに対して、フランクリンは貧しい家の生まれで、民衆の間で育って民衆の感覚を持っている。そういう意味でフランクリンはこういう言葉を入れた方が、独立するのだということを民衆に訴えるには役立つのではないかということを考えて、上のような宗教的表現を入れることを示唆したのではないか、これは私の想像です。

そこでジェファソンにしろアダムズにしろフランクリンにしろ、宗教的にいったいどういう立場であったのか。少なくとも形式的には、ジェファソンはイギリス国教会の、アダムズは会衆派教会の会員だったと言っていいと思います。フランクリンの場合には、彼はペンシルヴェニアですから信教の自由のあるところですが、彼は彼なりに宗教に関心を持って、例えば長老派の教会を覗いたけれど面白くなかったと書いています。しかし、先ほどふれましたイギリスから来たホイットフィールドという巡回牧師の説教は非常に面白かったというので、ホイットフィールドを自分の家へ招いたりしています。

それはともあれ、彼らは、そしておそらく大陸会議の議員の多くも、いわゆる狭い意味でのクリスチャンではなかった。形式的にはそうであっても実質的にはクリスチャンではなかったが、理神論者（deist）と言いますか、一種のユニテリアンだったのではないか。要するに、神とキリストと聖霊との三位一体は認めないが、神の存在は認めるということでユニテリアンであったと思います。そういう意味で、啓示とそれに対する信仰という関係ではない、むしろ自然法、自然の神、それを理性で理解するという方であったと思います。その点、啓蒙主義の影響を受け、ことにニュートンやロックの影響を受けているということは否定しえないと思います。

ところが民衆の方は、神とか創造主とか摂理という言葉が出てくると、彼らなりのキリスト教信仰の文脈の中でその言葉を受け止める。だから、例えば独立宣言の中にそういう言葉が出てきたときに、書いている方は理神論的立場で書いていても、受け止める方の民衆は、大覚醒以来の信仰の中で素朴に受け止めて共感を覚え、「やはりこの文章は、われわれの間には神様がいらっしゃることを示している」というような非常に素朴な感じで、それが受け入れられていったというように、これも推測以外の何ものでもないですが、思われる次第です。そういう意味で、やはり結論的にはイギリスから分れるということはやむをえないのだと思うようになります。独立宣言の中の、イギリスの血縁にもいろいろ訴えたが、彼らは聞く耳を持たなかったというところなど、センチメンタルなところですが、読んだ人びとは感動したのではないかと思います。そういう点からも、イギリスに親・兄弟がいても、やはりイギリスから独立せざるをえない、という気持ちになる。ジェファソンが後年ですが、この文章は“the mind of American people”アメリカ人の心というか気持ちを代表するべく意図して書いたのだと記していますが、やはり結果としては、独立宣言はアメリカ人の気持ちを表現していたのではないかと思います。

3 独立後――USAの意味転換、憲法修正第一条

そこで少し独立後のことに移らせていただきますが、独立という雰囲気の中で信教の自由とかそういうことが何となく一般的に受け入れられてきて、多文化性・多教派という勢いが強くなります。先ほど申し上げたヴァジニアでも、これもジェファソンの影響ですが、ヴァジニア信教自由法というのが一七八五年に成立しまして、信教の自由を正式に認めるということになります。同法の訳文を読みますと、「何人に対しても、宗教的礼拝に参列し、宗教的特定場所を訪れ、また教職に経済的支援を与えることを強制してはならない。何人に対しても、その宗教上の見解または信仰のゆえをもって強制、制限し、妨害を加え、または身体もしくは財産に関して負担を課し、その他一切の困苦を与えてはならない。すべての人は、宗教についての各自の見解を表明し、これを弁護支持する自由を有する……」というような条文があります。そういうことで、いろいろな教派、メソジストとかバプテストとか新しい教派がどんどん増えてゆき、他の教派も出てきてアメリカ特有の教派主義（denominational-ism）といいますか、そういうのが増えていく。会衆派の強いマサチュセッツですら、礼拝を守らなければいけない、それは各人の義務であるということを憲法で規定しますが、具体的にそれがどの教派の礼拝を守らなければならないということは規定していない。そういう意味で、ジョン・アダムズは、この憲法の下での教会のあり

方というのは「もっとも穏和にして公正な宗教の公定である」というような表現を使っていますが、それこそ政教分離が次第に広まりつつあったというのが実際のところでしょう。

そこで少し視点を変えますと、そういうふうに多文化性が強調されてくると、逆に統合性も問題になるわけです。各植民地が独立し、ヴァジニアという国家（ステイト）ができた、マサチュセッツという国家ができた。しかし、一三の国家が別々に存在したのでは対外的にはいかにも弱体です。したがって何らかの形で一三の国家が共同して存在し、行動する必要があるということになります。そこで、連合（Confederation）という形が考えられ、United States of America という名称（当時の文脈で直訳すればアメリカ諸邦連合とでもなりましょう）が、独立宣言の頃に出てきます。その意味は、USAというものの意味は時代によって異なっていくのですが、なにも当初は一つの国家の意味ではなくて、複数の国家が連合した、そういう意味での連合の時代が続くわけです。そのうちにそれだけではやっていけない、独立した以上、対内的にも対外的にも一つの国家としての行動が必要とされてきます。その意味で、USAを一国の形にしなければならない。しかし、それに対しては、地方の人びとの間でも反対があるのです。なぜ、せっかくイギリス帝国から各植民地が分離したのに、また新しい一つの国家を作らなければいけないのかということで、いろいろ問題が出てきます。

そういう連合と国家との一種の中間のあり方、妥協として出てきたのが、一七八七年に起草された合衆国憲法、USAの新しいあり方だったと思うのです。これは他の国と違って、はじめに各ステイト（国家）がある、そのステイトが一定の権限を中央であるUSAに委託（delegate）する。中央政府はその委託された権限のみを行使することができる。その権限は、憲法一条の八項に列挙してあり、「列挙権限」と日本語で訳されます。そういう一定の権限だけを、中央政府はできるという形の憲法です。それに対して、この憲法には権利の章典がついていない、およそ憲法というものには権利の章典がつくのが当然ではないか、各ステイトの憲法もそうである。USAの憲法に権利の章典がないのはおかしいというので、権利の章典をつけろという運動が出てまいります。

これは非常に大きな運動で、それに対して後に財務長官になるアレグザンダー・ハミルトンがこういうことを言っているのです。権利の章典が必要だと言われているが、この憲法本文それ自体が権利の章典なのだと。要するに中央政府はこれこれのことしかできない、他のことはできないという構造をとっているのであるから、そういう意味ではこの憲法自体が権利の章典なのだ、したがって権利の章典を今さら付け加えようということは、不必要であるのみならず、むしろ危険ではないか。ということは、これしかできないという憲法に、新しくこれこれのことをしてはいけないという権利の章典を加えると、結局権利の章典が禁止する事項以外のことを、中央政府はできるということになる、というわけです。

日本国憲法というのは、主権のある日本国家の憲法の中にいわば権利の章典に相当する「国民の権利及び義務」という章を設けて、そこに何か条か書いてあるわけですが、アメリカ合衆国憲法はそういう構造ではなくて、元来これこれのことしかできないという構造になっているのに、さらにこれこれをしてはいけないと箇条書きされると、できないといわれている以外のことならできる権限が出てくるのではないか。それは危険だ、したがってそんなものは入れるべきでないという、これは論理的な議論だと思います。しかし、雰囲気としてはやはり権利の章典はつけるべきだというのが圧倒的に多くて、権利の章典が憲法修正一〇ヵ条として一七九一年に制定されるということになるわけです。論理的、制度的にはハミルトンの言うように不必要であるにせよ、心理的、心情的にはやはり第一条で信教の自由を謳う、国教を否定するということは非常に重要であったのではないかと思います。

修正第一条の訳を念のため申し上げますと、「連邦議会は、国教の樹立を規定し、もしくは信教上の自由な行為を禁止する法律……を制定することはできない」と書いてあり、政教分離が制度的に明白に確認されたわけです。ただし、この条項がなくても、憲法本文だけでも、論理的に言ってそういうことはできないわけです。法律的にはなくてもよいかもしれないが、やはりはっきり書いてある方が、心理的には訴えるという点は確かであると思います。

そういうことで、信教の自由は広まって、そこでますます多くの教派（denomination）が出てきて、いわゆるアメリカ特有の多数派主義が盛んになっていくわけです。ごく最近『創文』という雑誌をみていたら、聖学院大学の深井智明さんという方が「宗教の市場化」という言葉を使っていらっしゃるのです。私ははっと思ったのですが、納得の行くことですね。いろいろな宗教・教派が宗教市場に登場してきて、そこで自由競争をやって、あるものは強くなるし、あるものは人びとに訴えるものが少ないので消滅してゆく。そういう状態が広まってゆくというのが現実のところではないかと思います。

おわりに

終わりに少し言わせていただくと、最初に申し上げたようにアメリカを考える場合に、広い意味の多文化性、それを「自然の構造」と関連させたのですが、それはそれとして、アメリカ社会は多文化社会である。しかし、それだけに逆に、それをどうやって人為的に統合するのか、あるいは多文化社会の中に生きる人たちに、アメリカ人としての帰属感（sense of belonging）をもたらすにはどうしたらよいかという点が、常に課題になってくるのではないか。要するに、日本社会のように空間的に狭く、時間的に長く、人種的にはお互いにご縁があるというような関係で、何となく最初からコミュニティがあるような社会に対して、アメリカの場合には空間的に広くて、時間的に短くて、家族も広いからどんどん移住していくということで、縁というものがなかなかできないような社会で、いったいどうやってコミュニティを形成していくのかという問題は、やはりアメリカの歴史をみているとかなり切実な問題としてあるのではないか。そこで、一六二〇年のピルグリム・ファーザーズを思い出しますと、メイフラワー契約を作ったことに対して、何かそれを神聖化して、信仰のいたすところ云々という解釈があります。しかし、あの一〇二人というのは、決してピューリタンだけではないのです。半分近くはピューリタンですが、半ば以上はピューリタンではない、むしろ宗教的にはアングリカンの人が多かったと思います。そういう意味では、お互いによそ者同士の集まりだと言えます。それが新しい土地で、新しく生きていくためには、そこであるコミュニティを作らなければならない。どうしたらコミュニティができるのか。そこで話し合って一つの契約を結ぶ、それがメイフラワー契約だったのです。

ただし、そういう人為的に結びつき合うだけでは安心できない。どうしてもそこに「神」という絶対的なものの存在を背景にもちたい。したがってメイフラワー契約の場合も、「神の前で」という表現があります。神と共にとは書いてありませんが、神の前で自分たちは契約を結ぶのだ。神様は見ていらっしゃる、その下で契約を結ぶのだという気持ちが表れています。まさに「神」という存在がそこで必要とされているのです。そこで、話はとびますが、現代アメリカ社会で、“One nation under God”とか“God bless America”“We trust in God”あるいは“In God we trust”ということが日常的に使われるようになる。例えば五セント、一セント貨幣にも“In God we trust”が刻まれ、終始ポケットの中に「神様」という言葉が入っているようなことになる。他方、大統領の演説の中でも、ブッシュなどことにそうですが、“God bless America”とか、「神」がよく登場します。なにか自分たちの背後に神様がおられるという前提が何となく存在しています。そこで問題は、いったい絶対的神を前提として自分たちはここにいるといった場合に、絶対的な神と自分たちとの関係はどうなのか。自分たちは絶対的な神の前では相対的存在である、キリスト教的にいえば罪人《つみびと》だという意識なのでしょうか。それとも逆に絶対的な神と自分たちとの関係は、制度的には分離しつつ、心情的には融合して、神が自分と共におられるのだ、我々の背後に神がいるのだ、我々のやっていることは神の御旨だというような自己絶対化へつながっていくのでしょうか。現在のところ、不幸にしてこの自己絶対化の傾向がなきにしもあらずのようですが。ということで長くなりましたが、つたない話をこれにて終了させていただきます。

【解題】 初出は『東洋学術研究』第四五巻第一号、一八九―二〇五頁（東洋哲学研究所、二〇〇六年）。晩年の著者は、同誌の後援のもとに長く有賀弘氏が主催した学際的な宗教研究会の常連参加者であり、これは二〇〇五年七月二一日開催の研究会で行われた著者報告に加筆したもの。ジェームズ・マディソンはその晩年、アメリカでは政教分離がなされたが故に、キリスト教信仰が隆盛をみたと回顧しているが、本章は、アメリカの政治（国家）と宗教（教会）の関係をめぐるこの逆説を主題としている。著者は、大覚醒という信仰復興運動のなかに、アメリカ全体を独立へと誘う国民意識の萌芽を探り、独立宣言という本来世俗政治的な文書が用いた宗教的な言葉――神や創造主や摂理など――のうちに、この宣言がキリスト教信仰をもつ民衆の間に広く受け入れられていった理由を見出している。ここでも著者は、本来多文化的たらざるをえなかったアメリカ社会の「自然の構造」と、それを一体化させ統合に導く「人為」との相克に着目している。（古矢）

第四章　政治構造と政教分離——イギリス〈複合〉帝国とアメリカ諸植民地

はじめに

トクヴィルの『アメリカにおけるデモクラシー』は、周知のようにアメリカ研究の古典として広く読まれ、よく引用される。私が、英訳本でであるが同書を通読したのは、一九五〇年代初期のアメリカ滞在の時であった。その時、深く印象づけられたのは、トクヴィルが祖国フランスと比較しながら、第一巻五章で、連邦政府は例外的存在であり、各ステイト政府が通常の存在である、として[1]、まずタウンから始めて、カウンティ、ステイトの順で論じた後、連邦政府に及んでいる叙述の構造である。その叙述の構造は、まさしくアメリカ合衆国の政治構造、憲法の仕組みそのものを表現し、またアメリカに住む人々の意識構造をも表現していると思えたからである。アメリカ研究の一初心者として、そのことを通し、ヨーロッパ諸国、日本などと異なるアメリカ合衆国の構造の認識、比較の視座の大切さを強く意識させられた次第であった。

その点、今日通常「権利章典（Bill of Rights）」と呼ばれ、広くアメリカ人民の基本的人権を保障したものと賞賛され、また時にモデルともされる合衆国憲法修正第一条から一〇条、ことにその第一条の政教分離、信教の自由の規定は、アメリカ合衆国の政治構造上、本来どう理解され、位置付けられるべきものなのであろうか。その点で、たとえば日本国憲法第二〇条（信教の自由、国の宗教活動の禁止の規定）と、政治構造上どう違うのであろうか。本稿では、遠く植民地時代に遡って、まず連合王国としてのグレイト・ブリテンの下で、イギリス帝国全体の下で、また各植民地内で、制度として政治と宗教との関係（Church and State）が、公定教会制（Established Church）が、あるいは政教分離がどうであったのか、またなぜそうあったのかを、空間的多文化性、それに基づく事実上の政治構造の側面から検討してみたい。

なお、公定教会の制度は、一定の信仰告白、教義、礼拝様式、聖職組織などを前提に、国家が特定の教派と特別な関係を結ぶ制度であるが、その内容は国によって、また時代によって大きく異なる。イギリス国教会のように国家元首がそのまま教会の統治者であることもあるが、国家が聖職者を税金（十分の一税の伝統）で支えるか否かが、必要要件とは限らないにせよ、多くの場合、結局はその最小限の要件となることが多い、といえよう。

1　イギリス帝国とその政治構造

イギリス帝国全体についての考察の前提として、まず連合王国としてのグレイト・ブリテンと公定教会制との関係について一言ふれておきたい。いわゆるイギリス国教会とは、元来普遍的教会としてのローマ教会の一部が「イングランドにおける教会（Church in England）」として存在していたものが、イングランドがヘンリ八世の絶対王政の下で国民国家として再編されると共に、ローマ教会から離脱して一五三四年「イングランドの教会（Church of England）」になり、カトリック修道院の解散、その財産の没収、英語訳聖書の使用、教会の首長（Head）、後に統治者（Governor）としての国王・女王の地位などにより、公定教会制がほぼ確立される。

その点注目すべきことに、一六〇三年「処女王」エリザベスの没後、その血縁のスコットランド国王ジェイムズ六世がイングランド国王の座を継ぎ、ジェイムズ一世と称し、ここにイングランドとスコットランドとは同一君主の下の「同君連合」(personal union)を形成するが、議会はそれぞれ別個の議会をもち、教会制度についても、それぞれイングランド教会、スコットランド教会(長老派系)と別個の公定教会制を維持した。名誉革命後、一七〇七年アン女王の時代、イングランドとスコットランドとは合同、議会も一つになり、国家としてグレイト・ブリテン連合王国を形成するが、教会については、イングランド教会はイングランドの公定教会に止まり、グレイト・ブリテンの公定教会にはならず、スコットランドにおいては、在来の長老派教会がそのまま公定教会として存続することになった。(2) そこには、同じ島の中ではあるが、元来民族、言語、文化を異にしてきた、いわば空間的多文化性を背景に、信仰の問題、宗教問題に立ち入らないことが政治的に賢明であるという配慮があったと思われる。ともあれ、日本語ではイギリス国教会という表現を使用するが、それは具体的にはイングランドの教会であり、グレイト・ブリテンの教会ではなかった。(3) では、すでに形成されつつあったイギリス帝国(British Empire)の下にあっては、どうであったのであろうか。

もし同じイギリス人がアメリカ大陸に移住し、植民地を形成し、イギリス国教会の牧師を招き、その教会をその植民地の公定教会とするならば、それは本国政府としては望ましいことであろう。しかし、それを各植民地に強制することは、場合により本国・植民地間の紛争の種になり、政治的に望ましくない。むしろ逆に、本国の公定教会であるイギリス国教会への従属を嫌って、アメリカ大陸に自己の信仰の自由を求めて移住し、そこに新たに植民地を設立することを、イギリス政府(国王)は認め、それを支持している事例が少なくない。それには、個別的な理由に基づくところが大きいが、一般論としては、競争相手のスペイン、フランス、オランダなどに対抗して、抽象的名義的にはイギリス国王の領土と主張してきた新大陸の空間を、後発イギリス帝国の一環として現実に確保、拡大できるという、大きな政治的利点があるからであった。またおそらく、本国から異端分子を排除し、かつ当時経済的に海外移住を求めていた多くのイギリス人の要望にも応えることになる、という政治的な利点もあったであろう。

たとえば、本国では異端として迫害されていたクエーカー教徒によるペンシルヴェニア植民地の建設。これには、周知のように国王がウィリアム・ペンの亡父に負っていた巨額の借金を、新大陸への領土の付与によって相殺させることが、直接の契機になっていたにせよ、結果としてそこには広大にして人口も多く、経済的にも繁栄するイギリス領植民地（正確には私領、領主植民地、proprietory colony の形ではあるが）が形成される。後にのべるカトリック教徒ボルティモア卿を中心とするメリランド植民地の形成も同じである。さらに、これも後にふれるプリマス植民地の場合も、元来はイギリスでは異端として排斥、迫害されていた分離派信徒であり、オランダに亡命した人々が中心になるが、ヴァジニア会社の領域への移住の許可状が与えられ（ただし現実にはその範囲外に上陸してしまうが）、またイギリスの港からイギリス船メイフラワー号にのって、それこそ白昼公然と移住している。つまり、海外の植民地については、言い換えればイギリス帝国全体としては、国王政府はイングランド教会（イギリス国教会）の公定化、統一的な公定教会制を特に求めてはいない。なお、いわゆる独立一三植民地とは関係ないが、後にのべる七年戦争の結果イギリス領となったカナダ、ケベック地方では、イギリス政府は旧フランス住民に対しカトリック教の信仰、教会、聖職者、住民税による維持を公認している（一七七四年のケベック法）。異民族を含む拡大した帝国の版図を維持する上での、賢明な妥協的政策であろうが、この措置は隣接する旧来のイギリス領プロテスタント系植民地人の不信、不満を買うことになる。

ここで、一七世紀から一八世紀中葉、いわゆるアメリカの独立にいたる時期のイギリス帝国とは何であったのか、どういう政治構造をもっていたのかを考えてみたい。それは独立後のアメリカ諸ステイト間の構造と関係が深いと筆者には思われるからである。一七七五年三月、イギリス議会において、下院議員としてのエドマンド・バークは、イギリス本国とアメリカ諸植民地との関係が悪化してきたことを憂い、諸植民地との宥和を説いた演説の中で次のように述べている。すなわち、アメリカの「諸植民地における［本国政府に対する］不服従の最終的要因は、その他のものに劣らず強力である。というのも、それは単に精神的なものではなく、事物の自然の構造（the natural constitution of things）に深く根差すものであるからである。諸君と彼らとの間には三〇〇〇マイルの大洋が横たわっている。この距離が統治を弱める作用は、いかなる工夫をもってしても、防ぐことはできない。法令を定めても、それが実施されるまでの間には波は逆巻き、月日はたち……」と。保守的思想家として著名になるバークは、本国政府が大西洋をはさんで三〇〇〇マイル彼方の諸植民地の内政的事項を規制しようとしても、当時の通信・交通手段をもってしては事実上不可能に近いことを説き、植民地の事実上の自治を認めることが、本国の利益にもなることを説いたのである。(4)

ここで、彼が「自然の構造」という表現を用いていることは興味深い。抽象的な主義・思潮にではなく、現実の状況に根ざした彼の発想は、イギリス特有の不文憲法的構想につながって行く。そこで彼はさらに、「まちがっているかもしれないが自分としては、帝国というのは、単一の国家ないし王国とは異なるものと思う。つまり、帝国というものは、それが一人の君主であれ、一つの統括的共和国であれ、一つの共通の首長（head）の下に、結合している複数の国家の集合体（the aggregate of many states）である」と、(5)少しく定義的であるが述べている。言いかえれば、イギリス帝国とは「自然の構造」に基づき、国家の連合体、複合帝国（compound empire）たらざるをえないのだから、各植民地にその地方的状況に基づき内政事情については自治を認めて本国との分裂を防ぎ、よって帝国全体としての存在を保持することの賢明さを説いたのである。

そして、こうした事実上の連合制的な政治構造が、一六〇七年のヴァジニア植民地創設以来一八世紀中葉までの、イギリス帝国のほぼ実情でもあった。確かに、植民地設立の国王よりの特許状には、原則として、一方で植民地住民に対し本国内のイギリス臣民と同様の自由と権利とを認めると共に、他方で植民地議会による立法は、それがイングランド王国の法律、規定などに反しない限り認められる、という趣旨の条項があった。そして、本国議会は植民地に対し立法権を所有することを表明はしていたが、事実上は、本国側の不作為、いわゆる「有益な怠慢（salurary neglect）」の結果、帝国全体に及ぶことは別として、その統治権を行使することはあまりなかったのである。しかし、イギリスとフランス・スペインとの間の七年戦争（アメリカでの“French and Indian War”）が一七六三年終了し、イギリスは、文字通り世界帝国になると共に、一方で長年の戦争による財政の困窮を立て直し、他方で拡大された領土の統治のため、本国政府は植民地に対する課税を含め、その植民地統治権を顕在化させてくる。そして植民地人に対する課税、通商規制の強化、本国正規軍の常駐、新領土の直接的統治など植民地統治の実権を行使し始める。そうした統治権の法的存在を公にしたものとして、イギリス議会は、いわゆる「権利宣言法」（一七六六年）を制定し、イギリス議会が植民地に対して完全な立法権を所有することを明文化したのである。(6)

そこで、アメリカ諸植民地側も、印紙税法など個別的な立法に対する反対に止まらず、イギリス帝国の構造に基づき、イギリス議会による対植民地立法への全面的な反対論を展開する必要もあり、何人かのオピニオン・リーダーがその所論を展開し出す。その場合、彼らは別にイギリス帝国から分離する意図はなく、従前より存在していた（と彼らが理解する）連合制的帝国の在り方を、一種の慣習法的規定として主張したのである。つまり、イギリス帝国とは、共通の君主（common king）を持つ複数の国の連合体であり、たとえばフランスなどに対する対外関係、通商規制（航海法）など帝国全体に関する事項は別として、各植民地内の事項については各植民地議会が立法権をもつ、という複合帝国（compound empire）の構想を公にし始めた。その中にはフランクリン、ジョン・アダムズ、ジェファソン、スコットランドから移住してきた俊英の法曹ジェイムズ・ウィルソンなどがいた。たとえば、J・ウィルソンは、イギリス議会の植民地への立法権を否定し、「イギリス帝国を構成しているのは、相互に独立した別個のステイトであり、ただ同一の君主の下に結合している」にすぎない旨、記している。ただし、彼は、各植民地「dominion」は、グレイト・ブリテンとは共通の君主の下にある“a union of hearts”であるとして、相互の利益として共存を説く。(7)この立場、見解は、公には各植民地代表の会議である第一回大陸会議で正式に「イギリス領植民地人は、イギリス議会には現に代表されていないし、またその地方的その他の事情により適切に代表されえない故、彼ら植民地人は課税ないし内政事項については、各植民地議会において、自由にして独占的な立法権を有するものである」ことを決議する[8]。

さらに言えば、あの「独立宣言」も、実はこの複合帝国論を前提として書かれ、事実その文章の中には植民地をステイトと表現している箇所もある。したがって、各植民地内の事項に関するイギリス議会による立法は、本来権限のない行為であり、無効であるのに、国王はそれに裁可を与えたと国王の責任を糾弾している[9]。ちなみに、「独立宣言」の本文をなす、植民地人に対する国王による権利侵害行為の列挙は二五事項以上に及ぶが、その中には本国側が植民地人の信仰の自由を侵したという指摘はない。ということは、少なくとも事実として、本国側も、イギリス帝国内の諸植民地に対し、イギリス国教会など特定の教派教会を公定教会として強制したことはなかった、言い換えれば、公定教会制の問題は事実上各植民地内の事項とされてきた、ということを逆に示すものといえよう。

2　各植民地内の政教関係とその若干の事例

以上のように、複合帝国としてのイギリス帝国全体に及ぶ公定教会制は存在しなかった、というか「自然の構造」上、複合帝国のいわば不文憲法上、存在しえなかったといえよう。次の問題は、ではイギリス帝国の構成要素である各植民地内における政教関係は、どうなっていたかである。イギリスから移住してきた植民地人の多くは、おそらく公定教会制度そのものについては、基本的にはさしたる疑問をもっていなかったであろう。ただし、そのことはイギリス国教会がそのまま植民地においても公定教会と規定されることにはならない。最初の植民地であるヴァジニアをはじめ、南部植民地の多くはイギリス国教会系を公定教会と規定したが、イギリス国教会の中にあってその純化・改革を指向したピューリタンは、ニューイングランド各植民地においては独自に会衆派組織をもって公定教会と規定する。しかし、中部においてはカトリック教徒によるメリランド、クエーカーによるペンシルヴェニア、ニューイングランドにおいては分離派信徒によるプリマスの場合にはどうであろうか。イギリスにおける異端ないし少数派による植民地建設の場合、その教派を公定教会にすることは、その教派の主義によることもあろうが、より現実的にはその植民地内においても、その教派が人口構成上少数派であることから、その教派を公定教会と規定することは事実上無理であり、公定化をさけている。

さらに、公定教会制を規定している植民地においても、イングランド各地のみならず、スコットランド、北アイルランドからつぎつぎと労働力として移住してくる植民地人口の構成は、広い意味ではイギリス人としての帰属感をもつにせよ、一つの教派信仰を共有する集団ではなく、教派的には他者同士である。そこに、一八世紀になるとドイツなどからも移民が来る。また各植民地内でも人口が空間的に拡散する故、特定の教派を公定教会と規定しても、その実態は次第に空洞化し、名目化せざるを得なくなる。たとえば、一六〇七年設立の最初のイギリス領植民地であるヴァジニアの場合、ジェイムズタウンに移住したのは牧師を含めイギリス国教会の信徒たちであり、共に礼拝を守り、一六一九年設立された植民地議会により、イギリス国教会が同植民地の公定教会として規定され、牧師の給与のための十分の一税、教区制度、教区委員制（vestry）などが規定される。しかし、人口が増大し拡散すると共に、本国イギリス国教会より派遣される牧師の数も熱意も足らず、教区委員にも必ずしも教会活動には熱心ではない地方有力者が選ばれる。ジェファソンも「現在の革命が始まった頃には、その人口の三分の二は、不服従者（dissenters）となっていた」と記している。[10] 事実、長老派、バプティスト、メソディスト、モラヴィア派、メノナイト派、クエーカーなどの多様な教派の信徒が、ヴァジニアに移住していた。

ヴァジニア以外でも南部における植民地は概してイギリス国教会をそのまま植民地の公定教会とする事例が多かったが、例外はメリランド植民地の場合であろう。メリランド植民地については私自身も含め日本のアメリカ研究者はあまり注目してこなかったが、和田光弘氏の研究[11]はメリランド植民地について、政治、宗教の面についても、原資料に基づき実証的かつ構造的に分析している。同書などに依拠しつつ、ごく簡単にふれておきたい。ジェイムズ一世の大臣としてその信頼を得ていたジョージ・カルヴァートはカトリック教徒になると共に大臣の職を辞するが、ボルティモア卿に任じられる。彼はまた植民企業家でもあり、かねてニューファウンドランドの一角に植民地を建設していたが、その極寒の故に、改めてアメリカ南部に植民地建設を計画する。チャールズ一世にポトマック川北側一帯に植民地を建設する特許状を申請するが、まもなく死去し、特許状はその息子セシル・カルヴァート、第二代ボルティモア卿に与えられた（一六三二年）。その特許状によるとボルティモア卿が「キリスト教［もちろんカトリック教とは書いていない］とわが帝国領土とを拡大したいという敬虔にして殊勝なる熱意に動かされ……自己の努力と費用とをもって、アメリカの未開拓の地方の下記の地帯に、イギリス国民よりなる多数の移住民団を運ぶことを」願い出たので、その土地とその統治権を、彼およびその子孫に与える、となっている。(12)

一六三三年二隻の船で移住した一行は、総督のカルヴァート（第二代ボルティモア卿の実弟）、二名の神父をはじめカトリック教徒が主流をなすが、働き手の奉公人の多くはカトリックではない。その後、労働力として求められ、本国ないし近隣植民地から移住してきた者には当然カトリック教徒は少ない。カトリック教を公定教会とすることは本国との関係上本来不可能であるが、人口構成の点からも事実上不可能であり、宗教は私的なこととせざるをない。さらに本国におけるピューリタン革命の勃発を背景にして、メリランド植民地では少数派としてのカトリック教徒を保護する意味を含めて、一六四九年いわゆる宗教寛容法（Act Concernig Religion）が制定される。(13)それはキリスト教、それも三位一体の教義を守るキリスト教の枠内での寛容にすぎないが、後にアメリカ社会における宗教の自由の原則と関連し、注目されるようになる。ちなみに、上にふれたジェイムズ・ウィルソンは、フィラデルフィア大学の法学講義における開講の辞（一七九〇年）でロックの寛容論にふれた上で、「寛容の理論がヨーロッパで公刊される以前に、寛容の実施がアメリカで確立されたことを知らせたい。一六四九年という早き年に、メリランドでは宗教の自由のための法が成立していたのである」とのべている。[14] ちなみに、メリランドは奴隷制植民地であり、奴隷の本来持っていたアフリカの部族宗教が否定、根絶されたことはいうまでもない。

メリランドでは、一方にカトリック教徒、他方にクエーカー、中間にイギリス国教会派、長老派、バプティスツなどが混在しており、政教分離は実体として存在せざるをえなかったのである。しかし、本国で名誉革命が起こり、カトリック教徒のジェイムズ二世が追放されると共に、メリランド内においても反カトリックの動きが活発になり、一六九二年には植民地議会の立法によりイギリス国教会が公定教会となる。カトリック教会の存続は容認されたが、その教徒には、公職に付くこと、参政権は認められなかった。ただし興味深いことに、「独立宣言」署名者の中で唯一人のカトリック教徒として、第二回大陸会議へのメリランド代表の一人、チャールズ・キャロル・オブ・キャロルトンの名が残されている。[15] ちなみに、独立後一七七六年一一月に、メリランドはイギリス国教会の公定教会制を廃止するが、複数教派の教会を税金で支えることになる。サウス・キャロライナ、ジョージアでも同じである。

では、しばしば「信仰の自由を求めて云々」という表現つきで語られることの多いピューリタン系のニューイングランド諸植民地の場合はどうであったのか。こちらは、メリランドの場合と異なり、戦前より日本人の関心を呼び、多くの研究がなされ、広く論稿が発表されている。他面それだけに、思い入れ、思い込みの記述もあり、時に誤解もあった。その点、最近、実証に基づく、新しい視点から取り組んだ、多くの優れた研究成果が公にされ、研究の刷新に寄与している。[16] したがって、筆者が今更新たに論ずることは控えたいが、確認の意味でただプリマス植民地についてのみ若干記しておきたい。

一つは、ピルグリムズという表現についてである。確かに一行の指導者役であるブラッドフォード自身も、その手記『プリマス植民地について』の中で英訳聖書（“strangers and pilgrims”Hebrews, 11/13, KJV）から引用しているが、[17] それは（聖地への）「巡礼者」の意味ではなく、日本の新共同訳では「よそ者であり、仮住まいの者」、口語訳では「旅人であり寄留者」と訳され、他国に在留する外来者の意味である。ピルグリムズは、イギリス国教会から離脱し、彼ら自身の信仰に基づく独自の任意団体として教会を形成し、したがって、彼らは分離派（Separatists）と呼ばれていた。その点、イギリス国教会内にあって、その不徹底さ、腐敗を批判し、その改革・純化を求めていたいわゆるピューリタンとは少しく異なる。もし、ピューリタンという表現を使うならば、分離派ピューリタンと表現すべきであろう。ともあれ、分離派はイギリス国内では異端として追及、迫害され、中には処刑されたものもいる。そこで、彼らは、まさに「信教の自由を求めて」一六〇八年、宗教的に寛容であったオランダに亡命、ライデンに寄留し、ジョン・ロビンソン牧師の下で彼ら自身の教会を形成し、「信仰の自由」を享受していた。

二つは、その彼らが、なぜ、またどういう形でアメリカ大陸へ再移住しようとするのか、の問題である。これまた、ブラッドフォード自身がその手記（三、四章）で率直に記しているように、[18] 彼らはオランダでの都市生活、低賃金の徒弟的重労働、貧困からの脱出を望み、さらに子供たちのオランダ化、そしてヨーロッパ大陸を席巻しつつある三〇年戦争の影響を危惧し、あえてアメリカ大陸への移住を決意したのである。しかし、彼らには自己資金がなく、結局ロンドンの企業投資家集団の資金貸与を受けるが、投資家側としては植民事業として成功させるために、イギリス内で別途に労働力として移住者を募集する。そこで一六二〇年メイフラワー号でアメリカに向かった一行一〇二名の半分余りは、イギリスでの応募者（かつてはピルグリムズ物語で英雄として登場するマイルズ・スタンディッシュもその一人）であり、分離派ではない人々であった。ブラッドフォードも信徒（saints）とよそ者（strangers）という表現で両者を区別している。したがって、後に一行全員がピルグリムズと一括され、同一信仰集団のごとく表現されることが多いが、本来一行は分離派信徒とイギリス国教会信徒との呉越同舟とは言わないまでも、寄合所帯であり、相互には見知らぬ者同士の集団であったのである。

そこで、三つには、ではなぜいわゆるメイフラワー盟約が結ばれたのか、その意味はなんであるのか、の問題である。紆余曲折を省くが、メイフラワー号が到着したニューイングランドは、上陸許可を得ていたヴァージニア会社の管轄外の地域であった。そこで、これまたブラッドフォードが記しているように[19]、よそ者の間に、無許可の地に上陸するならば、集団として行動する必要はない、自分たちは別行動しようという者が出てくる。いわばメイフラワー号上の反乱ともいうべき言動が起こりかけた。おそらく、働きざかりの若者が、分離派の家族のために働かされることになるのを嫌っての動きであろう。しかし、未知の地に上陸するにあたって分裂しては、一行の生存も危なくなる、ここでは協力し合う他はない、ということで話し合いが行われる。その結果、「相互に契約により一つの政治体に結合」し、その政治体によって植民地全体の福利のため制定される法令には「当然服従し遵守するものであることを約束」し、男子成員四一名が署名したのがメイフラワー盟約に他ならない。署名者は分離派信徒とよそ者とが半分ずつ、少しよそ者が多い。この盟約のモデルとしては、任意団体としての教会形成のための教会契約があったことも十分考えられる。しかし、このメイフラワー盟約そのものは、神との契約を含まない、あくまで世俗的な団体契約であり、既成の法的権威のない、また長い伝統に基づく自然共同体でもない集団が、相互の話し合い、合意に基づき、契約により人為的に自己束縛的な共同体を形成した契約である。それは、見知らぬ者同士、他者同士の生存、存続のための知恵にほかならない。

　宗教については、分離派信徒の間でプリマス教会を形成し、建物は物置兼集会所兼教会であるが、日曜には礼拝を行い、当初は牧師は不在、長老のウィリアム・ブルースターが説教を行った。ただし彼は牧師ではないので、洗礼、聖餐を行えず、投資家集団に牧師派遣を要請するが、ろくな牧師は派遣されず、かえってトラブルを起こす牧師もおり、また無牧なことが多かった。よそ者でその礼拝に参加したものもいたが、強制はされなかった。もとより政治的決定の場である総会には、同教会員であることは関係なく、成人男子全員の出席が求められる。会衆派教会が公定教会となり、政策決定への参加も教会員だけに認められたピューリタン系のマサチューセッツ湾植民地などとは異なり、政教分離が認められていた。認められた、というより、そうでなければ、植民地の運営は成り立たなかった、といえよう。ただし、安息日は厳守された。また、後にある牧師がイギリス国教会会員のために別に礼拝を行い、批判もされている。ということで、公定教会制はとらず、政治と宗教とは制度的に分離されていたが、宗教的にも一定の枠があり、もとより「信教の自由」一般が存在したわけではない。

一六三〇年、宗教的・政治的・経済的により組織的かつ強力なマサチューセッツ湾植民地が隣接して設立されるや、プリマス植民地は次第にこの新しい植民地へ依存するようになる。牧師もボストンの著名な牧師ジョン・コットンの息子で、ハーヴァード大学卒業のジョン・コットン・Jrが一六四九年プリマス教会に招かれ長く勤め、礼拝・牧会にも力を入れる。結局、名誉革命後、一六九一年の特許状によりプリマス植民地はマサチューセッツ湾植民地に併合され、教会も同植民地の公定教会の中に繰り入れられてゆく。かくして、現実の歴史から消えたプリマス植民地は、後に非歴史的に「ピルグリムズ始祖物語」として長く神話化されてきた。最近実証的研究も進み、非神話化が定着してきたことは喜ばしいが、[20]自然的には多文化の他者同士が、相互契約により新たに形成する人為的共同体・政治体としてのアメリカ社会の一つの歴史的原型として、メイフラワー盟約によるプリマス植民地形成は、やはり忘れてはならないであろう。[21]

以上、カトリック教徒によるメリランド植民地、分離派信徒によるプリマス植民地という対照的な教派による、やや特殊な事例を紹介したが、いずれも移住者の多文化的構成の故に、植民地設立期にすでに事実上も制度上も政教分離の状態にあったことを示していたからである。一七七〇年代独立直前の一三植民地にあって、公定教会制を制度的に否定していたのはロードアイランド、ペンシルヴェニア（それにニュージャージー、デラウェアを加えることもできよう）のみであるが、事実上は公定教会制が形式的にのみ存続していたにすぎない植民地が多い。それには基本的には、イギリス以外からの移民を含む移住者のますますの多元化、植民地内での人口の移動、拡散などの条件があった。さらに、宗教的次元に限っても、一方では一八世紀前半アメリカ各地の民衆の間に広まり、教派を越え、既成教会組織を震撼させた大覚醒運動（Great Awakening）の影響がある。見知らぬ者同士の社会における孤独な民衆の宗教への希求心は、巡回牧師の集会に救いへの道を求め、既成の教派の壁を破ってゆく[22]。他方ではフランクリン、ジェファソンなどの知的、権力的有力者の間に広まった既成の教会、教派、いやキリスト教自体の枠を越えた理神論（Deism）の影響も、公定教会制を内部的に崩していった。

おわりに

一七七六年、個別的に帝国を離脱しつつあった諸植民地は、大国イギリスとの「独立戦争」遂行のためにも、かつ外国フランスの援助をえるためにも、一三ステイツの協力が必要であり、その一体性を確保するために、The United States of America（以下、ＵＳＡと表記する）を形成する。しかし、そのＵＳＡとは何であるかは、時代により、また解釈により異なってくる。独立当初は、連合規約第二条により、各ステイトは主権を所有することが明記されており、ＵＳＡは主権国家の連合体であった。その連合規約の改正という名義で招集された連邦会議（Federal Convention）で新たに起草され、必要な九ステイトの批准を得て発効したＵＳＡ憲法の下で、一七八九年四月初代大統領Ｇ・ワシントンが就任した時のＵＳＡは一一ステイトより構成されていた（のちに二ステイトが参加）。

ＵＳＡ憲法の下でのＵＳＡの構造は、各ステイトが歴史的にも、論理的にも先に存在し、各ステイトが持つ権限の中の一定の権限をＵＳＡ政府に委託（delegate）するという構造であり、何が委託されているかは憲法第一条八項に列挙されており（enumerated powers）、原則として、それ以外の権限は各ステイトに保留されているのである。つまり、日本では中央がその権限の一部を地方へ委譲する地方分権の形をとるが、ＵＳＡではステイトがその権限の一部を中央に委譲するという、あえて言えば中央分権の構造をとっている。そして、ステイトから委託された権限、ＵＳＡ憲法の列挙条項には、宗教に関係する権限はない故、本来ＵＳＡ政府は特定の宗教、教派を公定化するなど論理的、構造的に不可能なのである。そこが、日本国憲法第二〇条との基本的な構造的な違いである。

修正一〇ヶ条は、その意味では、ＵＳＡの基本的構造をいわば確認し、強力な中央政府が出現することを危惧した人々に、ＵＳＡ政府が本質的に「権限の制限された政府（Limited Government）」であることを再度保障したものといえよう。したがって、構造上、ＵＳＡは修正第一条の下でも、政教分離、信仰の自由を各ステイトに強制することはできず、政教関係は各ステイト自体の権限としてその選択に委ねられ、現に修正第一条発効後も、三つのステイトでは公定教会制は一応存続していた。ただし一八三〇年代には、各ステイトの決定により、公定教会制は消滅する。

さらに南北戦争後には、連邦憲法修正一四条に基づく連邦最高裁判所による判決という形で各ステイトの枠を乗り越えて、ＵＳＡ政府の権限は直接人々の人権の保障に及ぶ。また、内に交通・通信手段の発達と共に空間が事実上縮小し、外に対外関係への関与が拡大し、次第にＵＳＡの States の面より、United の面が意識され、強調されてくる。一方で移民国家の多文化性の下、制度としての政教分離の拡大と共に、他方で統合の信条体系としての宗教、いわゆる市民宗教（Civil Religion）が拡大する。ここに、制度的には政教分離が定着しつつ、他方で心情的には政教融合が浸透してゆく。「九月一一日」以降の "God Bless America" の唱和も、その一つの表れといえよう。

（1）たとえば、Alexis de Tocqueville, *Democracy in America*, ed. Phillips Bradley (New York: Vintage Books, 1955), vol. 1, p. 61. トクヴィルは行政的中央集権と政治的中央集権とを区別しており、ここで連邦政府は例外的存在と述べているのは、行政的な中央集権においてである。彼はアメリカ社会における広い意味での政治的中央集権志向、いわば挙国一致的側面を強調し、その要素として宗教をあげている。

（2）名誉革命以降のスコットランド教会については、Andrew L. Drummond and James Bulloch, *The Scottish Church: 1688–1843* (Edinburgh: St. Andrew Press, 1973) 参照。

（3）日本語のイギリスという表現は、イングランドについてのみならず、グレイト・ブリテンをも含めて使用されるので、紛らわしく、イギリス人とは誰のことかという問題にも及ぶ。なお、この問題については、たとえば、Linda Colley, "Britishness and Otherness: An Argument," *Journal of British Studies* 31, no. 4 (October 1992): pp. 309–29 の邦訳「「イギリス的なるもの」と「非イギリス的なるもの」――ひとつの議論」（川本正真浩・水野祥子訳）、『思想』（一九九八年二月）、「訳者付記」参照。

（4）Edmund Burke, "On Conciliation with the Colonies (March 22, 1775)," in *Burke's Speeches and Letters on American Affairs*, ed. Hugh Law (London: Everyman's Library, 1908), p. 95.

（5）*Ibid.*, p. 104. ここで、バークが帝国共通の首長として統括的共和国（a presiding republic）としているのは、具体的には帝国全体の議会としてのイギリス議会のことを意味していよう。

（6）The Declaratory Act (1766), *The American Revolution through British Eyes*, ed. Martin Kallich and Andrew MacLeish (Evanston, IL: Row, Peterson and Co., 1962), p. 28.

（7）James Wilson, "Considerations on the Nature and Extent of the Legislative Authority of the British Parliament (August 17, 1774)," in *The Works of James Wilson*, ed. Robert Green McCloskey (Cambridge, MA: Harvard University Press, 1967), vol. 2, p. 745. ジェイムズ・ウィルソンの名はあまり知られていないが、スコットランド生まれで、同地の大学で学び、ペンシルヴェニアに移住、法曹として活躍、独立宣言と連邦憲法との両方の署名者である。ことに連邦憲法会議では最も発言の多い代表の一人であり、有力なフェデラリストであった。後に連邦最高裁判所判事に任命されるが、土地投機に手を出し、巨額な負債を負い、ノース・キャロライナ州で死去。しかし、すぐれた洞察と論理とによる論稿を残している。なお、日本でのジェイムズ・ウィルソンについての研究としては、五十嵐武士『アメリカの建国――その栄光と試練』（東京大学出版会、一九八四年）、第二部、第一章「ペンシルヴェニア共和派の政治指導――ジェイムズ・ウィルソンの憲法論とステイツ間関係の展開」がある。

（8）*Journal of the Continental Congress*, vol. 1, p. 68.

（9）こうした視座から記した「独立宣言」についての拙稿として、「独立宣言の同時代的意味――外なる分離と内なる統合」『日本学士院紀要』五三巻一号（一九九八年一〇月）、二七―四八頁がある。

(10) Thomas Jefferson, "Notes on Virginia, 1781," in *The Life and Selected Writings of Thomas Jefferson*, ed. Adrienne Koch and William Peden (New York: Modern Library, 1944), p. 273.
(11) 和田光弘『紫煙と帝国――アメリカ南部タバコ植民地の社会と経済』（名古屋大学出版会、二〇〇〇年）。
(12) The Charter of Maryland, June 20, 1632, *Documents of American History*, ed. Henry Steele Commager, 8th ed. (New York: Appleton-Century-Crofts, 1968), pp. 21–22.
(13) Maryland Toleration Act, April 21, 1649, *Ibid*, p. 31.
(14) James Wilson, "Lectures on Law," 1790, *Works*, vol. 1, p. 71.
(15) Charles Carroll of Carrollton については、Dumas Malone, *The Story of the Declaration of Independence* (New York: Oxford University Press, 1975), pp. 190–93.
(16) 例えば、大西直樹『ニューイングランドの宗教と社会』（彩流社、一九九七年）、久保田泰夫『ロジャー・ウィリアムズ――ニューイングランドの政教分離と異文化共存』（彩流社、一九九八年）。
(17) William Bradford, *On Plymouth Plantation, 1620–1647*, ed. Samuel Eliot Morison (New York: Alfred A. Knopf, [1952] 1984), p. 43.
(18) *Ibid.*, chap. 3–4. Showing the Reasons and Causes of Their Removal.
(19) *Ibid.*, chap. 11. The Remainder of Anno 1620 [The Mayflower Compact].
(20) 例えば、George F. Willison, *Saints and Strangers* (Orleans, MA: Parnassus Imprints, 1945). 大西直樹『ピルグリム・ファーザーズという神話――作られた「アメリカ建国」』（講談社選書メチエ、一九九八年）。
(21) その点については、拙著『アメリカ革命史研究』（東京大学出版会、〔一九九二年〕二〇〇一年）、第一章「同質と異質との統合――原型としてのプリマス植民地の形成」で論じた。
(22) 拙稿「アメリカ革命の背景としての大覚醒」『日本学士院紀要』五一巻二号（一九九七年二月）、一三一―一四九頁。

［解題］ 初出は大西直樹・千葉眞編『歴史のなかの政教分離――英米におけるその起源と展開』第六

章、一四九―一六五頁（彩流社、二〇〇六年）。アメリカの独立から建国にいたる時期、イギリスが国教会なる公定教会制をとっていたにもかかわらず、そこから分離独立した合衆国では、政教分離制が定着していった。本章では、キリスト教と国家をめぐるイギリスとアメリカの間のこうした連続と断絶の関係が、複合帝国（compound empire）を鍵概念として歴史的に解明されている。複合的な性格をもつ帝国であったが故に、イギリスは、海外植民地に公定教会制を強制しえなかった。そのため、アメリカ植民地の政教関係がどうあるべきかの決定は、各植民地の自治にゆだねられる結果となり、合衆国は全体として、きわめて多様な教派活動がモザイクのように展開されてゆく場となった。そして、それら多元的な教派の共存を制度的に保障するために、合衆国は政教分離制の採択を余儀なくされたという。

このように、輻輳する論点を巧みに統御しつつ相互に関連づけ、着実に結論へと向かってゆく論述のスタイルは、著者がもっとも得意としたものであり、本章はまさにそのすぐれた実例である。

（古矢）

II

第五章　建国期アメリカの防衛思想

はじめに

本稿は、アメリカの独立直前からほぼ一八〇〇年まで、つまりいわゆる建国期において、アメリカ人が防衛という問題をどう捉えていたかについての一つの試論である。その点、本研究計画の軍産複合体の問題とは直接の関係はない。建国当時は、防衛産業などというものはもとより存在せず、まさしくアイゼンハウアーの語るごとく「平時において鋤をつくるものが、戦時に銃剣をつくる」といった状況であり、したがって軍産複合体の原型を追究するといったことはできない。むしろ、私がこの小稿で明らかにしたいと願うのは、アメリカ人の防衛観・国防観・戦争観であり、後年の軍産複合体の問題に対する、はるか根底的な背景なのである。

アメリカ人の防衛観を問題にするとき、ただちにでてくる発想ないしアプローチは、いわゆる民軍関係（civil-militaly relations）であろう。civil-military relations という観点で、アメリカの国防史あるいは軍事制度を取り扱った研究はきわめて多い。いまや、アメリカの軍事思想についての定本ともなっている、Samuel P. Huntington, *The Soldier and the State*, 1957も、その副題が"The Theory and Politics of Civil-military Relations"となっていることく、民軍関係の視座から、防衛問題を取り上げている点では、やはり古典的である。Fred J. Cook, *Juggernaut: The*

Warfare State, 1961も、すでに笹川正博訳『戦争国家』（みすず書房、一九六二年）として邦訳され、広く読まれている。その指摘は鋭いが、その発想は、基本的には、アメリカに伝統的な、軍に対する文官による統制（civilian control）が危殆ならしめられているという認識であり、やはり民軍関係という古典的アプローチに基づいている。

しかし、最近の軍産複合体という現実がはっきりさせたのは、もはや問題は、けっしてたんに文官が軍人を統制しているかどうかといった制度的な問題ではないということであろう。軍事と一般的政策とがかなり鮮明に区別されえた一九世紀にあっては、文官による軍事の統制ということはたしかに意味があった。しかし、軍事と一般的政策とが分かちがたく結びつき、戦争が総力戦の形態をとるにいたったこんにちの時点では、軍人か文官かという職業別の問題は、それほど重要な問題点ではない。むしろ、場合によっては、ヒトラーのような文官が軍事権力を握ることによって、より破滅的な政策決定が行なわれることも少なくない。

しかも実は、アメリカ史の初期においても、軍人と一般人という区別は、現実にはほとんど存在しないに等しかったのである。その体験と伝統とが、その防衛観にも大きな影響を及ぼしていることを忘れてはならないであろう。

この点、本稿では、民軍関係、文官による軍事統制という古典的視座をむしろ捨てて、防衛についての考え方そのもの、そしてその考え方がなぜ生まれたか、またいかなる形で制度化されたかを考えてみたい。

1　防衛とは何か

防衛（defense）または安全保障（security）という言葉は、アメリカ史とともにあるといってよい。しかし、こんにち、われわれが防衛とか安全保障というときには、それをただちに国防ないし国家安全保障として捉えるが、アメリカ史の文脈においては、これらの言葉はかなり異なった意味合いをもっている。その歴史的由来からして、アメリカでは、防衛はいくつかの次元で考えられてきたのである。

こんにちのわれわれがいう国防は、アメリカでは歴史的には「共同の防衛」(common defense) として表現された。一七八七年制定の現行合衆国憲法の前文においても「共同の防衛に備え」(to provide for the common defense) という表現が使用されている。また、それ以前の独立直後七七年提案の連合規約 (Articles of Confederation) においても、その第二条で「共同の防衛のために」(for their common defense) という表現が使用されている。つまり、当然のことながら、独立前においては、アメリカ全体の防衛という意味で、原則として「共同の防衛」という発想はなかったといってよい(1)。そして、独立後においても、まさしく連邦制のゆえに、合衆国の防衛は、たんなる防衛ではなく、「共同の防衛」として考えられていたといってよい。いいかえれば、国防とは「共同の防衛」のことなのである。

ということは、とりもなおさず論理的には、国防＝共同の防衛の前に、もう一つ異なった次元での防衛があるということにほかならない。では、その防衛とは、何であろうか。いうまでもなく、ただちに連想されるのは、各州 (State) あるいは植民地時代ならば、各植民地の防衛である。法的にはまさしくその通りであるが、もし歴史的に考えるならば、防衛の問題はもっと直接的に共同社会 (community) の問題であったといってよい。事実、マサチューセッツ憲法 (一七八〇年) は、邦の防衛についても、共同の防衛のために (for common defense) という表現を使用している (権利の章典一七条)。つまりある村落を、インディアンの襲撃や、フランス領やスペイン領の植民地人の襲撃に備えることが、常時切実に要求された防衛にほかならなかったのである。さらに、つきつめていえば、個々人を、わが身を、わが家族を守ることが、すなわち防衛であったのである。その点、よくみられるピルグリムたちが、銃をかつぎながら教会に向かう図は、まさしくアメリカにおける防衛の原型を端的に表現したものといえよう。

植民地人の日常生活は、ヨーロッパにおけるそれと比べるとき、成功の機会により多く恵まれているとともに、また生命の危険により多くさらされていた。ヨーロッパにおいては、戦争が平時と区別された例外性であったとすれば、一七、一八世紀のアメリカ植民地人にとって、戦闘は例外事ではなく、日常事であった。荒野の農家は、常時武装することによって、わが身、わが家族をインディアンたち、外来者から防衛しなければならなかったのである。アメリカ憲法の修正第二条において、人民の「武装する権利」が保障されているが、元来これは抽象的権利ではなく、もっとも切実な、生存の基本的条件の一つであったと解してよい。まことに、「奥地はすじを通す人などのための場ではない。〈軍隊〉の到着など待っているものは、だれも長く生きることはできないのである[2]」。

アメリカ史の現実においては、防衛とは何よりもまず各個人の、各家族の、各共同社会の防衛であり、それが各植民地の防衛となり、やがては共同の諸植民地、アメリカ連合の防衛としての国防につながってゆくのであって、時間的にも論理的にもこの逆ではないのである。したがって、ある共同社会の防衛が、植民地政府によって無視されたときには、その共同社会は防衛の自由と権利とを植民地政府に要求して、反乱を起こすことすらある。現に、アメリカ史上最初の反乱として著名な一六七六年のベイコンの反乱（Bacon's Rebellion）は、辺境地帯の農民がインディアンに対する防衛施設の増強を要求していれられなかったことに端を発している。

2　民兵と正規軍

1　民兵優位の思想的伝統

アメリカにおいて、民兵こそ防衛の主たる担い手であり、正規軍は一つの必要悪であるという考え方が、早くから確立していたことは事実であり、それはほとんど建国の精神の一部とすらなっている。いち早く、独立諸邦の憲法が、多かれ少なかれその趣旨の条項をもっていることは、しばしば指摘される通りである。たとえば、一七七六年のヴァージニア邦憲法は次のごとく規定している。「軍事に訓練された人民の団体よりなる規律正しい民兵は、自由国家の適当なる、自然かつ安全なる護りである。平時における常備軍は、自由にとり危険なものとして忌避するべきものである」（権利の章典第一三条）[3]。

独立戦争遂行にさいしても、基本的には民兵の力に依存することが前提とされた。現実には戦争の遂行は、後に述べるように民兵によってのみはなしえず、大陸軍（Continental Army）という正規軍の編成を試みざるをえなかったが、思想的にはそれはあくまでも例外的なものであった。したがって、独立戦争の終了とともに、大陸軍は実質的には解散されることになる。その解散を求めて、連合会議（Congress）の代表の一員ゲリー（Elbridge Gerry）が、「平時における常備軍は共和政体の原理と相容れないものであり、自由な人民の自由にとって危険であり、また一般に専制政治の確立を助ける破壊的な力に変化する」[4]と述べるとき、それは当時のアメリカ人一般の常識を表現したものであろう。

この「常識」は、その後繰り返し、公の声明として表現される。みずから大陸軍総司令官であったワシントンが、大統領の職を去るにあたってなしたあの有名な告別演説の中で、やはり「肥大化した軍備というものは、いかなる形態の政府のもとでも自由にとって不吉なものであり、共和主義的自由にとってはことに敵対的なものとみなされる」と語っている。また、ワシントン以降、南北戦争のグラント将軍にいたるまでの間で、もっとも国民的人気のあった将軍ジャクソン（Andrew Jackson）が、大統領に当選して、就任演説を行なったときにも、やはり「常備軍というものは、平時における自由な政府にとって危険であることにかんがみて、私としては、現在の軍備をこれ以上拡大することを求めるつもりはない」と述べている[5]。

こうして、平時における常備軍は自由にとって危険であるという観念は、アメリカ人の間にほとんど固定化していたといってよいであろう。

この民兵優位、正規軍敵視の背景には、もちろん自由主義的伝統があろう。むしろ、そうした思想的原因を主として考えるのが普通である。たとえば、ハンティントンは、自由主義がアメリカ人の支配的な考えであり、「自由主義は軍事制度や軍事機能について理解せず、またそれに敵対的である」という前提に立って論旨を展開している。(6) しかしこの自由主義的伝統に関する限り、それはけっして特殊アメリカ的なものではなく、むしろイギリスから継受されたものであることはいうまでもない。それは、遠くマグナ・カルタまでさかのぼり、一六八九年の権利章典の中で「平時において、国会の承認なくして国内で常備軍を徴集してこれを維持することは、法に反する」とうたわれている。(7) このイギリス憲法に則して、独立宣言は、「イギリス国王は、平時において、わが植民地議会の同意なしに、常備軍をわれわれの間に常駐せしめた」と非難したのである。

しかし、このイギリス的伝統の継受が、アメリカにおいて風土化されたのは、やはりたんなる思想上の継受だけではなく、アメリカ的環境の強いインパクトがあったはずである。私が、ここでとくに問題としたいのは、まさしくそうしたアメリカ的環境の所産としての民兵優位の思想なのである。

2　アメリカ的環境と民兵制度

アメリカにおいて、思想的伝統を別として、民兵優位の思想ないし制度が発達したまず第一の理由は、端的にいえば人的資源の不足という冷厳な事実があげられよう。アメリカは、植民地創設以来、極端にいえば一九二四年の移民制限にいたるまで、つねに労働力の不足を経験してきた。広大な空間と豊富な資源という自然を背景に、その自然を開拓すべき労働力は、少数の、しかもマイナス要因としてのインディアンを除けば、すべて移民労働力に依存しなければならなかった。また、まさしくそれゆえに、アメリカにおける労働賃銀は相対的に高額であり、それが移民渡来の誘因となっていたわけである。

ところが、ヨーロッパにおいて、がんらい軍隊とは非勤労的な二階級、つまり貴族と浮浪者のグループから構成されるのを通常としていた。ちょうど、一六〇七年以来アメリカのイギリス領植民地が発達し、独立にいたる

一七、一八世紀は、ヨーロッパにおける正規軍、常備軍制度が確立される時期であるが、常備軍は、貴族的な士官としばしば浮浪者たちより調達された兵士からなっていたのである。そして、このグループは暴力の専門家として、一般市民から区別され、生産的な仕事には従事しない存在であった。

他方、植民地時代のアメリカ社会では、身分制に基づく有閑階級がまったくなかったとはいえないにせよ、労働力の不足は、文字通り働かざるものは食うべからずという状況を現出し、軍事のみを専門とする階層の存在を許す余裕はなかったのである。職業軍人という階層の存在は、アメリカ人にとって、何よりも非生産的な存在であり、そのうえ貴族的な、あるいは封建的な、ヨーロッパ的な、したがって非アメリカ的なものとみなされたのである。「まだまだ多くことが成しとげられなければならない国においては、兵隊は怠けものとして取り扱われた」[8]のである。つまり、アメリカの環境が、正規軍、常備軍というものを保持する人的余裕がなかったこと、この冷厳な事実が、アメリカにおける正規軍、常備軍否定ないし敵視の意識されざる基本的要因であったといえよう。

しかし、アメリカ的環境が正規軍ないし常備軍を常時保持する余裕がなかったということは、アメリカ的環境が平穏であり、防衛を必要としなかったということではけっしてない。アメリカは独立して以降も、われわれが想像するよりはるかに多くの国際戦争に従事してきているが[9]、独立以前、植民地時代においても、実は多くの国際戦争にまきこまれている。イギリス領アメリカ諸植民地は、当時のイギリス対フランスの世界大帝国建設の争いの一環として、大きいものでも四度の戦争を経験している。一六八九—九七年のアウグスブルグ同盟戦争（アメリカにおける King William's War）、一七〇二—一三年のスペイン王位継承戦争（アメリカにおける Queen Ann's War）、四〇—四八年のオーストリア王位継承戦争（King George's War）、五四—六三年の七年戦争（The French and Indian War）と、国際戦争を体験し、そのたびに植民地人は動員されているのである。そして、実は独立そのものが、独立宣言の前に、七五年四月コンコードで始まるイギリス本国との武力衝突によって開始され、さらにフランスを同盟国とする国際戦争によって達成されたわけである。まことに「合衆国は暴力行為によって生まれた」のである(10)。

だが、植民地人にとって、もっとも切実であったのは、日常的なインディアンとの戦いであろう。インディアンとの戦いは、ほとんど間断なくつづけられ、そこでは戦争状態は、例外ではなく、むしろ平常の状態であったとすらいえる。したがって、当然に常時防衛の必要が存在していたわけである。

この常時防衛の必要と労働力の不足（つまり、防衛専門家の不在）という矛盾を、現実に解決するものが民兵制度であったといってよい。いいかえれば、成年男子が実質的に全員防衛義務を負担するという制度である。一六一二年ヴァージニアで制度化されたのをはじめとし、植民地において多少の制度的相違こそあれ、ほぼ全植民地において採用された。ただし、植民地が発展・拡大し、インディアンの脅威が必ずしも日常的現実ではなくなった地帯では、つまり東部沿岸地方では、民兵制度は形骸化していった。それに対し、インディアンとの戦争が依然日常的であり、また他国の、ことにフランスの植民地と国境を接し、国際戦争の直接的影響を受けやすい地方では、民兵制度は実際上の意味をもちつづけた。しかし、上の記述からも明白なように、これらの防衛は、あくまでアメリカ植民地人、各個人、各家族、各コミュニティ、各植民地にとっての防衛なのであり、植民地人に関する限り、防衛とは、当然に彼ら自身を守ることにほかならなかった(11)。

3　イギリス帝国の防衛組織

しかし、他方、これらの植民地を領有するイギリス本国にとって、また別個の防衛観があったのも当然であろう。すなわち、各植民地を越えたイギリス帝国の防衛の問題である。イギリス帝国を、フランスその他の他国との関係において防衛するという考えは、植民地人の防衛観と必ずしもつねに矛盾するとはいえないが、第一義的には、イギリス本国のためにする、イギリス帝国の防衛を目的とするものであった。その点、個々の植民地を犠牲にしても、イギリス帝国全体を確保、防衛することを目的とし、場合によっては、イギリス帝国を脅かす個々の植民地に対する制圧の可能性をも含む防衛であった。つまり、外敵の存在が個々の植民地社会にとっても明白な危険であり、かつイギリス帝国全体にとっても危険であるときには、個々の植民地の防衛とイギリス帝国の防衛とはその目的において一致する。しかし、個々の植民地がイギリス帝国全体の防衛に反する行動をとるような場合（極端には、植民地が反乱した場合）には、両者の防衛は、まったくその目的を異にし、正面から対立する関係に陥ることになる。

イギリス本国としては、イギリス帝国の防衛を第一義的に考える場合に、アメリカにおける諸植民地を一つの防衛組織に統合することを、防衛の効率上も望ましいと考えてきた。ことに、一七五四年、フランスとの抗争が避け難くなったとき、植民地管理の掌にある商務院（Board of Trade）は、アメリカにおけるイギリス領植民地の防衛を一括統合して行なう組織を提案している。この案は、現実にフランスとの戦端が開かれるにおよんで、まがりなりにも、全アメリカ植民地を通じて、国王任命の一人の最高司令官を置くということで実現された。フランスとの開戦とともに五四年ブラトック将軍が最高司令官として任命される。[12] ここに、軍事に関する限りは、アメリカ各植民地は、一つの防衛組織体に統合されることになるわけである。

そして、フランスという共同の敵が存在する限り、イギリス本国のイギリス帝国防衛の目的と、アメリカ植民地人のアメリカ植民地社会防衛の目的とは一致しえた。英仏の世界的抗争である七年戦争は、それがアメリカにおいては、まさしくフランス人とインディアンとに対する戦争（French and Indian War）という言葉をもって呼ばれたことに象徴されるように、植民地人自身の防衛の戦争でもありえたのである。「もしニューイングランドが安全であらんとするならば、かつてローマがカルタゴを抹殺したように、フランス領カナダは掃討されなければならない[13]」のである。しかし、そのためには、イギリス本国の軍事力に依存しなければならない。その点では、植民地人は、アメリカ大陸に関する限り、イギリス領アメリカ植民地人の膨張主義のために、イギリスの軍事力を利用しようとしたとすらいえる。そして、イギリス本国も、宿敵フランス打倒と、イギリス帝国の完成を目指し、その限りでは植民地人を利用し、その点両者の利害が一致するものと思われた。

しかし、植民地人にとって、フランスがアメリカ大陸から追放されるときは、もはやイギリスの軍事力に依存する必要がなくなるときでもあったのである。

4　植民地防衛と帝国防衛との対立

七年戦争に勝利を収めて、イギリスは、広大なフランス領北アメリカをイギリス帝国の範囲に加えることに成功した。そのことは、この広大な新領土の統治と防衛の負担が増大したことをも意味する。より効果的な統治と防衛のために、イギリス本国は、これらの新領土を直轄領となし、また軍隊を常駐させることにした。それが一万名の正規軍をアメリカに駐屯せしめるという一七六三年のグレンヴィル内閣の決定である。そして、全アメリカの防衛のために、平時においても、イギリス領北アメリカを通じての総司令官を常駐せしめるという決定がなされた。そして、六三年一一月ゲイジ（Thomas Gage）将軍が、総司令官としてニューヨークに着任する。[14] ちなみに、当時、アメリカ大陸には八万五〇〇〇名の正規軍がいた。

しかし、植民地人側にとっては、もはやフランスという強敵の存在がなくなった以上、こうした防衛組織の強化の必要性は認められなかった。戦時状態が去り、平時に復帰した現在、正規軍が本国から派遣される必要はなく、植民地の民兵によって防衛の責が果たせるはずであった。つまり、この正規軍の派遣は、たんに植民地人に財政的負担を与えるのみならず、また実は植民地に対する軍事力ともみなされ、その点まさしく植民地人の防衛と矛盾するものとみなされるにいたったのである。そして、広大な権限をもった総司令官は、アメリカ諸植民地を統轄統治する総総督（Governor General）とみなされ、事実ゲイジ将軍は、結果としてそうした役割を引き受けることになった。[15]

かくして、七年戦争の終了は、帝国防衛と植民地社会防衛との分裂をもたらし、またそれは正規軍と民兵との対立という形で象徴化され、現実化されることになる。植民地人の本国に対する抗議は、かの有名な「代表なければ、課税なし」のスローガンとともに、「平時における、植民地議会の同意なくして、常備軍を駐屯せしめたこと」に向けられたのである。正規軍は、ここでは、たんにイデオロギー的にではなく、現実に、海の彼方の本国政府から派遣された潜在的な「敵」とみなされたのである。そして、事実、その後本国側と植民地側との対立が激しくなるにつれ、本国側は、植民地側を制圧するために、すなわち植民地人統治の暴力装置として（植民地人防衛の暴力装置としてではなく）、正規軍を派遣することとなる。

事実、関税吏の保護という目的で、一七六八年九月にイギリス正規軍二連隊、つづいてまた五連隊がカナダのハリファックスからボストンに派遣されてきた。そして、七〇年三月、ついにボストン市民とイギリス正規軍が、税関の前で衝突し、三人の市民が死亡するという「ボストン殺戮事件」が起こるのである。かくして、平時における正規軍は危険であるという論理は、実感をもって体得されることになる。本国と植民地との対立がますます悪化し、ついに七五年四月、コンコード、レキシントンで植民地の民兵と本国側の正規軍との間で、武力衝突が行なわれ、ここにイギリスは帝国防衛（植民地確保）のために、武力制圧にで、植民地側は、植民地社会の自治防衛のために、武力抗争にでるという状況に入る。つまり、戦争が始まる。

3　独立戦争の遂行——理論と現実

コンコード、レキシントンで武力衝突が始まり、つづいてボストン近郊のバンカー・ヒルの戦いが行なわれたとき、植民地側の兵士たちは、非常呼集された民兵であった。エマソンは、後に『コンコード賛歌』の中で、

Here once the embattled farmers stood

And fired the shot heared round the world.

と歌って、農民兵の戦いとして独立戦争を象徴した。もちろん、この詩のためではないが、独立戦争が、もっぱら民兵と正規軍の戦いであり、そして民兵の正規軍に対する勝利であるというイメージは強く伝統的に残っている。

しかし、現実は、植民地人も、一度戦争が開始されるやヨーロッパにおけると同じような正規軍による戦いを理想としたのである。武力衝突後開かれた第二回大陸会議で、各植民地の民兵と別個に、植民地全体の軍隊としての正規軍の編成を計画し、これを大陸軍（Continental Army）と称し、ジョージ・ワシントンを総司令官に任命したことは周知のごとくである。一つには、民兵は、あくまで各植民地の防衛組織であり、アメリカ大陸全体の「共同防衛」組織ではないからである。たとえば、ヴァージニアの民兵は、マサチューセッツの防衛に赴くことにはちゅうちょを感じた。また、民兵は、がんらい非常時の防衛組織であるがゆえに、危機が短期的に顕在化したときは動員できるが、戦争が長期化するに及んで、民兵は復員したがった。つまり、民兵は平常の生産生活を前提として、ごく短期的、例外的に戦闘に従事するのが使命であり、建て前であったのである。したがって、戦闘を日常性とする長期の軍隊生活とは、矛盾した存在であったのである。加えて、アメリカの民兵は、武器の取扱いに長じ、ゲリラ戦的な戦闘には長じていたが、正規軍と正面から対立する戦闘にさいしては、集団的な訓練に欠けていた。これらの欠点を克服するために、アメリカ植民地側も、民兵の他に正規軍の編成を必要としたのである。ある軍事史家の言葉のごとく、独立戦争は、事実は、「二重の組織」をもって戦われたのである[16]。

実際に動員された兵数をみても、陸軍長官ノックスの評価によれば、一七七六年は、アメリカ軍が最大の規模に拡大した年であるが、大陸軍が四万六九〇一、各邦民兵が二万六〇〇〇、短期の民兵が一万六七〇〇、合計八万九六〇一名となっており、正規軍としての大陸軍の兵員が半数余を占めている[17]。

ことに、ワシントンは、民兵に対しては不信感を抱き、長期の常備軍の必要を説いていた[18]。また、事実、アメリカ軍の訓練には、プロシアの将校シュトイベンのごとき、ヨーロッパ正規軍の将校の助けを借りなければならなかったのである。

しかし、この正規軍である大陸軍を、そのままヨーロッパ的正規軍とみなすことは誤解を招くことになろう。ヨーロッパにおける正規軍は、その将校も兵士もがんらい暴力の専門家として育ち、訓練されたものであり、戦争のあるなしにかかわらず、軍人である。つまり、職業軍人であった。これに対し、アメリカの大陸軍は、正規軍（regulars）と呼ばれたが、職業軍人の集団ではなかったし、またそれを目指したものでもなかった。その任期も当初は一年、後には戦争中となったが、一生、軍人を職業とすることを目指してはいなかった。がんらい、アメリカには、職業軍人はいなかった。ワシントンも、七年戦争に従軍し、その時編成されたヴァージニア植民地正規軍の大佐であるが、がんらいはプランターであり土地測量士であった。アメリカ軍の士官は、イギリス軍より転じた若干の士官を除けば、いずれも素人の軍人であった。また兵士も、繰り返し述べたごとく武器の取扱いに長じ、戦闘には慣れていたにせよ、軍人を職業とした人びとではなく市民であった。正規軍に編入されたアメリカ兵は、戦争が終われば平常の生活にもどることを目指す市民兵であったのである。その点、実は、正規軍としての大陸軍と、民兵としての各邦民兵との区別は、名称の区別以外に、また、一義的に忠誠が個別的な各邦でなく連合体としての合衆国であること以外には、実質的にはあまりないといってよい。

アメリカ軍が勝利を収めえたのは、独立戦争がもちろん民兵対正規軍の戦いであったがためではないし、また逆にアメリカにもよく訓練された正規軍がいただけのためでもない。フランスの参戦という国際的戦争の性格が加味されたことも考えなければならないであろう。

しかし、基本的にはイギリス軍が、一つには、大西洋という長距離の補給路を経なければならなかったこと、二つには、アメリカ大陸という広範な空間で、しかも敵対的な人民（軍隊はその一部でしかない）を相手にして戦わなければならなかったこと、という点こそ、イギリス軍の敗北をもたらしたものといえよう[19]。すなわち、イギリス軍としては、個々の戦闘に勝利を収めえても、全体としての戦争に勝利を収めえないゆえんは、一つには、一部の親英派を除いたアメリカ植民地全体を相手にして戦わなければならなかったことにおいて、この独立戦争は、従来のヨーロッパにおける正規軍間の戦争と決定的に異なっていたのである。しかも、その植民地人全体が、一般的にいえば、武器の取扱いに長じ、しかも武器を各自が所有していた点において、一七、一八世紀のヨーロッパの一般市民とは大きく異なっていたのである。これらの点からして、独立戦争は、やはり「国民戦争」（a people's war）の性格をもっていたといっても過言ではないであろう。[20] あるいは、「戦争の民主化」ということもできよう。[21] 後年のナポレオンの国民軍は、このアメリカの国民軍によって先行されていたのである。

4　平和の到来と防衛機構

1　大陸軍の解散とワシントンの構想

一七八一年、コーンウォーリス（Charles Cornwallis）将軍指揮下のイギリス軍が、ヴァージニアのヨークタウンで降伏するとともに、実質的には、対英戦争は終了した。その後、正式の英米間の講和条約が成立するまでは、なお二年近くの歳月を要するが、アメリカ内には戦時から平時への転換が急速に行なわれだした。

そのとき、当然問題になるのは、独立戦争の遂行に大きな役割を果たした大陸軍の処遇である。大陸軍は、ニューヨークのニューバーグに集結していたが、将来の不安のゆえに不穏な形勢すら見受けられた。一部の士官は、ワシントンを擁立して、軍事政権の樹立をすら計画していた。[22] この計画は、ワシントンの賢明な措置で未然に防ぐことができたが、大陸軍をどうするかの課題は、やはり残った。

一七八三年、連合会議は、平時における軍備（a military peace establishment）をどうするかの委員会を設置し、ハミルトン、マディソン、ウィルソンなどがその委員になった。ハミルトンの要請により、一七八三年五月ワシントンは、長文の「平時における軍備についての考察」を送り、その中で後のアメリカの国防政策の基本となるべき構想を示している。その中で、彼は、平時における大規模の常備軍は、自由にとって危険であることを認めつつ、小規模の常備軍は必要であることを説き、全体として二本立ての構想、つまり少数の正規軍と十分に訓練された民兵による防衛の構想を展開する。(23)

この構想に対し、連合会議は結局積極的な取上げ方をせず、一七八四年、わずか八〇名ばかりの軍隊をウェスト・ポイントとフォート・ピットの基地に常置することにした。共同の敵としてのイギリス軍の敗北は、アメリカ合衆国にとって、少なくとも当面は「共同の防衛」の必要性を減じた感があり、地方防衛の優位、正規軍に対する民兵の優位という伝統的防衛観が支配したわけである。この伝統的防衛観に対して、憲法制定が「共同の防衛」と常備軍という形で、一つの大きな修正をし、それを文民の優位という安全弁で、共和主義伝統と調和せしめたものであることは、他にも多くの論稿があるし、ここでいまくわしく述べることはさしひかえたい。(24)ただ、ここでは憲法制定者たちが、アメリカの防衛をどうみていたかを若干顧みるに止めたい。

2 『ザ・フェデラリスト』の防衛観

憲法制定者たちの防衛観を、もっとも簡明に知るには、憲法案擁護の論稿として著名な『ザ・フェデラリスト』によるのが妥当であろう。ハミルトン、ジェイ、マディソンという当時の第一線の現実政治家たちによって書かれたこの論稿は、たんに一時的な政治文書としての価値のみならず、長く歴史に堪える政治学上の古典として高く評価されていることは、周知のごとくである。ただその場合、主としてマディソンの筆になる抑制均衡論などが注目されているのが通常であるが、ここでは主としてハミルトンの筆になる防衛についての論争を顧みてみよう。(25)

共同の敵としてのイギリスの敗北は、国際戦争の危機を解消した感があると記したが、ハミルトンたちは、新興独立国としてのアメリカが直面している国際的危機を強調した。たとえば、ハミルトンは「広大な大洋が、アメリカ合衆国をヨーロッパから引き離してはいるものの、過度の自信や安全感をもたないよう自戒すべき、さまざまの考慮しなければならない事柄がある」とし、イギリスとスペインとに国境を接していることの危険性を指摘する。[26] こうした国際的危機に対処するために、平時においても常備軍が必要なゆえんを説明するものであるとする。ハミルトンも、原則として、平時における常備軍が危険なものであることを認める。しかし、一つには、常備軍制度の方が、不正規軍によるまさしく不正規な戦争より、はるかに戦争の惨禍を少なくするものであることを理由とし、[27] 二つには、アメリカがヨーロッパから遠く離れており、またヨーロッパのアメリカにおける諸植民地もそれほど強大でないという点から「強大な軍備は、わが安全保障にとって必ずしも必要ではない」[28] とする。つまり、常備軍は必要であるが、小規模のもので足りるという理論である。事実、アメリカは、その後小規模の正規軍を保存してゆくことになる。

しかし、ここで注目すべきことは、『ザ・フェデラリスト』の筆者の中にアメリカの防衛が、第一義的には、正規軍によるか否かという軍事力の性格の問題ではなく、むしろ、国際法の遵守そして外交政策にあるという意識が認められることであろう。

『ザ・フェデラリスト』の筆者の一人、ジョン・ジェイは、在外使節として、また憲法制定前の外務長官（国務長官の前職）として、建国期のアメリカ外交に活躍した人であるが、『ザ・フェデラリスト』でも主として外交に関する諸篇の執筆を担当している。その一つ、第三篇で、彼は次のごとく論じている。すなわち、「アメリカがこれらすべての国（アメリカと通常関係のある諸国）に対して国際法を遵守することは、アメリカの平和にとってきわめて重要である」[29] という。そのためにこそアメリカは、一三の独立した諸州の連合ではなく、一つの全国的政府のもとに統一されなければならないという。統一＝国際法遵守＝安全保障（safety）という発想である。

二つには、アメリカの安全は、ヨーロッパ諸列強の戦争に巻き込まれないことにあるという認識は、程度の差こそあれ、当時のアメリカ人の間で、基本的一致をみていた見解といえよう。ハミルトンは、一時イギリスとの同盟を考えることがあるが、それもアメリカの国力を考えて、当分イギリスを刺激しないことが得策だと考えたことによる。[30] そのことは、ハミルトンも大いに手を貸したワシントンの告別演説で結晶的に表明されている。つまり、「ヨーロッパは、一連の重要な利害関係をもっているが、それはわれわれにはまったく無関係かあるいはあっても非常にうすい……わざわざ盟約によって、ヨーロッパ政治の栄枯盛衰や、ヨーロッパの友好、敵対関係によく見られる離合集散にわれわれを巻き込むことは、アメリカにとって賢明なことではない」という認識が、その後しばらくアメリカ外交の基本であり、またアメリカの防衛の基本であったのである。これは、当時の国際政治状況をよく認識し、アメリカの国力の相対的な弱さをよくふまえたリアリスティックな認識であり、政策であった。そして、この政策を支えたのは、大西洋の存在とヨーロッパにおける勢力均衡の現実であった。

ところが、約一世紀近くのこの孤立主義の現実は、アメリカ人をしてその倫理的優位性の結果として孤立主義を捉えせしめるようになる。「ヨーロッパの権力政治からの隔絶は、権力政治そのものからの隔絶を意味するものとして捉えられた[31]」のである。そのとき、孤立主義を越えた介入、干渉も、倫理主義的正当化によって捉えられてくる。米西戦争は、スペインの圧制からのキューバの解放であり、第一次世界大戦参戦はドイツ軍国主義に対する民主主義の防衛のためであり……といった形で、戦争が捉えられる。ここにおいて、防衛の意味は、未来の個人、家族、地域的共同社会の防衛から、国家の防衛を越えて、イデオロギーの防衛へと観念的には無限大に拡大されることになる。

（1）原則として、なかったというのは、実は、一六四三年ニューイングランド諸植民地の間で、対インディアンとの戦争に対抗するために、共同の防衛を必要とし、ニューイングランド連合（The New England Confederation）が結成されたことがあるからである。

（2）Daniel J. Boorstin, *The Americans: The Colonial Experience* (New York: Vintage Books, 1958), p. 350.

（3）公文書類の引用は、とくに別記しない限り Henry Steele Commager, ed., *Documents of American History*, 8th ed. (New York: Appleton-Century-Crofts, 1968) による。たとえば、本文の条項は、vol. 1, p. 104.

（4）Samuel P. Huntington, *The Soldier and the State* (New York: Vintage Books, 1957), p. 144.

（5）James D. Richardson, *A Compilation of the Messages and Papers of the Presidents* (Washington, DC: Government Printing Office, 1897), vol. 3, p. 100.

（6）Huntington, *The Soldier and the State*, p. 144. もちろん、ハンティントンは、アメリカにおける自由主義の支配を、たんに思想的継受としてのみ捉えず、アメリカにおける経済的発展と国際的孤立の所産ともしている。

（7）高木八尺・末延三次・宮沢俊義編『人権宣言集』（岩波文庫、一九五七年）、八二頁。

（8）Marcus Cunliffe, "The American Military Tradition," in *British Essays in American History*, ed. H. C. Allen and C. D. Hill (New York: St. Martin's Press, 1957), p. 212.

（9）独立戦争後は、一八一二―一四年のイギリスとの戦争、四六―四八年のメキシコとの戦争、六一―六五年の南北戦争、六八年の米西戦争、一九一七―一八年の第一次世界大戦、四一―四五年の第二次世界大戦、そして朝鮮戦争、ヴェトナム戦争。

（10）Walter Millis, *Arms and Men: A Study in American Military History* (New York: G. P. Putnam's Sons, 1956), p. 14.

（11）植民地時代における民兵制度の実状については、Louis Morton, "The Origins of American Military Policy," in *American Defense Policy in Perspective: From Colonial Times to the Present*, ed. Raymond G. O'Conner (New York: John Wiley and Sons, 1965), pp. 9–15.

（12）Clarence E. Carter, "The Office of Commander in Chief: A Phase of Imperial Unity on the Eve of the Revolution," in *The Era of the American Revolution*, ed. Richard B. Morris (New York: Harper Torchbooks, [1939] 1965), pp. 174–5.

（13）Richard W. Van Alstyne, *Empire and Independence: The International History of the American Revolution* (New York: John Wiley and Sons, 1965), p. 3.

（14）Carter, "The Office," pp. 176–7.

（15）*Ibid.*, p. 184.

（16）Russell F. Weigley, *Towards an American Army: Military Thought from Washington to Marshall* (New York: Columbia University Press, 1962), chap. 1.

(17) Millis, *Arms and Men*, p. 35n12.
(18) Letter to the President of Congress, September 24, 1776, *op. cit.*, p. 9–16.
(19) Katharine Chorley, *Armies and the Art of Revolution* (London: Faber and Faber, 1943), K・コーリー著、神川信彦・池田清訳『軍隊と革命の技術』(岩波現代叢書、一九六一年)、七三—八七頁。
(20) Edmund S. Morgan, *The Birth of the Republic, 1763–1789* (Chicago: University of Chicago Press, 1956), p. 79.
(21) Millis, "The Democratization of War," in *Arms and Men*, esp. pp. 33–4.
(22) Edmund Cody Burnett, *The Continental Congress* (New York: Macmillan, [1941] 1964), pp. 551–74.
(23) 原文は、Walter Millis, ed., *American Military Thought* (Indianapolis: Bobbs-Merrill, 1966), p. 17 以下。
(24) たとえば日本人の研究として、太田俊太郎「植民地時代より国家建設期に至るアメリカの軍隊と文民優位の確立」、慶応義塾大学地域研究グループ『変動期における軍部と軍隊』(慶應通信、一九六八年)、所載。
(25) 『ザ・フェデラリスト』については、ここでは、くわしく述べないが、たとえば松本重治編『フランクリン他』(中央公論社刊『世界の名著』、一九七〇年)の解説、および同書中の『ザ・フェデラリスト』の拙訳参照。
(26) *The Federalist* (New York: Modern Library, 1937), No. 24, p. 150. 訳文は拙訳三五三頁による(以下、*The Federalist* とのみ略記する)。
(27) *Ibid.*, No.8, pp. 41–2, 拙訳、三三一—二頁。
(28) *Ibid.*, p. 46, 拙訳、三三五頁。
(29) *Ibid.*, No. 2, p. 14, 拙訳、三三二頁。
(30) Jerald A. Combs, *The Jay Treaty: Political Battleground of the Founding Fathers* (Berkeley: University of California Press, 1970), pp. 38–46.
(31) Ernest Lefever, *Ethics and United States Foreign Policy* (New York: Meridian, 1957), p. xviii, Introduction by Hans J. Morgenthau.

【解題】 初出は小原敬士編『アメリカ軍産複合体の研究』一三四—一五一頁(日本国際問題研究所、

一九七一年）。そうと明示的に語られることは少なかったものの、著者が自身のアメリカ研究のなかでもっとも一貫して深い関心を寄せ続けた領域は、宗教を除けば、あるいは軍事・防衛であったといってよいかもしれない。そこにはおそらく、太平洋戦争末期の自身の海軍経験（とりわけ西ニューギニアのマノクワリに取り残された敗残の混成部隊を、戦後一年近くを経るまで、主計大尉としてまとめ、もちこたえ、復員まで導いた経験）が、色濃く反映していたと想像される。なによりも、本章に示された軍事関連一般の知見のリアリティと正確さ、そして初期アメリカの軍事をめぐる主要な論点――民兵と正規兵、市民社会と軍事組織との関係、内戦と国際戦争――に向けた分析の周到さの底には、現在すでに聞くことのまれになった著者世代の軍隊経験、戦争経験の裏打ちをうかがい知ることができる。半世紀近く前の論文であるが、現代の突出した軍事的超大国アメリカの起源に、なお古びることのないユニークな光を当てているといえる。

（古矢）

第六章　アメリカ外交の原型――建国期アメリカの対外意識

はじめに

建国以来二〇〇年近くをへた今日のアメリカは、その人口・国土・生産力など、あらゆる点で、建国期アメリカとはその国家的規模を異にし、したがって、その国際的地位・役割を異にする。しかし、他面、建国当初、つまり一八世紀末のアメリカと、今日、つまり二〇世紀中葉のアメリカとは、それぞれきびしい国際環境に位置しているという点では、比較的国内状況にのみ専心しえた一九世紀のアメリカとは異なった共通性をもっているともいえる。確かに、一九世紀のアメリカは、いわゆる孤立主義の伝統の上に、相対的にいえば古典的な意味での外交をあまり経験せず、外交政策の決定は、今や少々常套語となったきらいがあるが、ケナン流にいえば道徳的・法律的接近法によって行なわれることが多かった。しかし、現実主義外交論者のモーゲンソウも、建国期のアメリカ外交を、現実主義外交の時代と把えて、これを高く評価していることは周知のごとくである(1)。

このことは、おそらく、建国当初のアメリカが置かれた国際環境の故に、好むと好まざるとにかかわらず、アメリカ外交が現実的ならざるを得なかったという状況の所産として理解されるべきであろう。事実、建国期アメリカの政策決定者にとって、後の一九世紀と異なり、外交は、内政とくらべても非常な重要性をもち、かつまた選挙の争点ともなったのである。それ故に、また、第一級の政治家が、外交面における政策決定者（大統領は別としても、国務長官、在外使節）として選ばれることになる。たとえば、アメリカ政界の元老ベンジャミン・フランクリンをはじめ、ジョン・アダムズ、トマス・ジェファソン、ジョン・ジェイなどの第一級の政治家が、在外使節としてヨーロッパに派遣されている。

われわれとしては、まず第一に、アメリカの建国そのものが、国際環境の所産という一面をもっていることを認識しなければならない。言いかえれば、イギリスとフランスとの世界大《グローバル》の権力政治上の抗争の所産として、アメリカの独立が可能となった側面を認識しなければならない。そして、その環境は、独立後もそのままアメリカをかこむ国際環境であったのである。(2)

そのような背景の下で、建国期アメリカの政策決定者たちが、いかにしてアメリカの独立を保持したか、という問題が採りあげられなければならない。その際、当時の為政者が、いかなるヨーロッパ像を抱き、またそれに対応していかなるアメリカ像、あるいは在るべきアメリカの未来像をもっていたかが、追求される。当時のアメリカ外交、否アメリカの存立そのものにとって、決定的な要因であったのは、いうまでもなくアメリカとヨーロッパ（イギリス、フランスそしてスペイン）との関係であったからである。

その場合考慮されるべきものとして、外交に対する接近法の問題があろう。およそ外交政策の決定にあたって考慮されるべき基本的要因としては、権力政治《パワー・ポリティックス》的契機、経済利益的契機、体制意識的あるいはイデオロギー的契機が考えられるであろう。アメリカ外交もまた例外ではない。(3)建国期においても、これらの契機が当然に作用しているが、それがどのように具体的に作用したかをみる必要があろう。

本稿は、一方でヨーロッパ観・アメリカの未来像と、他方で外交への接近法とを、それぞれ軸として、建国期アメリカにおける外交の類型を摘出しようと試みたものである。その場合、二つの類型、すなわち脱欧＝体制意識的発想と入欧＝権力政治的発想とに敢て整理し、それぞれをジェファソンとハミルトンとに代表させ、もって

アメリカ外交の原型を描き出そうとしたわけである。(4)

1 独立と国際環境

アメリカ史において植民地時代は、当然のことながらアメリカ合衆国史の前史として取扱われることが多い。しかし、植民地時代のアメリカ史は、実はイギリスなりフランスなりのヨーロッパ諸国の歴史の外延的延長でもあった。北アメリカだけでも、スペイン、フランス、イギリス、スウェーデン、オランダと、ヨーロッパ諸列強の植民地が設立され、お互いに国境を接して対立していた。ヨーロッパにおいて、諸列強が対立拮抗していた状況が、あたかもそのままアメリカ大陸に延長され、投射されていたわけである。

その点、ヨーロッパでの勢力均衡は、そのままアメリカ大陸の勢力均衡に影響し、ヨーロッパでの戦争は、そのままアメリカ大陸での戦争を意味した。アメリカに最初の恒久的なイギリス人植民地が設立されるのは、周知のごとく一六〇七年のジェイムズタウンの建設においてであるが、それ以来独立戦争までの植民地時代を通じ、イギリス領アメリカ植民地は、対インディアンの日常的戦闘と並んで、しばしば国際的戦争に巻き込まれてきたのである。事実大きなものでも四度の国際的戦争を経験している。一六八九—一六九七年のアウグスブルグ同盟戦争（アメリカにおけるウィリアム王戦争）、一七〇二—一七一三年のスペイン王位継承戦争（アメリカにおけるアン女王戦争）、一七四〇—一七四八年のオーストリア王位継承戦争（アメリカにおけるジョージ王戦争）、一七五四—一七六三年の七年戦争（アメリカにおけるフランス人とインディアンとに対する戦争）がこれである。これらの戦争を通じて、アメリカ大陸における列強の抗争は、そのままヨーロッパにおける列強の抗争と密接な関係をもっていた。「アメリカ独立革命を含め、一八世紀を通じアメリカ大陸において戦われた植民地戦争は、すべて事実上は、アメリカ大陸における勢力均衡の保持ないし転覆のため戦われたものなのである。(5)」ようやく、七年戦争の終末をつげる一七六三年のパリ条約は、イギリスとフランスとの世界大の抗争に一応終止符を打ち、イギリスのアメリカ大陸における覇権を確立することになる。

しかし、アメリカ大陸におけるこの新しい均衡は、少なくともフランスにとっては一時的なものであり、フランスとしてはアメリカ大陸におけるイギリスの覇権を崩し、そのことによってヨーロッパにおけるイギリス勢力の減退を期すべく時期を待っていた。フランス外相シュワズールは、パリ講和条約の翌年早くもイギリス領アメリカ植民地人の本国に対する反乱を期待し、その反乱の発展を調査報告させるためにスパイをアメリカに派遣している。(6)

他方、イギリスがフランスの勢力をアメリカ大陸から追放した時、フランスの脅威が去ったが故に、アメリカ植民地はイギリス本国から次第に離脱してゆくのである。つまり、アメリカ植民地は、ヨーロッパ列強の国際政治的対立の中に発達し、そして列強間の国際戦争（アメリカ植民地自体アメリカ大陸においてはその戦争の当事者なのであるが）のおかげで、やがて来るべき独立への基礎をきずいたわけである。その点、イギリスの勝利とフランスの敗北とに終った七年戦争は、アメリカ独立にとって、大きな背景をなす国際環境に他ならず、アメリカ独立革命は七年戦争の所産に他ならないともいえる。(7)

さらに、独立戦争自体が、単に本国と植民地間の戦争、植民地の反乱といういわばイギリス帝国内の戦争だけではなく、より広汎な国際戦争の一環であったことに注目しなければならない。前述した「帝国学派」が、イギリス帝国という広い視座からアメリカ独立革命を把えようとしたことはそれなりに正しい。しかし、アメリカ独立戦争が、単にイギリス帝国内の戦争であるだけではなく、より広く、イギリス帝国とフランス帝国との戦争の一部であったことも見逃すことはできない。R・R・パーマーに代表される「大西洋革命学派」は、アメリカ独立革命のイデオロギー的国際性を強調している。つまり、アメリカ革命とフランス革命とは民主主義革命として同質的であることを強調している。しかし、両者の間に同質性があるにせよ、またヴォルテールなどのフランス啓蒙主義者がアメリカ革命を精神的に援助したにせよ、きわめて逆説的なことにアメリカ独立革命を援助し、アメリカの独立達成を助けたのは、共和国フランスではなく、革命以前のブルボン絶対王制下のフランス帝国であった。つまり、イギリスとフランスとの国際的対立という国際環境が、イデオロギー上の問題を一応別として、アメリカの独立を客観的に助けたのである。

一七七八年二月、フランクリンの活躍もあって、フランスとアメリカの間に同盟条約が結ばれる。この革命前のフランスと革命中のアメリカという体制的に異質的なものが、同盟という形で結ばれたのは、共同の敵イギリスを打倒するという全く権力政治的発想によるものであった。もっとも、一方で、フランスは、イギリスを打倒することを望みつつ、アメリカにコミットすることには慎重であり、アメリカ軍が一七七七年サラトガの戦闘でイギリス軍を破ってはじめて、積極的に同盟に踏み切ったのであった。この戦闘における敗戦の結果、イギリスが独立承認以外の寛大な条件でアメリカと和を結び、戦争が急速に終結することをおそれたが故である。他方で、アメリカも、この米仏同盟を通じてアメリカ大陸における戦争に対するフランスの財政的・軍事的援助を望みつつ、ヨーロッパにおける戦争にはアメリカが巻き込まれないようにとの一方的な期待をいだいていた。(8)

独立戦争がアメリカ側の勝利に終った理由はいくつかあろうが、(9) その一つの理由としてフランスの同盟があったことは何人も否定しえないであろう。しかしヨークタウンの戦闘においてアメリカ軍が勝利を得、実質上アメリカ大陸における戦闘が終了するや、アメリカにとって手段としての戦争は終ったのであり、後は独立という戦争目的を外交手段によって達成することが残された課題となる。またイギリスにとっても、フランスとの半ば恒久的な戦争に備えて、敵てアメリカの独立を認めることによって戦力の節約をはかろうとする。すなわち、ここでもアメリカは英仏の抗争という国際環境によって、利するわけである。

すでに、一七七九年より、大陸会議は、イギリスと講和の条件について検討を加えていたが、独立という最大公約数を除けば、一三邦の間には講和条約をめぐり、明白な内部対立があった。具体的にはニューイングランド地方にとってはニューファウンドランド周辺の漁業権が重要であり、西部、南部地方にとってはミシシッピー河航行権が重要であった。しかも、フランスもまたことに間接的な同盟国ともいうべきスペインも、イギリスがアメリカ大陸で勢力を失うことを望みこそすれ、アメリカがイギリスにとって代って、アメリカ大陸で圧倒的勢力となることは好まなかった。その点、フランスは、アメリカが、あまり大きな譲歩をイギリスより得ることなしに講和が成立することを望む。アメリカの国内環境の複雑さとアメリカを囲む国際環境の複雑さは、講和交渉を困難なものにし、交渉当事者であるフランクリン、ジェイなどをして、外交交渉の練達の士たらしめる。イギリスとの交渉に入るや、彼らは本国の訓令を無視して、同盟国フランスの指示を仰ぐことなしに、イギリスと具体的な秘密交渉を進めていった。

しかし、イギリス側も、孤立化をおそれ、より恒久的な敵としてのフランスとの対決を考慮し、アメリカとの友好関係の樹立を有利と考える。時のイギリス首相シェルバン伯は、交渉使節オズウォルドを通し、イギリスとしてはかなり大幅な譲歩をするのである。このイギリスとアメリカとの仮条約を調印後に知らされたフランス外相ヴェルジェンヌは、イギリスの重大な譲歩にショックを受けたという。[10] しかも、それはフランス外相の知らない秘密条項すらついていたのである。事実、シェルバン内閣は譲歩しすぎたとの印象をイギリス議会、イギリス国民に与え、ついに翌年辞職せざるを得なくなる。一七八三年の講和条約は、結局先の仮条約における秘密条項を含まずに成立することになる。

このように、アメリカは独立を勝ち得ることに成功するが、その目的達成のための手段であったフランスとの同盟は、目的達成と共に無用の長物となる。[11] 独立という第一の目的達成は、独立の維持と繁栄という第二の目的をいかに実現するかに、政策決定者の目を向わしめることになる。その時、一方で未だ形式的には同盟国であるフランスとの関係の処理、また旧敵国であるイギリスとの関係の処理が大きな課題として、この新独立国アメリカにおおいかぶさってこざるをえない。

以上のごとく、アメリカは、すでに植民地の時代に、また独立への過程において、ヨーロッパ諸列強の激しい対立抗争のうず巻の中に巻き込まれ、またその対立抗争を巧みに利用することによって独立を達成することができたのである。しかし、その独立をいかに維持してゆくかは、決して容易な課題ではなかった。新興アメリカの政策決定者としては、一方で独立したアメリカ一三邦を統合してゆくという国内的課題と、他方でこのアメリカの独立の保持と発展という対外的課題とを、同時に達成してゆかねばならなかったのである。独立したばかりのアメリカを囲む国際環境は、西半球においても依然イギリス、スペイン、フランス（西インド諸島）などの諸勢力が対立し、それはそのままヨーロッパにおける勢力均衡を反映しており、ヨーロッパの動向は、直接新興国アメリカをゆすぶるものであった。

この厳しい国際環境の下で、それにいかに対処し、いかにしてその獲得したばかりの独立を保持するかという基本的課題に対し、当時のアメリカの為政者の間で鋭い見解の対立があったことが指摘され得る。それを、モーゲンソウ流に表現すれば、国家目的に対する二つの異なった理解があったともいえよう[12]。

それは、たとえば、一七八七年の連邦憲法制定会議におけるサウス・カロライナ代表チャールズ・ピンクニーとニューヨーク代表アレグザンダー・ハミルトンとの論争に代表される。すなわち、一方で、ピンクニーによる、国内福祉の優先こそアメリカの国家目標であるべきであり「アメリカをして、海外において尊敬をかちうるもの（respectable abroad）たらしめんと希望するがごときは、わが政治の目的に悖るものである。征服とか他国の間での優位とかは、共和主義体制の目的ではないし、またそうであってはならない[13]」という主張がある。他方で、これに対し、ハミルトンは鋭い批判を加え「外国の目に尊敬すべきものと写ることは、われわれの目的ではない、共和政治の目的は国内の平穏と福祉とにあるといわれたが、これは観念的な区別にすぎない。海外で尊敬されるに足る安定と力とをもちえないような政府は、国内でも平穏と福祉とをもたらすことはできない」と反論する[14]。

確かに、この二つの見解は、共にアメリカ独立の保持と発展という共通目的をもちつつ、その方法において、一方は国内的発展――「孤立主義」的発想の系譜へとつらなり、他方は国際的発展――「国際主義」的発想の系譜へとつらなるものといえよう。この二つの系譜の原型をさらに具体的に、ジェファソンとハミルトンとによって代表せしめてみよう。

2　脱欧と体制意識――ジェファソン

独立宣言の起草者、したがってアメリカ民主主義の父祖としてのジェファソンの政治経歴の中で、外交関係の占める地位は意外と大きく、かつ長い。ヴァジニア植民地議会の下院議員に選任された一七六九年以来大統領職を辞する一八〇九年まで、約四〇年間を彼の政治家としての生涯とみなすことができよう。その間、ジェファソンは、一七八四―八九年在外使節としてパリに在り、さらに一七九〇―一七九三年、国務長官の職にあり、約一〇年間外交業務に専心していたことになる。かてて一七九七年より四年間の副大統領職は別としても、一八〇一年より八年間、大統領として対外政策決定の最高責任者の地位にあった。事実、その間にルイジアナ買収（一八〇三年）、出港禁止令（一八〇七年）のごとき重要な政策決定を行なっている。その点、外交家ジェファソンという把え方も、決して彼の経歴と矛盾するものではない。

また彼は、在外使節としてヨーロッパにいる間に、その任地のフランスはもちろんのこと、イギリス、イタリイ、ドイツ各地を旅行し、ヨーロッパを実地に見聞している。ジェファソンは、その前任者フランクリンとは異なり、内気であり、社交家というにはほど遠かったが、テュルゴーなどのフランスの名士とも交遊があり[15]、その読書範囲も広く、国際的な視野をもった教養人であった。その点、ジェファソンは、決して偏狭な愛国者、無教養な田舎者ではない。しばしば、彼はコスモポリタン的ですらある。

そのジェファソンが、ヨーロッパにおいて見聞し、彼のヨーロッパ観を決定的にしたものは何であろうか。彼は日記を記すことはしなかったが、その夥しい手紙類の中から集約できることは、一言でいえばヨーロッパ社会に対する不信であろう。彼は、ヨーロッパの中に、君主制・貴族制・国立教会制・貧富の差・厖大な常備軍・乱雑な大都市を見たのである。それは、このピューリタン的エトスとフロンティア的環境の所産である新世界の人、[16]ジェファソンにとっては、正しく専制・懶惰・圧制・無駄・猥雑の旧世界であった。

若干の書簡からの引用を試みてみよう。一七八五年、彼は次のごとく記している。「この新しい光景〔ヨーロッパ〕が、アメリカの山だしの一野人にどんな風に写ったか、御存知になりたいことでしょう。決して良い印象ではありません。人類の運命は、ここヨーロッパでは悲惨を極めています。ここでは、すべての人が金槌か鉄床かのどちらかにならなければならないという、ヴォルテールの観察の真理が永遠にあてはまります。[17]」「私は、このフランスやヨーロッパのいたるところで眼にした数知れない悲惨な状態のもととなっている財産の不平等な配分について、いろいろ考えさせられました。フランスの財産は、完全にごく少数の人々の掌中に集中されています。[18]」同趣旨の書簡は枚挙にいとまがない。ジェファソン自身の要約に従えば「人間の尊厳が恣意的な差別のなかに失われているヨーロッパ、人類の堕落がいくつかの段階に区分されているヨーロッパ、多数が少数の圧迫にたえかねているヨーロッパ[19]」ということになろう。このヨーロッパ観は、ブルボン絶対王制末期のフランスという最悪の条件下のヨーロッパに基づくものであるにせよ、ジェファソンは、イギリスについてもそれほど変わらない映像をもっていた。[20]

ジェファソンのヨーロッパ像については、当然のことながらフランス革命以前と以後で区別しなければならないことが想定される。事実、ジェファソンは、フランス革命を大いに歓迎し「世界中の苦しみつつある人々のために、この革命が樹立され、それが全世界に広がることを望んで」いた。[21]その点、君主制・貴族制に対する共和制・民主制という体制の対比で考える限り、ヨーロッパとアメリカという空間的対比は否定されなければならないことになる。事実、独立戦争中に締結された米仏同盟の効力をめぐって、ハミルトンとジェファソンの間で激しい論争が行なわれ、ハミルトンが政体の変更によって条約の効力は停止されたと主張したのに対し、ジェファソンは政体の変更にもかかわらず、条約の効力は変わらないことを主張したことは周知のごとくである。当時、アメリカ国内で起こりつつあった財政政策をめぐる対立に、フランス革命をめぐるイデオロギーの問題が加わり、それがさらに外交政策における対立にまで発展していったわけである。

しかし、ここで注目しなければならないのは、ジェファソンがアメリカ革命とフランス革命とを同一系列上で把え、その意味では「大西洋革命」主義者である面も多分に有してはいるが、他方、ジェファソンは彼のいう共和制・民主制をかなりアメリカという自然・風土と結びつけて考えていたことである。彼が、フランス革命当初、旧知のラファイエットに革命後の憲法案を示唆したことは有名であるが、その憲法案はアメリカ憲法に範をとるよりは、イギリス憲法に近いものであった。ジェファソンにとって、「民主制とは、単に法律上の形式なのではなく、一つの生活方法なのであり[22]」、それはアメリカ的風土の上にのみ育ち得るものであったからなのである。それは、アメリカの広大な空間、その上に立つ農民の社会という前提の上に初めて成り立つものなのである。したがって、ジェファソンは、フランス革命に同情的であり、それを歓迎し、反英的態度を終始とっていたにせよ、具体的な外交政策で、彼はアメリカをしてフランスと共に戦わしめることを主張していたわけではなかったのである。ジェファソンにとって、アメリカ社会は、フランス革命以前も以降も、終始ヨーロッパからは区別されたまた区別されるべき社会なのであり、その区別された社会を保持していく手段として、外交政策が考えられていたわけである。ジェファソンにとって、当時の多くのアメリカ人におけると同様にアメリカ革命とは、脱欧による体制の変改なのであった[23]。

では、ジェファソンにとって、在るべきアメリカの姿、アメリカの未来像とはいかなるものであったのであろうか。

一口でいえば、それは独立自営農民の国、したがって広大な空間をもった農本主義を柱にした「自由の帝国」、大陸帝国の建設なのである。[24] 彼の「もし神が選民というものをもち給うとすれば、この大地を耕すものこそ、神の選民である。この人たちの胸にこそ、神は特別のみはからいによって、真に価値ある純正な美質を託し給うたのである」という表現はあまりにも有名である。[25] したがって、それは商工業の否定につらなり、都会の否定につながる。そのことは、彼の次の言葉に端的に集約される。「アメリカ人が農業に従事している限りは、何世紀にもわたってわが国の政治は高潔なものであるでしょう。しかし、それもアメリカのどこかに空いた土地が残っている限りのことです。アメリカ人が、ヨーロッパにおけるように大都市に密集するようになる時は、アメリカ人もヨーロッパにおけると同じく腐敗するでしょう。[26]」もちろん、この商工業否定の発想は、彼の政権の下に現実政策上修正されざるをえず、工業化の必要性を後に認めるにいたる。しかし、アメリカ＝農民の国＝共和国という連想は、ジェファソンにとって、外交政策を考える場合の、基本的な前提であったといってよいであろう。

この前提に立つとき、彼の外交政策の構想は、まずヨーロッパからの介入を避け、ヨーロッパの紛争にかかわらないといういわば脱欧の姿勢をとる。それは単に、新興の弱小後進国として、先進のヨーロッパ列強の紛争にまきこまれ、その歩になることを避けるべきであるという消極的な意味で脱欧であるだけではない。文化的、体制的に専制と自由という対比でヨーロッパとアメリカとを把える限り、自由の社会は専制の社会から本来出来る限り切り離されるべき存在であるという地理的体制観ともいうべきものをこの脱欧論は内包している。彼はいう「アメリカは北アメリカも南アメリカも、ヨーロッパの利害関係とは異なったアメリカ特有の一連の利害関係をもっている。したがって、アメリカは、ヨーロッパ・システムとは別個のアメリカ独自のシステムをもつべきなのである。ヨーロッパが専制主義の本拠たらんとつとめている間に、われわれはこの西半球を自由の本拠たらしむべく当然つとめるべきである。[27]」これは、モンロー大統領が、例のモンロー主義の宣言をするにあたって、それに先立ち元老としてのジェファソンの意見をきいたものに対する答えであるが、正しくモンロー主義に具体化された孤立主義の思想は、すでに早くジェファソンによって培われていたのである。

その場合、こうした脱欧・孤立の原則が、現実にいかにして具体的に可能なのかという問題に当面せざるをえない。ジェファソンにあっては、それは一つには、アメリカ社会の自給自足性ということで裏付けされる。独立達成後、イギリスとの関係で、ハミルトンとジェファソンとの間で鋭い意見の対立をみた。それは、ジェファソンが、イギリスに対する通商報復戦（軍事力によらない）を主張し、ハミルトンがこれに反対したからである。ジェファソンにとって、イギリスとの通商断絶は、通商国であるイギリスこそ被害を受けるにせよ、アメリカは基本的には農業国として本来自給自足の力があるという前提があった。それは、おそらく独立革命の直前の反英抗争にさいしての、イギリス商品ボイコットの成功という経験にも裏打ちされていたのであろう。また、それは後に、ジェファソン政権での「出港禁止令」という形で実現する（結果的には失敗であったが）(28)。

第二に、大西洋という三〇〇〇マイルの海の存在が、自然の防塞をなし「いかなるヨーロッパの国も、われわれが恐れるにいたるほどの正規軍を、アメリカに対して派遣することは決してできないであろう(29)」という防衛観がある。これも、独立戦争において、結局イギリス正規軍が、イギリス本国からの長い補給路線の故に悩まされたという経験に裏付けられたものであろう。この自然の障壁の故に、ジェファソンは平時における常備軍の否定という原則を現実にも適応できるとしていたことも付記しておかなければならない。第三に、これは、きわめて現実主義的な観察であるが、ヨーロッパの勢力均衡の維持という発想があった。ヨーロッパの権謀術数を逆手にとって、ヨーロッパ諸国を相戦わしめることによって、アメリカへの介入の機会をつくらしめないという考えである。彼が、フランスに対して、親仏的な政策をとることを主張したのは、体制上の問題もさることながら、フランスがイギリスに対する抑止力として働くことを期待してのことであった。この点も、実は独立戦争と英仏の抗争という体験を背景にしていたといってよいであろう。

このような、アメリカの自給自足性、大西洋という自然の障壁、ヨーロッパにおける勢力均衡という諸条件が、アメリカのいわば自然の力《パワー》であり、アメリカの脱欧・孤立を可能にするものであったのである。彼は、こうしたアメリカの自然の力を高く評価するが故に、人為的な力として、常備軍、海軍、強力な行政権力といったものへの依存を否定する。その点、彼は、アメリカの人口の自然増を強調するが、また自由のための避難所《アサイラム》としてヨーロッパからの亡命者を拒まないが、人為的な人口増大としての大量の移民流入に対しては警戒的であった(30)。

しかし、こうした脱欧・孤立の発想は、その消極的なニュアンスにもかかわらず、すでに上に記したアメリカの自然の力に対する信頼が示すように、積極的な側面をもっていた。彼の農民共和国の理想は、先に引用した「アメリカにどこか空いた土地が残っている限り」という句に示されるように広大な空間を前提としていた。逆にいえば、彼の構想は、一方でヨーロッパからの孤立を含みながら、他方でアメリカ大陸への空間的拡大を当然内包していたのである。ブアスティンも、先のモンローへの返書にふれながら次のごとく指摘している。「ジェファソン的文脈の中でいえば、モンロー主義は、ヨーロッパからの脱離の表明というよりは、むしろアメリカの運命についての膨張的な積極的な精神の宣言とみえる。ちなみに、この精神は、南アメリカ大陸をもジェファソン的自由の帝国に加えることを望んでいた」と記している(31)。

おそらく、南アメリカ自体については、ジェファソンは領土的拡大を考えているわけではなく、思想的文化的な拡大の対象として考えていたのであろう。しかし、北アメリカについては、かなりはっきりした領土的拡大が構想されていたと思われる。一七八六年、アメリカの西側スペイン領について「スペインがあまり弱いため、わがアメリカ人口が同地方をスペインの手から一片一片獲得するに足るほど増加するまで、スペインが同地方を保持することができないことをおそれる」と称している(32)。事実、同地方がナポレオン下のフランスの掌中に帰することによって、この危惧が現実化されるや、ジェファソンは最小限、ニューオーリンズ港をアメリカの手に確保しようとしてフランスと交渉を開始する。一八〇三年のルイジアナ地方の買収の成功は、確かにジェファソンの期待をはるかにこえるものであり、正しくヨーロッパの紛争の副次的産物としてルイジアナ地方はアメリカの掌中にころげこんできた感がある。しかし、ブアスティンのいうごとく、「ルイジアナ買収は、ジェファソン的精神の真正の表明であった。自由の帝国は、一三の植民地とその西方の地方がカナダやキューバを含むまで拡大されて、はじめて実現されたと呼びうるであろうと、ジェファソンは信じていたのである。[33]」

ジェファソン的思考にあっては、ヨーロッパからの脱離によって、新世界に文字通りアメリカ的体制、農民共和国を建設することがアメリカの未来像であり、それは当然に全アメリカに拡大されるべきものであり、その点アメリカの未来像は大陸帝国の建設にあったのである。それが強く農本主義によって彩られている限り、今日からみれば時代錯誤的なものを含むとはいえ、一八世紀末一九世紀初葉のアメリカ、人口のほとんどが農民であった当時のアメリカにとっては、その未来像は現実性をもった構想であり、事実それは外交政策としては孤立主義と「膨張の宿命《マニフェスト・デスティニイ》[34]」として具体化されていったのである。

3　入欧と権力政治――ハミルトン

建国直後のワシントン大統領下フェデラリスツ政権の中心的人物であり、しばしばアメリカ資本主義の建設者といわれるハミルトンの政治経歴の中で、直接外交と関連する地位はほとんどない。彼の絢爛たるしかし短い生涯を通じて、彼はまず軍人として、ついで財務長官として公職についており、ジェファソンのごとく在外使節、国務長官などの職についたことはない。また、ハミルトンはフランス語が達者であり、独立戦争中ラファイエットなどのフランス人将校との交遊は深いが、ジェファソンのごとく直接ヨーロッパを見聞したという経験もない。

しかし、ハミルトンは財務長官の地位を単なる財政担当の行政官とは考えていなかった。彼は、大陸会議の議員の地位を「単なる立法者としてではなく、帝国の建設者とみなされるべきものである[35]」と呼んでいたが、財務長官の地位も、正しくイギリスの大蔵卿が同僚の中の第一人者として首相であるごとく、一種の首相の地位と考え[36]、内政のみならず外政面においても発言権を行使していた。その点、彼は、おそらく海の彼方の若き宰相ピットに自己をなぞらえたことであろう。[37] また、事実、ワシントンが外政面についても、単に国務長官ジェファソンだけでなく、財務長官ハミルトンの意見を聴し、しばしばその意見に従ったことは周知のごとくである。したがって、建国期の外交政策におけるハミルトンの役割は、その名目上の立場如何にかかわらず、甚だ大きいものがあり、時に国務長官としてのジェファソンをもしのぐものがあった。

ある人間の思想の形成を、その生まれや育ちに還元することは、もとより単純すぎるが、思想形成の一つの背景としては、生まれや育ちも考慮され得るであろう。ハミルトンは、その性格・外見共ジェファソンとは対照的であるが、その生まれ育ちもまた対照的であった。ジェファソンがアメリカ大陸奥地に生まれ、辺境の子、しかもアメリカの貴族ともいうべきプランターの子であるのに対し、ハミルトンはアメリカ大陸ではなく、西インドの小島に生まれ、しかも庶子であり、幼少の頃から店番として働かなければならなかった。たまたま新聞に寄稿した作文で才能を認められ、学費を出してもらってニューヨークのキングズ・カレッジ（後のコロンビア大学）に学ぶことになる。独立戦争と共に、アメリカ軍に加わり、やがてワシントンの副官をつとめ、ニューヨークの富豪スカイラー将軍の娘と結婚し、ニューヨークの上流社会に「後から来た者《レイト・カマーズ》」として参加する。

もし、こうした背景を意識しつつ、少しく割切った表現を使えば、ジェファソンはアメリカ大陸内部で生まれ育ち、そこにアイデンティティを感じ、またそこにアメリカのあるべき姿を認めたといえよう。ヨーロッパの現実を知れば知るほど、彼は、アメリカのユートピアをそのハイマートたるアメリカ大陸内部に求めたのである。そこに、彼の農本主義・共和主義・自由の帝国・大陸帝国といった一連の構想の生まれる一つの背景を認めることができよう。これに対し、ハミルトンの場合、彼はアメリカ大陸内部ではなく、アメリカの外辺、海洋の小島、いわば海の辺境に生まれ育った。彼はアメリカの内部にハイマートをもたず、彼のアメリカの未来像もアメリカの内部にではなく、アメリカの外に求められた。一言でいえば、以下にのべるごとく、彼は、アメリカのあるべき姿の模範をイギリスに求め、イギリスのごとき通商帝国、海洋帝国の建設を理想としたといってよいであろう。

その点、彼はヨーロッパを訪れたことはなかったが（あるいはその故ともいえようが）、彼の姿勢は、ジェファソンの脱欧に対し、正しく入欧の姿勢であったといえる。「ハミルトンの内心の眼は、当然のこととして、ヨーロッパに向けられていたのである。」[38]

ハミルトンは、イギリスを訪れたことはないが、当時のアメリカの教養人がそうであったように、イギリスの文化・思想については深く学ぶところがあった。[39]彼は、一七八七年のフィラデルフィアの連邦憲法制定会議において、一般的には積極的な発言はほとんど行なわなかったが、一度だけ自分の憲法案について長広舌をふるったことがある。その際、それと関連してイギリス憲法にふれ「イギリスの政治形体は、世界がかつて生んだ最善の模範である」と語り、「イギリスの政府こそ、公共の力と個人の安全とを結合した唯一の政府である」と称賛している。[40]「世界の模範」としてのイギリス憲法にそのままならった憲法案を、アメリカにおいて人々が採用することはありえないことを自覚しつつ、[41]ハミルトンは、アメリカの進路をイギリスに追いつき、追いこすことに求めていた。「ハミルトンは、一八世紀において、イギリスが最も近代的な国家と考えられた意味において、アメリカを近代国家にしようと決意したのである。」[42]

ハミルトンの財務長官としての基本政策が、公債政策、税収入などを通しての財政の安定化、通商・海運業の奨励、製造工業の保護育成にあったことは周知のごとくである。その際、製造工業の発展は、単に「一国の富のみならず、その独立と安全もまた、製造工業の繁栄と実質的に結びついている」[43]が故に、必要とされているわけである。ハミルトンにとっては、ジェファソンと異なり、製造工業なくしては、アメリカの自給自足は存在しえないのである。彼の指摘に従えば「独立戦争において、（製造工業という）自給の能力を欠いていたために、アメリカが体験した大きな難儀は、未だ人の記憶に新しい」[44]ところであった。したがって、製造工業がアメリカにおいて発達しない限りは、ヨーロッパ列強に対し、アメリカは後進国なのであり、弱小国なのである。

ジェファソンは、ヨーロッパと異なった特殊アメリカ社会の建設を理想とし、またそれが大西洋とアメリカ大陸という自然によって実現を保障されていると考えていたが故に、アメリカの力をあるいは文明度をヨーロッパの尺度ではかる必要はなく、アメリカの自然的な強力さ、質的に異なった純粋の文明を意識していた。それに対し、ハミルトンは、ヨーロッパ列強と同じ「近代国家」の建設を理想とする故、アメリカの力と進歩度を、ヨーロッパの尺度ではからざるをえず、そこにアメリカの相対的な弱さ、後進性を意識せざるをえなかったのである。一七九〇年に、ハミルトンは「わが国は、未だ幼年期にある」ことを公けに表明している。(45)

この両者のアメリカの力に対する評価の相違は、対英外交関係への具体的な政策の形で表明される。前にふれたごとく、独立後の英米関係は必ずしも順調ではなく、一部には、ジェファソンは後にその最も強硬な主張者になるが、イギリスに対して通商上の報復を行なうべきである、その結果イギリスは屈してアメリカと通商条約を結ぶことになろうという議論があった。(46)これに対し、ハミルトンは、単に彼のイデオロギー的親英という立場からではなく、正しく権力政治の論理から反対する。というのは、アメリカの報復に対し、イギリスはもっと強力に報復することができる。もし、英米の通商関係が中絶されれば、アメリカの輸入品の九〇パーセントを占めるイギリス商品に対する関税・トン税は徴収不能となり、連邦政府の財源はたちまち枯渇し、その結果公債の元利支払いは不可能となり、新興国アメリカの財政は破産に瀕するというのが、反対の理由であった。(47)

しかも、もしアメリカが通商報復戦を行なえばそれは六カ月たたない間に、アメリカとイギリスとの間の公然たる戦いになるであろうことを、ハミルトンは危惧していた。その場合には、海軍も、正規軍も、工業力ももたないアメリカは、イギリスに敵対する力をもたず、その独立すら脅かされる危険性がある。一七九三年、フランス革命戦争として英仏の抗争が再現するや、ハミルトンが、フランス革命によるフランス政体の変更を理由に、米仏同盟の効力の停止を主張した背景には、もちろんフランス革命に対するイデオロギー的理由もあろう。しかし、その根底にあったのは、より鮮明な権力政治的発想であり、アメリカの国力の相対的弱さの自覚であった。(48)この接近法は、一七九四年の悪名高いジェイ条約においてさらに積極的に表明される。

一七九四年四月、対英関係の調整のために、当時最高裁判所主席判事であったジョン・ジェイが対英使節に任命されるや、当時国務長官であったジョン・ランドルフを無視して、ハミルトンが訓令を書いている[49]。対フランス戦争に忙殺されているイギリスとしては、アメリカとの和解はもとより望むところであり、ジェイはイギリスで丁重な歓迎をうけた。一七九四年一一月調印されたこの英米条約の基本的性格は、英米の和解であり、米仏同盟の事実上の廃棄であったといえよう。米仏同盟という法的連帯、アメリカ国民一般の親仏感情（独立達成を助けてくれたものとしてのフランスのイメージ）、共和主義というイデオロギー的親近性、こうした特定の国としてのフランスとアメリカとの結びつきを切り離すことこそ、ハミルトンの目的であった。ジェイの条約は、実質的にはハミルトンの条約でもあったのである[50]。

このアプローチを最も公式に、荘重に、一般的な形で表明したものが、ワシントンの「告別演説」であろう。この演説が、ワシントンとハミルトンとの合作になるものであることは周知のごとくである。アメリカがヨーロッパの紛争に巻き込まれないことを強調したこの「演説」は、アメリカの基本的国策を提示したものとして高く評価されている[51]。しかし、一七九六年という時点では、これは明確に米仏同盟に対する意味合いもち、フェデラリスツとリパブリカンズとの政争の具として登場してきた党派的な文書の性格をもっていた[52]。同じヨーロッパの紛争に巻き込まれるなという立場をとりながら、ジェファソンの「孤立」は、体制的なしたがって恒久的な脱欧の姿勢であり、自然の力に保障されたものであった。ハミルトンの場合には、その「孤立」は、権力政治上の計算に基づく、アメリカの弱さを前提としたものであり、いわばアメリカの「幼年期」にとっての暫定的な「孤立」であったといえよう。

以上のごとくハミルトンの発想の中心に権力《パワー》の観念があるが、ハミルトンはジェファソンのごとく、アメリカの自然的な力に依存することを危険とみなしていた。ジェファソンが自然の障壁としての大西洋を強調したとすれば、ハミルトンは「広大な大洋が、アメリカ合衆国をヨーロッパから引き離してはいるものの、過度の自信や安全感をもたないよう自戒すべき、さまざまの考慮しなければならないことがある」[53]とする。すなわち、アメリカがイギリス領やスペイン領と国境を接している事実。また「航海術の発達のおかげで、交通通信に関していえば、いままで遠隔の地にあった国々も、著しく隣国となってきている」事実。「こうした事情をあわせて考えるならば、われわれアメリカが外国からの侵略の危険の全く埒外にあるなどと思うのは、あまりにも楽観的な考えといわざるをえない」と主張する。[54]

自然の力に依存できないとすれば、当然に人為的な力の強化の必要性が強調されてくる。それが常備軍の整備であり、海軍の建設に他ならない。ハミルトンは、平時における常備軍の危険性を一応前提としつつも「自由を信奉すること最も篤き国民も、平和と安全のためには、その市民的・政治的権利を脅かす危険性のある〔常備軍〕制度に依存することになろう」という。[55]イギリス自由主義の伝統とアメリカ的風土の故に、正規軍を忌避した当時のアメリカの一般的風潮において、ハミルトンは正規軍の必要を強調した例外的な存在であった。[56]

しかし、ハミルトンが正規軍と共に、あるいはそれ以上に強調したのは、海軍の建設であった。上の『ザ・フェデラリスト』第二四篇も最後に海軍にふれ「もしわれわれが通商国民になるつもりならば、いやただ大西洋岸を安全に確保しておくつもりでも、早急に海軍をもつべく努めなければならない」と主張している。[57]だが、ハミルトンは、単に沿岸防備用の海軍を考えていたわけではない。上の引用にも「もしわれわれが通商国民になるつもりならば」とあるが、一七八一年早くも「通商国民として、海上権力はわれわれの主たる関心の対象とならなければならない」と訴えていた。[58]ハミルトンの構想する海軍は、やがては通商帝国としてのアメリカを防衛するに足る海軍であり、アメリカをして「大西洋の彼方の一切の力や影響力の支配に優り、旧世界と新世界との関係の在り方を決め得る」[59]アメリカとするに足る海軍でなければならないのである。

したがって重ねていえば、ハミルトンの「孤立」は暫定的なものであり、将来の海洋帝国建設の時間表における一休止であったといえよう。ハミルトンにあっては、工業力・軍事力の育成が先決問題なのであり、そのためには「孤立」を守り、先進国イギリスとの対決をさけ、和平を保つことが必要とされたのである。ヨーロッパ的近代国家となるがためには、時間を必要としたのであり、まさに入欧の姿勢において「孤立」を確保しようとしたのであった。

おわりに

以上、ジェファソンとハミルトンとを手がかりに、アメリカ外交の二つの原型を見てきたが、そこに提示されたものは、理念型としての類型以外の何ものでもない。したがって、現実のジェファソンの対外政策の中にハミルトン的要素が、ハミルトンの対外政策の中にジェファソン的要素があることを些かも否定するものではない。また、この原型が今日においても、アメリカ外交をそのまま規定しているわけでもない。今日では、原型はもはや原形を止めないほどに変えられてしまっているかもしれない。しかし、脱欧＝体制意識＝孤立主義的発想と、入欧＝権力政治＝国際主義的発想という二つの原型が、相互に交錯しつつ、時にどちらかがライトモティーフを演じつつ、アメリカ外交史の文脈を形成してきたことも認めなければならないであろう。

ハミルトン的原型は、彼自身と同じく一八世紀末のアメリカにとっては早熟であった。アメリカの自然（大陸）、アメリカを囲む自然（大洋）は、ジェファソン的原型を、当時の時点にあっては、より現実的なものとした。少なくとも、南北戦争までは、ジェファソンの国内構想（農民共和国）も、対外構想（脱欧と大陸帝国）も、現実的であり、アメリカ人一般の心情に合致したものであった。南北戦争後、ハミルトンの国内構想（工業化）は現実化するが、対外構想（入欧と海洋帝国）の現実化は、一九世紀末を待たなければならず、対外政策に関する限りは、ジェファソン的原型が残っていた。

一九世紀末、フロンティア線の消滅に象徴される空間の相対的縮小以降、ハミルトン的原型は次第に支配的になってゆく。しかし、今日においても、ジェファソン的原型が、かなり歪曲化された形であれ、その痕跡を止めていないわけではない。たとえば、ダレスの中にジェファソン的原型を認めることは、抵抗感を感じるであろうが、必ずしも不当ではない。また、ケネディの中には、当然ハミルトン的原型の現代版を認めることができるであろう。

＊　最後に一言記させて頂ければ、慶応大学にとっては全くの学外者である私が、藤原守胤先生の記念論文集に執筆参加を許されたことは、まことに光栄といわなければならない。終戦間もなく、アメリカ学会設立当初より、アメリカ研究の先学として、原典アメリカ史の研究会などを通し、指導して頂いた学恩に感謝し、一論を寄せさせて頂いたしだいである。先生の本来の御専門がアメリカ建国史であることに鑑み、また私自身の関心が最近再び建国史に向いてきたこともあり、建国期のアメリカ外交の中に、アメリカ外交の原型を探し求めることにした。この拙論が、かりにも先生の学恩に対するささやかなしるしともなれば幸いである。

（1）Hans J. Morgenthau, *American Foreign Policy: A Critical Examination* (London: Methuen & Co., 1952), p. 13.

（2）この点、従来のアメリカ独立革命研究は、その国際政治的側面を比較的閑却してきたといえるであろう。ここで詳しく論ずる余裕はないが、従来アメリカ独立革命について、いくつかの解釈があったことは周知の通りである。その場合、一つには、アメリカ革命をイギリス本国とアメリカ植民地との抗争、すなわちイギリス帝国の構造という観点から解釈する学派、チャールズ・アンドルーズなどに代表される「帝国学派《インペリアル・スクール》」があり、最近ではローレンス・ギブソンの厖大な作業がある。もう一つは、アメリカ独立革命を主としてアメリカ社会内の抗争として把える学派、チャールズ・ビアードなどに代表される「内部革命学派」あるいは「革新学派」であり、戦後ではメリル・フェンセンなどに受けつがれている。さらに戦後、アメリカ革命の革命性を否定する解釈、ルイス・ハーツなどに代表される「新保守主義学派」がある。しかし、これらの解釈を通じて共通なことは、アメリカ革命を国際的環境の下で把えていないことである。ギブソンなどは少し異なるが、帝国学派も、一般的にはイギリス帝国内の事象という観点で把えている限りでは、一国的な把え方であり、国際的な把え方ではない。戦後、アメリカ革命をフランス革命その他の革命と並べて、いわば「大西洋革命」の一つとして把えるロバート・パーマーの所論も見受けられるが、これはデモクラシーというイデオロギー的観点から国際的に把えたものであり、必ずしも国際政治的観点から把えたものでもない。この点、リチャード・オルスタインの研究は、アメリカ革命をまったく国際政治環境の下において見た研究であり、注目に価するものといえよう。Charles M. Andrews, *The Colonial Period of American History*, 4 vols. (New Haven: Yale University Press, 1934–38); Lawrence H. Gipson, *The British Empire Before the American Revolution*, 15 vols. (Caldwell, ID: Caxton Printers; New York: Alfred A. Knopf, 1936–70); Charles Beard, *An Economic Interpretation of the Constitution of the United States* (New York: Macmillan, 1913); Arthur M. Schlesinger, *The Colonial Merchants and the American Revolution, 1763–1776* (New York: Columbia University Press, 1918); J. Franklin Jameson, *The American Revolution Considered as a Social Movement* (Princeton, NJ: Princeton University Press, 1926); Merrill Jensen, *The Articles of Confederation: An Interpretation of the Social-Constitutional History of the American Revolution, 1774–1781* (Madison: University of Wisconsin Press, 1940); Idem, *The New Nation: A History of the United States During the Confederation, 1781–1789* (New York: Alfred A. Knopf, 1950); Louis Hartz, *The Liberal Tradition in America* (New York: Harcourt Brace and Co., 1955); R. R. Palmer, *The Age of Democratic Revolution*, 2 vols. (Princeton, NJ: Princeton University Press, 1959–64); Richard W. Van Alstyne, *Empire and Independence: The International History of the American Revolution* (New York: John Wiley and Sons, 1965). 邦語で、この時代の対外政策をとりあつかったものとしては、有賀貞「アメリカ革命の外交政策」『成蹊法学』第一号所載がある。

（3）本稿の論旨よりは逸脱するが、もしこの契機をアメリカがいわゆる世界列強になった米西戦争以降二〇世紀初頭の政策決定者、それも、いわゆる革新主義時代の三代の大統領と国務長官にあてはめると次のごとくなろう。権力政治的契機は、シオドア・ローズヴェルトの「棍棒外交《ビッグ・スティック・ポリシイ》」に象徴され、彼の下の有能なルート国務長官とのコンビによって遂行される。経済利害的契機は、ウィリアム・タフト大統領の「ドル外交」によって象徴され、彼の下のノックス国務長官によって遂行される。イデオロギー的契機は、ウッドロー・ウィルソン大統領の「使命外交」（ウィルソン研究家アーサー・リンクの造語）によって象徴され、彼の下でのブライアン国務長官も、ウィルソンと衝突するほどより原則主義的な道徳主義的接近法を強調した。もちろん、それぞれ、他の契機の重要性を意識し、また使用している（たとえばウィルソン政権下の石井＝ランシング協定）が、くすしくも「革新主義」の三大統領が、三つの契機をそれぞれ象徴していることは興味深い。

（4）なお、ジェファソン、ハミルトンを対象にしたが、しばしばアメリカ人の原型といわれるフランクリンこそ、実はアメリカ外交の原型ともいえる人物である。フランクリンは、その数多い経歴の中で、やはり重要なものとして外交家という経歴があり、彼は独立以前、アメリカ植民地をイギリスで代表すると共に、独立戦争遂行中はパリで在外使節としてフランスの同盟と参戦とをかちえ、さらに一七八二年（正式には八三年）のイギリスとの講和条約の調印に成功し、アメリカ最初の駐仏公使に任命される。つまり、独立前後を通じ、フランクリンは建国の外交面を担当した功労者であるが、そのフランクリンの中には、厳しい権力政治的発想も、またアメリカをヨーロッパと異なる理想社会にするというイデオロギー的体制的発想もあり、さらに彼は周知のごとく巧みな外交交渉術をもっていた。その点、彼は、諸要素を凡て一身にそなえたアメリカ外交の総合的原型といえよう。しかし、ここでは、対比をより明確にする意味でジェファソンとハミルトンという二人の対照的な人物によって代表させることにした。

（5）Max Savelle, "The American Balance of Power and European Diplomacy, 1713–78," in *The Era of the American Revolution*, ed. Richard B. Morris (New York: Harper Torchbooks, [1939] 1965), p. 168.

（6）Samuel Flagg Bemis, *The Diplomacy of the American Revolution* (Bloomington: Indiana University Press, [1935] 1957), p. 17.

（7）Lawrence H. Gipson, "The American Revolution as an Aftermath of the Great War for the Empire, 1754–1763," *Political Science Quarterly* 65 (March 1950), pp. 86–104.

（8）William C. Stinchcombe, *The American Revolution and the French Alliance* (Syracuse, NY: Syracuse University Press, 1969), p. 25.

（9）たとえば、Howard H. Peckham, *The War for Independence: A Military History* (Chicago: University of Chicago Press, 1958), chap. 12 参照。

（10）Richard B. Morris, *The Peacemakers: The Great Powers and American Independence* (New York: Harper & Row, [1965] 1970), p. 383.

（11）Stinchcombe, *The American Revolution*, pp. 200–201.

（12）Hans J. Morgenthau, *The Purpose of American Politics* (New York: Alfred A. Knopf, 1960), pp. 11–14.

（13）Max Farrand, ed., *The Records of the Federal Convention of 1787*, 4 vols., rev. ed. (New Haven: Yale University Press, 1939), vol. 1, p. 402. 以下、Farrand, *Records* と略す。

（14）*Ibid.*, vol. 1, pp. 466–467.

（15）Max Beloff, *Thomas Jefferson and American Democracy* (New York: Collier, 1962), pp. 88–89.

（16）ジェファソンは決してカルヴィニストではなく、そのキリスト教信仰は理神論に近い。無神論者として非難されたこともある。しかし、エトスとしてのピューリタニズムを身につけたものであることは否定しえない。高木八尺「米国独立宣言の回顧」、『高木八尺著作集』（第二巻、東京大学出版会、一九七一年）、四四八―四五二頁参照。また、ジェファソンは時に二〇〇名の奴隷を所有した大プランターであり、彼のモンティセロの住宅は、宏壮な邸宅であり、その点彼はリンカン的な意味での辺境人ではない。しかし、彼の農園は沿岸地方ではなく、ブルーリッジ山脈を背後にし、当時にあっては、フロンティア地方の出身者であることには変わりない。

（17）To Charles Bellini, September 30, 1785, Julian P. Boyd, ed., *The Papers of Thomas Jefferson* (Princeton, NJ: Princeton University Press, 1953), vol. 8, p. 568. 以下 Jefferson, *Papers* と略す。

（18）To James Madison, October 28, 1785. Jefferson, *Papers*, vol. 8, p. 681.

（19）To De Meunier, 1786, Saul K. Padover, *Thomas Jefferson on Democracy* (New York: D. Appleton-Century, Co., 1939); 富田虎男訳『ジェファソンの民主主義思想』（有信堂、一九六一年）、九四―九五頁。

（20）「イギリスでは、幸福はただ貴族だけの運命です……貴族を人口一〇〇人中四人と推定しますと、イギリスの幸福は悲惨に対して一対二五の割合でしか存在しないことになります」To T. Cooper, September 10, 1814. 上掲書、一〇〇頁。

（21）To John Sinclair, August 24, 1791. 上掲書、一七六頁。

（22）Max Beloff, *Thomas Jefferson and American Democracy*, pp. 95–96.

（23）アメリカ革命の脱欧的性格については、拙稿「アメリカ独立革命」、講座現代倫理第一〇巻『転換期の倫理思想（世界）』（筑摩書房、一九五八年）所載参照。

（24）Julian P. Boyd, "Thomas Jefferson's Empire of Liberty," *Virginia Quarterly Review* 24 (1948): 538–54.

（25）"Notes on Virginia, 1787," in *The Life and Selected Writings of Thomas Jefferson*, ed. Adrienne Koch and William Peden (New York: Modern Library, 1944), p. 280.

（26）To James Madison, December 20, 1787. Jefferson, *Papers*, vol. 12, p. 442. なお、彼の農本主義については、たとえば富田虎男「ジェファソンと農本主義」、斎藤真編『機会と成功の夢』（南雲堂、一九六九年）所載参照。

（27）To James Monroe, October 24, 1823, *The Works of Thomas Jefferson*, ed. Paul L. Ford (New York: G. P. Putnam's Sons, 1904–5), vol. 12, p. 318. 同じような考えは、すでに一八一三年に表明されている。フォン・フンボルトあての一八一三年一二月六日付の書簡参照。いわゆるモンロー主義の中にも、神聖同盟に代表されるヨーロッパ的体制とアメリカ的体制の対比という体制的発想のあることは、周知のごとくである。

（28）このイギリスとの通商戦という構想については、Jerald A. Combs, *The Jay Treaty: Political Battleground of the Founding Fathers* (Berkeley: University of California Press, 1970), pp. 70–85.

（29）To James Madison, July 31. 1788, Jefferson, *Papers*, vol. 13, p. 443.

（30）Daniel J. Boorstin, *The Lost World of Thomas Jefferson* (Boston: Beacon Press, [1940] 1960), p. 229.

（31）*Ibid.*, p. 232.

（32）To Archebold Stuart, January 25, 1786, Jefferson, *Papers*, vol. 9, p. 218.

（33）Boorstin, *The Lost World of Thomas Jefferson*, pp. 231–232.

（34）拙稿「アメリカ膨張主義の伝統と転換」日本政治学会年報『現代世界の開幕』（一九六一年）所載、清水知久「明白な宿命」、大橋健三編『フロンティアの意味』所載参照。

（35）November 16, 1778, *The Papers of Alexander Hamilton*, 27 vols., ed. Harold C. Syrett (New York: Columbia University Press, 1961–1987). 以下、Hamilton, *Papers* と略す。

（36）Alexander De Conde, *Entangling Alliance: Politics and Diplomacy under George Washington* (Durham, NC: Duke University Press, 1958), p. 39.

（37）John C. Miller, *Alexander Hamilton and the Growth of the New Nation* (New York: Harper and Brothers, 1959), p. 226.

（38）Gerald Stourzh, *Alexander Hamilton and the Idea of Republican Government* (Stanford: Stanford University Press, 1970), p. 195.

（39）*Ibid.*, pp. 9–37.

（40）Farrand, *Records*, vol. 1, p. 299.

（41）*Ibid.*, p. 288.

（42）Stourzh, *Alexander Hamilton*, p. 168.

（43）*Report on Manufactures*, 1791, Hamilton, *Papers*, vol. 10, p. 291.

（44）*Ibid.*, p. 291.

（45）Hamilton, *Papers*, vol. 7, pp. 49–50.

（46）実は、ハミルトン自身、『ザ・フェデラリスト』の中で、同じような議論を展開していたのである。Hamilton, Jay, Madison, *The Federalist* (New York: Modern Library, 1937), No. 11., pp. 63–64. 以下、『ザ・フェデラリスト』の引用は、本版により、*The Federalist* と略す。

（47）Jerald A. Combs, *The Jay Treaty*, 1970, p. 40.

（48）*Ibid.*, pp. 108–109.

（49）Hamilton to Washington, April 22, 1794, *The Works of Alexander Hamilton*, ed. H. C. Lodge (New York: G. P. Putnam's Sons, 1904), vol. 4, pp. 300–308. ジェファソンは、ハミルトンとの不和、閣内での孤立の故に前年の末に国務長官の職を辞している。

（50）De Conde, *Entangling Alliance*, pp. 108–110.

（51）原文全文は James D. Richardson, *A Compilation of the Messages and Papers of the Presidents* (New York: Bureau of National Literature, Inc., 1897), vol. 1, pp. 205–216.「ヨーロッパは、一連の重要な利害関係をもっているが、それはわれわれには全然関係がないか、あったとしてもきわめて縁遠いものである。ヨーロッパはしばしば紛争を起こさざるをえないが、その原因は本質的にわれわれの利害とは無関係である。したがって、われわれとしては、ヨーロッパの変転きわまりない政治や、離合集散常なき友好あるいは敵対関係に、〔同盟条約などの〕人為的な絆を結んでまで巻き込まれることは賢明なことではない。……世界のいずれの国とも恒久的な同盟を結ばずにいることこそ、わが国の真の方策である。」*Ibid.*, pp. 214–215.

（52）De Conde, *Entangling Alliance*, pp. 467–471; Miller, *Alexander Hamilton*, pp. 442–445.

（53）*The Federalist*, No. 24, p. 150.

（54）*Ibid.*, p. 151.

（55）*Ibid.*, No.8, p. 42.

（56）当時のアメリカにおける防衛思想については、邦語では、太田俊太郎「植民地時代より国家建設期に至るアメリカ軍隊と文民優位の確立」、慶応義塾大学地域研究グループ『変動期における軍部と軍隊』（慶應通信、一九六八年）所載、拙稿「建国期アメリカの防衛思想」、小原敬士編『アメリカ軍産複合体の研究』（日本国際問題研究所、一九七一年）所載参照。

（57）*The Federalist*, No. 24, p. 152.

（58）Hamilton, *Papers*, vol. 3, p. 102.

（59）*The Federalist*, No. 11, p. 69.

【解題】 初出は『アメリカの対外政策』一―三〇頁（鹿島研究所出版会、一九七一年）。本章が執筆されたのは一九七〇―七一年頃であろう。まさに冷戦のさなかである。著者はジェファソンとハミルトンの外交観を叙述しながら、建国期の外交が一九七〇年当時のアメリカ外交と連続性を保っていることを示唆している。

なお本章が収録された書籍は、長く慶應義塾大学法学部教授を務めた藤原守胤教授の古稀記念論文集ともなっている。著者は、慶應義塾大学にとっては全く門外漢ではあるが、藤原先生への学恩に感謝し、本論文を寄稿させていただいたと、末尾で付言している。著者の律儀な生き方と広い人脈が、論文という形でよく示されているように感じられる。

（久保）

第七章　第一次大戦とアメリカ社会――素描

はじめに――問題の所在

第一次世界大戦は、その参加国、その作戦地域がヨーロッパ以外にも及んでいる点、ヨーロッパ諸国間の戦争にとどまらず、文字どおり世界大（グローバル）な戦争であり、まさしく世界大戦（World War, Weltkrieg）と呼ばれるにふさわしいものであった。ヨーロッパ外の国であるアメリカが戦争の帰趨に決定的な役割を果たしたことは、戦争の世界性を如実に物語るとともに、アメリカ史自体にとっても画期的な意味をもつ事実といわなければならない[1]。

しかし、第一次大戦の特色は、いうまでもなくたんにそうした戦争の空間的広さの大規模性にあるだけではなく、戦争の性格そのものに質的な転換が行なわれたことにもある。従来の軍事力を中心とした戦争から、より広範な力、経済力から思想力をも動員した総力戦へと移行した戦争のいわば深さの大規模性にその特色が求められよう。戦争の参加者が職業軍人であれ市民兵であれ軍人に限られず、市民全体が市民のまま加害者として被害者として参加する戦争として、第一次世界大戦は、まさしく世界戦争であるとともに全体戦争（total war, totaler Krieg）であった。

全体戦争としての第一次大戦が社会に与えたインパクトの強さは、いうまでもなくヨーロッパ社会において痛感される。戦争が全体的であり、その性格が在来の戦争と革命的に異なっていただけに、大戦のもたらした結果もまた全体的であり、革命的であった。事実、大戦は多くの諸国にトータルな変改、革命そのものをもたらした。ロシア革命、ドイツ革命はいうまでもなくその代表的事例である。大戦は、ヨーロッパにおいて由緒あるハプスブルグ、ロマノフ、ホーエンツォレルンの三王朝をも崩壊せしめた。また、大戦は一方において社会主義国家の、他方においてファシズム国家の誕生をもたらす。かくしてヨーロッパ史にあっては、第一次大戦を境とする歴史の断絶性が強く意識される。

ところが、アメリカ社会においては、少なくともヨーロッパ社会と比較すると、通常、第一次大戦のインパクトはそれほど強く意識されない。事実、第一次大戦はアメリカの体制の変改どころか、経済的繁栄をもたらすことによって、体制の安定化に貢献している。その点、アメリカ史においては、第一次大戦の前後における歴史の断絶性より継続性が認められ、大戦そのものはアメリカ史における一つのエピソード、しかも悪夢のごとき、忘れ去られるべきエピソードとしてとらえられることが多い。事実、第一次大戦は、他の諸戦争にくらべて、アメリカ社会に与えたインパクトは一見それほど大きくはない。

まず時間的にいって、アメリカにとっては、第一次大戦は、参戦した一九一七年四月から休戦の一九一八年一一月まで一年半あまりの戦争である。国内戦争である南北戦争は別としても、アメリカの主要な対外戦争のなかでも、比較的短期の戦争といえよう。また、空間的にいって西半球への敵の直接的な脅威は結局なく、戦闘はもっぱら海外で戦われた。その点、戦争の時間的短期性と相まって戦場の空間的遠隔性は、この戦争の性格そのものを、アメリカにとって暫定的なものであるとして意識せしめやすい。さらに人間的側面でいって、たしかに二〇〇万以上の大軍をヨーロッパに派遣したが、戦病死者は約一二万、その半分以上は戦闘によるものではなく、インフルエンザによるものであった。

かくして第一次大戦はアメリカ史のなかでは、一時的な例外現象、幕合い劇、エピソードとしての地位を与えられてきたといってよい。それは熱狂的な興奮を一時アメリカ国民にもたらしたが、休戦とともに熱はさめ、内に「平常への復帰」、外に「孤立主義」が支配的ムードとなり、ものうい幻滅感が支配する。そして第一次大戦の遺産としては、そうした幻滅、「失われた世代」がもっぱら強調される。

アメリカ史の取扱いにおいて、第一次大戦史研究は、戦争への参加経過（ウィルソンの参戦外交）と戦後処理の失政（ヴェルサイユ条約批准問題）とに焦点がおかれ、第一次大戦そのものがアメリカ史においてもつ意義はほとんど問われない。しかも、参戦と終戦を中心として、ウィルソン外交はしばしば批判的な立場から、つまりアメリカにとって不必要な、なくてすましえた介入として論じられることが多い。かくして、一九三〇年代にはいわゆる修正主義（Revisionism）解釈が支配的になり、第二次大戦への参戦に反対する世論を形成したほどである。(2)

上述のごとく、ヨーロッパ史との比較において、第一次大戦がアメリカ社会に与えたインパクトが相対的に軽いものであったことは客観的に認められるにせよ、第一次大戦がアメリカ社会にとっても全体戦争であったことには変わりはない。その点、この全体戦争としての第一次大戦がアメリカ社会に与えたインパクトをもういちど検討しなおし、第一次大戦が長いアメリカ史の文脈でいかなる位置を占めるものであるかを再検討することは必ずしも無意味ではないであろう。全体戦争としての第一次大戦はヨーロッパ社会に体制的な変改をもたらしたが、アメリカに対してはどうであったのか。表面的な現象的なことではなく、構造的な潜在的な面にも目をむけて検討してみたい。ただし、私自身の時間的制約と紙数の関係もあり、ここではごく大まかな仮説——たんなる素描以上のものを提示することはできない。

1　第一次大戦と軍事的再編成

1　アメリカ軍事思想の伝統と状況

アメリカの伝統的軍事思想は、これを一言で要約するならば、「平時において強大な常備軍をもたない」ということになろう。この伝統はまずイギリスより受け継いだリベラリズムというイデオロギー的要素によって規定され、建国期の諸州憲法に制度化されて表現されている。また、独立戦争がイギリス正規軍対アメリカ植民地民兵、つまり正規軍に対する民兵の戦いと勝利であったという、必ずしも事実に基づかない伝説による民兵信仰に、この伝統はよっている。さらに、アメリカにおける労働力不足をあげなければならない。平時において生産に従事しうる人口層を、もっぱら破壊的な暴力専門集団として別置しておく人口的余裕は、アメリカ社会には存在しなかった。そして最後に、強大な常備軍を不必要ならしめたものは、広大な大西洋の存在という地理的な安全保障、いわゆる「無料の安全保障」(free security) の存在であったことを忘れることはできない[3]。

事実、まず陸軍についていいえば、アメリカの平時における軍備は基本的には辺境警備用の軍隊であり、対外戦争用ではなかった。国内戦である南北戦争に際して、連邦軍は実に一五五万動員され、アメリカはまさしく強大な大軍隊 (Grand Army) を備えたが、戦後ただちに復員が行なわれ、正規軍は第七騎兵隊に象徴されるようなインディアン征服用の小規模な軍隊に縮小された。一八九八年米西戦争が開始された年の正規軍数は約三万であり、旅団編成すらなされていなかったのである。また作戦の計画と遂行とを総括的責任をもって行なう部局も存在していなかった。

米西戦争の結果明らかにされた陸軍の非能率旧式化にたいする批判は、その近代化・改革の必要性を痛感せしめ、陸軍長官ルート (Elihu Root) のもとで、一連の改革が二〇世紀初頭に行なわれる。その重要なものは、ドイツの例にならって、作戦の計画と実施とを兵備兵站を含めて総合的に担当する機関としての参謀本部（General Staff）の設置、それに伴い従来陸軍長官と対等の地位にあった陸軍総司令官（General-in-Chief）を廃止し、陸軍長官に直属する諮問機関としての陸軍参謀総長の設置であろう。[4] しかし、こうした陸軍の軍制改革にもかかわらず、第一次大戦開始直前のアメリカ陸軍正規軍の兵力は九万にすぎなかった。「アメリカ陸軍というものは一つのジョークにすぎなかった。それは、九万二〇〇〇の正規軍、約二八万五〇〇〇挺の小銃、約五台の戦闘用飛行機、五五〇門の旧式の大砲類、九時間の砲戦にたるだけの弾薬類よりなっていた」のである。[5]

　海軍のほうは、事情は若干異なっていた。南北戦争以来の急激な工業化は、広大な国内市場の開発・拡大を背景としており、必ずしも海外市場への関心を支配的ならしめず、したがって商船隊、海軍の強化はすぐには日程にはのぼってこなかった。海軍の基本的戦略は「沿岸防備と通商破壊」にあった。ただし一八八〇年ごろから木造帆船から鋼鉄蒸気船へと転換の時代がくるや、海軍の近代化が主張される。一八八四年海軍大学が設置され、一八八七年には四隻の鋼鉄蒸気の巡洋艦よりなる「白色艦隊（White Squadron）」が機能しはじめたが、それも基本的には「沿岸防備と通商破壊」を目的としていた。[6]

　しかし、一八九〇年代海軍大佐マハン（Alfred T. Mahan）などを中心にした海外発展論、それに伴う大海軍論がさかんになってくる。マハンはイギリスの先例によりつつ、国力の基準は巨大な生産力と遠大な市場、それを結ぶ通商航路の確保とにあり、そのためには戦争における敵艦隊勢力の撃滅が海軍戦略の中心であり、大海軍を必要とするという主張を唱えて、広く世に訴えた。「沿岸防備と通商破壊」から「敵艦隊撃滅」という戦略の転換が行なわれ、いわゆる大鑑巨砲（戦艦中心主義）の時代へとはいってゆく。一八九八年の米西戦争における海戦は、この戦略転換の正しさを証明したごとくに思われた。

　一九〇〇年、海軍軍制の改革により、海軍戦略についての統轄的な諮問機関として、海軍参議官会議（General Board of the Navy）が設立され、米西戦争マニラ湾海戦の英雄デューウィ（George Dewey）提督がその議長となり、その死去（一九一七年）までその職にあった。[7] さらに一九〇一年、大海軍主義者シオドア・ローズヴェルトの大統領昇任とともに、アメリカ海軍の拡張は着実に行なわれていった。一九〇六年イギリスにおけるドレッドノート型戦艦（弩級戦艦）の建設以降、アメリカにおいても二万トン以上の弩級戦艦の建設が行なわれはじめる。ただ、マハンの思想と当時の大国主義的風潮のもとで、主力艦（capital ships）中心主義の海軍建設が行なわれ、補助艦の建設が十分伴わず、その点、アメリカ海軍は不均衡の海軍であったといえよう。一九〇七年から九年にかけて、アメリカの戦艦による世界一周が行なわれ、その海軍力を世界に誇示するが、その際にも主力艦中心の艦隊の行動をたすけるため、外国の補助艦船のたすけが必要とされたのである。

2　大戦勃発と軍備拡充運動

一九一四年七月、ヨーロッパにおいて大戦が勃発するや、ウィルソン大統領はただちに中立宣言を行ない、さらに八月一九日には、アメリカ国民に対し「行動におけると同じく思想においても不偏」であることを求めた。アメリカ国民のなかには、その血縁的文化的同質性から、その感情において連合国支持のものが多かったにせよ、アメリカ国民全体としては、基本的にはこの大戦をヨーロッパ諸国間の戦争とみなし、アメリカの中立を当然のことと考えていたといってよいであろう。

しかし、戦争の進行とともに、イギリスのドイツ封鎖作戦、ドイツの潜水艦戦によって、アメリカの中立貿易は交戦諸国によって侵害されるにいたった。中立貿易によって大いに利を得つつ、また中立貿易の侵害を受けるという、かつての英仏の抗争、ナポレオン戦争の時代におけると同じ立場にアメリカはたつことになる。しかし、イギリスの封鎖作戦はアメリカの通商に打撃を与えるのに対し、ドイツの潜水艦戦はアメリカの市民の生命に直接脅威を与えるものだけに、アメリカの世論をより強く刺激したことはいなめない。ことに一九一五年五月、イギリスの客船ルシタニア号がドイツ潜水艦によって撃沈され、一二〇〇名近くの死者をだし、そのなかにアメリカ市民一二八名が含まれていたことが、アメリカ国民の反独感情をかきたてたことは周知のごとくである。

こうした状況を背景にして、アメリカの軍備拡充論が強大化してくる。すでに大戦勃発とともに、ドイツ軍のベルギー侵犯の事実に照らして、備えのない国家の危険性を指摘し、アメリカの国防充実を叫ぶ運動（Preparedness Movement）が起こっていた。はやくより存在していた海軍連盟（Navy League）のごとき民間団体と並んで、国家安全保障連盟（National Security League）が一九一四年一二月設立され、イギリス大使をつとめた著名な法曹で典型的な名士であるチョウト（Joseph H. Choate）を会長とし、国防充実を唱え、活発な活動を行なっていた。個人としては元大統領シオドア・ローズヴェルトをはじめ、ロッジ（Henry Cabot Lodge）上院議員のごとき名士が多数この運動に加わっていた。もちろん、他方で軍備拡充論を危険な軍国主義・帝国主義の動き、「死の商人」の陰謀とする軍拡反対論も強く、平和主義者たちはアメリカ軍縮連盟（American League to Limit Armament）を組織した。

軍部内にあっては、ウィルソンの当初の軍備拡充慎重論のもとで、その本意は軍備拡充賛成であるにせよ、外部に対してはその意図を広く訴えることは原則としてはなかった。ただ米西戦争の英雄で、一九一〇年より参謀総長をつとめていたレナード・ウッド（Leonard Wood）将軍は、この軍備拡充運動に積極的に参加し、必要な文書などの提供をおしまなかった。ことに市民の軍事的訓練を重視したウッドは大学生の教練を広めるとともに、一九一五年夏ニューヨーク市郊外プラッツバーグ（Plattsburgh）で一般市民の訓練用キャンプを開いて、国防に対する国民の関心を喚起したのである(8)。しかし、このキャンプは、現実に予備士官の育成によって軍備の充実に寄与するというよりは、国民世論の喚起を直接の目的としており、また市民と軍人との亀裂を埋めるという、狭義に軍事的というよりは政治的な目標をもっていた。しかし、第一次大戦が総力戦であることを考えるとき、純軍事技術的には無意味に近いこの市民の軍事教練も、大きな効果をもっていたといえよう。それは、軍事的動員に資するよりは、精神的動員に役だったといえよう。

ウィルソンもルシタニア号事件以降、しだいに軍備充実を認めて、一九一五年七月には軍備拡充計画を次期議会に上程することを声明している。そこには、世論の動きをみてとり、一九一六年の選挙に対する政治的配慮もあったかもしれない。一九一六年一月は国内遊説旅行にのぼり、各地で軍備充実の必要を説いて回った。また、軍備充実のためのパレードが各地ではなばなしく行なわれたが[9]、ウィルソンも七月にはワシントンでのそうしたパレードに参加して行進している。

しかし、こうした軍備拡充運動の真の目的は必ずしも鮮明ではなかった。一方で、中立を守るためにはアメリカの国防を充実しておく必要があるという見解ももちろんありうる。他方、アメリカの参戦を必須とみて、中立のためではなく、きたるべき戦争に備えて国防を充実させよという見解もありうる。ともに、第一次大戦の勃発を契機とするにせよ、大戦からの中立も、大戦への参加も、いずれをも直接の目標とせず、アメリカ本来の安全保障の充実という観点からの軍備拡充という発想も、それがどれだけ自覚的になされたかは別として論理的にはありうる。いわば経済的に世界一の工業国となったアメリカ、経済大国アメリカに相当する軍事大国の建設という構想が存在しうる。それは、一九世紀末「自己完結的」なアメリカ経済の発展がいちおう完成するとともに、一八九八年の米西戦争を契機に、いわゆる世界強国(World Power)となったアメリカの存在を裏づける軍備の充実論であり、そのかぎりでは直接的な軍事的必要性に基づかない軍備充実論である。

では、現実に軍備拡充計画はいかなるものであったのであろうか。便宜上、海軍の拡充案から簡単に検討してみよう。

西半球内にアメリカに対し直接脅威を与えうる軍事力を有する国家が存在しないかぎり、アメリカの国防の第一線は海洋にあり、海主陸従の国防方針がとられていた。しかし、一方で大西洋の存在、航海技術の制約があり、他方でヨーロッパにおける勢力均衡が保障されているかぎり、ヨーロッパからのアメリカに対する直接の脅威は存在せず、したがって、国土防衛という見地からすれば、海軍も「沿岸防備用」でたりりた。しかし一九世紀末、アメリカの海外領土の取得、アメリカの世界強国化は、たしかに海軍の役割を変えて、マハン海軍戦略に従って「沿岸防備」から「艦隊撃破」による海上権力掌握用の海軍への建設が徐々に認められてくる。ローズヴェルト大統領のもとでの一九〇七年から九年にかけてのアメリカ艦隊世界周航は、アメリカ海軍のそうした戦略の転換を誇示したものといえよう。ウィルソン政権も基本的にはこの共和党政権時代の海軍の漸進的拡充方針を受け継いできた。

一九一三年、海軍参議官会議は、はじめて海軍建設の長期計画として、一九二〇年までに四八隻の戦艦、一九二隻の駆逐艦、九六隻の潜水艦その他の建艦を提案し、これをいかなる仮想敵国の艦隊とも同等か、あるいはそれ以上の艦隊としては最小限度のものと主張した。この膨大な計画を背景に海軍長官は「現実的な」案として、とりあえず二隻の戦艦、八隻の駆逐艦、三隻の潜水艦の建艦案を一九一四年議会に提出することとなった[10]。

では、その仮想敵国とはどこなのか。周知のように、一九〇四年アメリカはいわゆるカラー・プランのもとで、レッド（イギリス）、ブラック（ドイツ）、オレンジ（日本）などが仮想敵国とされていたが、そのどれがより現実的な仮想敵国と想定されていたのか。一九一四年春、議会において、元海軍士官で下院における代表的大海軍論者、アラバマ州選出民主党下院議員ホブソン（Richmond P. Hobson）は、イギリスはかりに海戦で勝ってもアメリカに侵入するにたる陸軍を保有せず、またカナダは人質としてイギリスの手をしばっているとして、イギリス海軍を仮想敵としては問題にしない。これに反し、海戦に勝つとともにアメリカに送りうる大陸軍を有するドイツこそ危険な敵とみなされるべきものとした。と同時に、日本の陸海軍を、太平洋のアメリカ領土にとってのみならず、アメリカ本土西海岸にとっても脅威であるとした。したがって「大西洋にはドイツ海軍に匹敵する艦隊を、太平洋には日本海軍に匹敵する艦隊を常時保有すること」をアメリカの海軍政策として主張している[11]。

では、当時の列強の海軍勢力関係はどうであったのか。一九〇八年現在、第一線級戦艦所有量は、イギリス三二隻、アメリカ一九隻、ドイツ一三隻、日本九隻、フランス八隻であり、アメリカはドイツより優位にたっていた。しかし、一九〇六年イギリスのドレッドノート型戦艦の建造により、以上の戦艦は旧式化し、ここに弩級戦艦および同巡洋戦艦の隻数によって一九一四年の海軍力を比較するならば、次のごとくなる。すなわちイギリス三四隻、ドイツ二一隻、アメリカ八隻、日本四隻、フランス四隻を数え、アメリカはドイツに対し劣勢の地位にたつことになった。(12) これは、両洋艦隊の理想からはるかに遠いものであったといえよう。

大戦の勃発は、この大海軍論にただちに有利に働くことはなかった。議会は二隻の戦艦と六隻の駆逐艦、一六隻の潜水艦の建造を認めるにとどまっている。なお同時に、海軍に陸軍参謀本部に該当する海軍作戦本部（Office of Naval Operations）が設立された（もっとも当初はその権限は制約されていたが）ことは注目してよい。しかし、先にふれた軍備拡充運動は、海軍連盟などを通し海軍力の増強にも当然圧力をかけ、ことに戦争に参加した場合、その戦場がヨーロッパになることから、沿岸防備ではなく世界各地において敵艦隊を撃滅できる大艦隊の建設が叫ばれてくるようになった。

もし現実に第一次大戦に備えての海軍増強、つまり具体的にドイツ海軍の脅威に対して備える、あるいはドイツ海軍力を撃滅するためのアメリカ海軍の建設を目標とするならば、それはいかなる海軍であるべきであったか。大戦勃発とともに、ドイツ海軍の脅威として連合国側を悩ましたのは、周知のようにその潜水艦による通商破壊であった。ウィルヘルム皇帝、ティルピッツ提督のもとで、急速に建設されたドイツ主力艦は、より優勢なイギリス艦隊によって、北海、バルチック海にいわばクギづけにされており、直接の脅威たりえなかったのである。したがって、もし第一次大戦におけるドイツ海軍を直接の対象とする海軍増強であるならば、それは戦艦、巡洋戦艦よりなる主力艦ではなく、潜水艦撃破用、船舶護送用の駆逐艦を中心とした補助艦艇の増強でなければならなかった。

では、現実に提案され、採択された海軍拡張計画はいかなるものであったのであろうか。それは一言でいえば、究極的にはいかなる国にも劣らぬ海軍、「比類なき海軍」（A Navy Second to None）へ連なる海軍の建設であった。

一九一五年一二月、ウィルソンは、ときの海軍長官ダニエルズ（Josephs Daniels）の名をもってダニエルズ案と呼ばれる海軍拡張計画を議会に示した。この案は、海軍参議官会議の戦艦四八隻の建造を含む当初の大計画を縮小させた案に基づいたものであり、五年計画をもって、戦艦一〇隻、巡洋戦艦六隻、索敵巡洋艦一〇隻、駆逐艦五〇隻などを建造する大計画であった。[13] しかし、議会には西部、南部の農村地帯出身議員のなかに反対者も多く、その通過は難航する。軍備増強の遊説の旅にでたウィルソンは、一九一六年二月、セント・ルイス市で、「世界最大の海軍」（the greatest navy in the world）の建設を訴えた。議会の審議中、五月に英独の主力艦の間の海戦がユットランド沖で行なわれたことは、世論を喚起し、一時消極的な案にまとまりかけた拡張案が、あらためてほぼ原案どおり、しかも三年計画で実現することとして議会を上院七一対八票、下院二八三票対五一票という圧倒的多数をもって通過し、八月二九日、ウィルソンの署名を得て成立するにいたった。さっそく戦艦四隻、巡洋戦艦四隻が起工される。

かつてアメリカに留学、マハンに学んだ日本海海戦時の連合艦隊参謀秋山真之は、この拡張計画を「米国がその軍備、特にその海軍を拡張せんとするのは、決して今更の問題ではなく、故マハン少将の如き先覚者は、すでに数十年来これを唱道してやまざりしもの[14]」と論じている。マハン自身は一九一四年一二月むしろ失意のうちにこの世を去ったが、マハンの描いた敵艦隊撃滅用の大海軍の構想は、ここに現実化しはじめるにいたったのである。いいかえれば、アメリカは、第一次大戦の必要によってというよりは、第一次大戦を契機として、大海軍の建設を実現してゆくことになる。

ところで、陸軍は先にふれた陸軍長官ルートの改革でかなり近代化されたとはいえ、質量ともに二流の軍隊であり、海軍増強と並んで陸軍増強計画が作成された。しかし、この段階では、大洋をこえて大量の軍隊を海外へ派遣することは考えられず、敵国がアメリカ艦隊を撃破してアメリカ本土に上陸してきた場合に、いかにこれに対処するかという観点から構想され、基本的にはアメリカ大陸防御用の陸軍として計画される。一九一六年六月国防法（National Defense Act）が成立し、正規軍を、とりあえず一七万五〇〇〇に、五年後に二二万三〇〇〇に増強するとともに、四五万の護国軍（National Guard）を保有することを規定した。しかし、この案が成立するまでには、アメリカ国防思想は矛盾する二つの考え方が対立していたことは留意してよい。一方は、アメリカ伝統の民兵思想に立脚するものであり、少数の正規軍のほかは、各州単位で組織され訓練される州兵、その連合組織としての護国軍組織をもってし、非常時にはこの護国軍を大統領の指揮下におくことができるので十分であるとする考え方である。これは、市民＝兵士と州権というアメリカ伝来の思想に合致するものであり、地方利益を代表する議会に支持者の多い考え方であった。ただし、この護国軍を海外派兵できるかどうかは憲法上疑義があり、米西戦争に際しては、州兵各自が連邦軍に志願するというかたちをとった。これに対し、他方は、正規軍のほかに志願兵をもって構成された「大陸軍」（Continental Army）を編成して備えようとするものであり、独立戦争に際し、ワシントンのもとで編成された大陸軍にならおうとするものである。この考え方は、陸軍長官ギャリソン（Lindley M. Garrison）、参謀総長をはじめとする陸軍当局によって強力に主張されたものである。ウィルソンは、当初ギャリソンの案を支持したが、議会の反対をおそれこれをしりぞけ、護国軍の増強案をとった。ために、ギャリソンは辞任、ベイカー（Newton D. Baker）が、陸軍長官に任命される。

もっとも、国防法では、この「大陸軍」構想の代替物として予備士官団（Reserve Officers' Corps ならびに Officers' Reserve Training Corps）が認められ、大学の軍事教練を受けたもの、先にふれたプラッツバーグのごとき市民軍事教練を受けたものを予備士官として採用することになった。「これは、指揮権を訓練のない士官にゆだねるという昔からの慣行との離別を意味し、また政治家に前線指揮官の地位を与えるのを防ぐことを意味した。」(15) ともあれ、ウッド将軍の構想は法制化され、連邦政府の予算で軍事教練は運営されることになった。この軍事教練がどれだけ現実に下級士官養成に役だったかは別として、全体戦争下の軍隊のあり方を示すものといえよう。

3 参戦と作戦

一九一七年二月一日、ドイツは無警告、無制限潜水艦戦を再開、同四月六日、アメリカ連邦議会はドイツへの宣戦を布告する。かくしてアメリカは第一次大戦の当事者となるが、「錯綜せる同盟を結ばず」の伝統に忠実に、連合国（allied powers）の一員としてではなく、その協力国（associated power）として参戦している。そこには、一方でいわゆる孤立主義の伝統の強さが認められるとともに、他方で、いまだ主導権を握るにいたらないアメリカの国際政治力の制約が認められるといえよう。

参戦は、上に述べたアメリカの軍備拡張計画が現実の作戦に妥当するものであるか否かを、ただちに問うことになった。海軍は一九一六年建艦計画をもち、事実その実現がすすめられていたが、参戦にあたっての具体的な作戦計画をもちあわせていなかった。また、ドイツの潜水艦戦による連合国側の通商破壊が苛烈をきわめ、当面の作戦としていかにこの潜水艦戦に対処するかが急務であったのにもかかわらず、対潜水艦戦の作戦計画は作成されていなかった(16)。現実には、ドイツの潜水艦は、イギリス船舶でイギリスを離れたもの四隻のうち一隻の割合でこれを撃沈し、しかもイギリスの造船工業力をもってしても、失われた一〇隻に対し一隻の割合でしか、これを補充できなかったのである。たしかにイギリス艦隊はドイツ艦隊を北海にとどめ、その意味では海上権力を掌握していた。マハン流の観念に従えば、イギリス海軍はドイツ海軍に対し圧倒的優位にたっていた。しかし、潜水艦という大戦前その評価の定まらなかった兵器が登場、ドイツ海軍はいわば海中権力によってイギリスの海上権力を脅かしたわけである。

ちなみに、マハンの世界的影響力はドイツにも深く及び、ドイツ海軍建設の中心的人物であるティルピッツ（Alfred von Tirpitz）提督はマハン理論の信奉者であり、ドイツ海軍の建設ももっぱら主力艦の建設を中心にし、大戦直前には、ドイツ海軍はその新型主力艦数においてアメリカをしのぐ海軍力をもつにいたる。しかし、その主力艦も三対二の比をもってより優勢なイギリス海軍力には対抗できず、結局、北海に封じ込められたかたちになり、いわば無用の長物と化した。結局、第一次大戦を通じ、マハンの考えていたような主力艦を中心にした艦隊決戦は起こらず（ユッドランド沖の海戦を別として）、ドイツ潜水艦による古典的な通商破壊戦をめぐる攻防が主要な海戦形態となった。その点、ドイツ側はもっと潜水艦を建造しておくべきであったし[17]、アメリカを含めて連合国側はもっと対潜水艦用の艦艇、すなわち主力艦ではなく、駆逐艦を建造しておくべきであった。

イギリス、アメリカ、ドイツの各海軍当局がマハン流の海軍構想にとらわれ、しかも現実の海戦形態がマハン流の海軍とは異質な海軍を必要としているとき、この理念と事実とのギャップを埋めることは、伝統的海軍士官にはむずかしかった。アメリカの参戦した一九一七年四月、一ヵ月に九〇万トン近くの船舶を沈められ、イギリスはドイツ潜水艦戦によって、あと数ヵ月で飢餓の状態に陥ることがわかっていたが、有効な対潜水艦戦方策をたてえないでいた。商船の武装化、危険海域のパトロールといったあまり効果のない方法がとられたのみである。参戦時のアメリカ海軍当局も、アメリカ海域防衛を第一に考え、積極的な潜水艦対策をもっていなかった。

こうした状況のなかにあって、直接この戦争に役だつ海軍の活用方法を考案し、かつ実行したのが、アメリカ海軍の組織面、技術面での改革をつとに主張していたシムズ（Williams S. Sims）提督であった。海軍大学校校長などを経て、アメリカの参戦前ロンドンに連絡将校として派遣されたシムズは、参戦とともにヨーロッパ海域アメリカ艦隊司令長官に任ぜられ、終戦後までその地位にあった。いわば、第一次大戦におけるアメリカ海軍実戦部隊の最高責任者である。シムズは、「潜水艦戦が成功するか失敗するかによって、この戦争の帰趨は決する。連合国側の輸送航路が確保されないかぎり、陸上におけるいかなる作戦も結局失敗に帰さざるをえない」と考えた。そのためには、アメリカとしては、駆逐艦、軽巡洋艦、掃海艇、機雷敷設艇などの軽艦艇をできるだけヨーロッパ海域に集めること、そして、それらを敵潜水艦撃沈のために、また商船隊や軍隊輸送の護衛（escorting convoy）のために使用すること、したがって、建艦についていえば、駆逐艦と軽艦艇の建造に集中し、戦艦などの重艦艇の建造は延期し、駆逐艦など以外の造船能力は商船の建造に向けること、これが、シムズのウィルソンに述べた計画であった。(18) 実はシムズもイギリスにつくまでは、イギリスがそうした状態にあることを知らなかったのである。シムズの大戦回顧録（*The Victory at Sea*, 1920）の第一章は、「ドイツが戦争に勝ちつつある時」と題して、一九一七年四月のイギリスの危機状況を、イギリス海軍軍令部長ジェリコー（John Jellicoe）提督との会話などをとおして具体的かつ説得的に描いている。(19)

なお、この通商破壊戦に対する船団護送方式こそ、連合国側の危機を救い、補給物資とアメリカ軍の輸送を可能ならしめ、連合国側の勝利をもたらした一つの大きな要因といえよう。事実、一九一七年一一月以降には、連合国側の船舶の損失は三〇万トン前後に減少し、この損失は新造船で補充できるようになった。ここに、第一次大戦は、一方で大戦の作戦遂行には少なくとも直接には役だたない主力艦を中心にした艦隊、建艦計画によるその大幅な増強と、他方で作戦遂行のため直接役だつべき駆逐艦を中心とした船団護送艦隊という二つの異なった機能をもった海軍を、アメリカにもたらしたのである。一方は、いまは亡きマハン提督（の亡霊）によって指導され、他方は戦後大戦中の勲功による叙勲を拒否したシムズ提督によって指揮されたのである。

ところで、この船団護送は、大量のアメリカ陸軍ヨーロッパ派遣を可能にするものであった。われわれは次に、第一次大戦におけるアメリカ陸軍の役割をみなければならない。

陸軍のほうは、先にふれたように一九一六年国防法で増強計画は作成されたものの、それは海外に派遣する大規模な軍隊を組織するものではなかった。しかし、参戦とともに、大規模な軍隊の必要性が予想され、一九一七年五月、選抜徴兵制（Selective Act）が成立し、二一歳から三〇歳まで（翌年の改正で一八歳から四五歳までになる）の全男子が登録されることになった。ちなみに、戦時中二四〇〇万余が登録され、そのうち二八〇万が招集され軍務に服している。もっとも、アメリカ連邦正規軍また護国軍（州兵）はその多くを志願兵によって充当しているので、この数はのちに示すように兵士総数ではない。

当初、兵士の訓練不足、輸送能力の不足などの点から、ヨーロッパへ大規模な軍隊を派遣する余裕もなく、計画もできず、また連合国側からも期待されていなかった。ただ連合国の士気を鼓舞する意味で、小規模の軍隊がいわばシャンゼリゼー広場行進用に派遣されることが期待されたにすぎないといってもよい。ともあれヨーロッパ派遣軍（American Expeditionary Force, AEF）が編成され、メキシコ国境紛争による軍事的介入「懲罰遠征」に従事したパーシング（John J. Pershing）将軍が総司令官に任命され、一九一七年六月フランスに赴任する。最初のアメリカ小部隊が六月末にフランスに到着したが、連合国側がアメリカ軍を連合国軍の指揮下におくことを望んだのに対し、パーシングは独立した単位としてのアメリカ軍の行動を強く主張、その主張が認められ、アメリカ軍は西部戦線で独自の担当戦線に与えられた。[20] パーシングはアメリカ軍総司令部を設立、かなり自由な行動をとり、前線総司令部と本国参謀本部との間にしばしば確執をもたらした。

パーシングは、七月に、一九一八年末までに三〇師団、一四〇万弱を派遣する計画をたて、これを陸軍省に送付、陸軍省もこれを認めていた。[21] しかし、連合国側の人的資源の欠亡、疲弊の状況、ドイツ軍がアメリカ軍の増強の前に大攻撃をもって、いっきょに戦争の終結にもってゆこうとする可能性にかんがみ、早急に大量のアメリカ軍の派遣が計画され、参謀本部は一九一八年七月、一九一九年六月までに八〇師団、三三六万の派遣を計画した。それに国内駐屯一八師団を加えると、実に四八五万という大規模な軍隊を保有することになる。現実には、派遣軍はほぼ予定どおりに編成され、一九一八年一一月、休戦時には、アメリカ派遣軍は二〇八万余の兵力からなり、四二個の歩兵師団が送られ、このうち二九の師団（七正規軍団、一一護国軍師団、一一召集兵師団）、一三九万の兵士が実戦に参加した。戦争中、総数にして四〇〇万余が軍務に服し、そのうち約二八〇万が召集によるものとされている。そのほかに、約八〇万が海軍、海兵隊、沿岸警備隊（Coast Guard）に勤務した。

アメリカの参戦が遅れ、また輸送能力の限界、訓練の必要もあって、軍隊のヨーロッパ派遣が遅れたことも事実であるが、ともかく一年半で約二〇〇万以上の兵員をヨーロッパに派遣したことになる。アメリカ史上、アメリカ陸軍が西半球以外の海外に派遣されたことがないわけではない。大規模のものとしては、米西戦争の結果、アメリカがフィリピン群島を領有したことにフィリピン人が抗議、独立の反乱運動を起こしたとき、その反乱鎮圧のため約七万の軍隊が派遣されている。しかし、その数からいって、この二〇〇万とは比較にならない。いや、世界戦史上二〇〇万の大軍を大西洋のごとき大洋を渡って海外に派遣した先例はないであろう。もっとも、その輸送にあたっては、その半数はイギリス船舶によらざるをえず、その四分の一は捕獲されたドイツ船舶によっていた。

このアメリカ軍が、大戦の勝敗にどれだけ貢献したかは議論の分かれるところである。いずれにしてもドイツ軍はすでに敗北の道をたどっていたという解釈も成り立つ。しかし、一九一八年、連合国側もかなり疲弊しており、西部戦線は膠着状態にあった。ドイツ軍総攻撃に直面して、アメリカ軍の到着は、連合国と中欧軍との均衡を前者に有利にくつがえすに役だち、少なくともドイツの降伏をはやめたことはまちがいないであろう。アメリカ軍の戦病死者が一一万余、しかもその半数以上がインフルエンザによるという数字だけで、アメリカ軍の貢献度をはかることはできない。ここで第一次大戦そのものへの有効性をこえて注目すべきことは、ともかく、アメリカにおいて四〇〇万以上の軍隊が組織され、そのうち二〇〇万がヨーロッパに派遣され、さらにもし戦争がつづけば三三六万の軍隊が派遣される予定であったことである。第一次大戦自体においては、アメリカ陸軍はたしかに連合国側にあって脇役を果したにすぎないが、しかしアメリカは陸軍大国でもありうること、しかも遠く海外において陸軍大国でありうることを、この第一次大戦を通じて示したことは十分留意すべきことであろう。

2　第一次大戦と総動員体制

1　平時と戦時（局地的総力戦）

最初にふれたように、平時において強大な常備軍をもたないというのがアメリカ国防方針の基本であった。事実、アメリカ史を通じ、平時において強大な軍備を保有したことはなかった。それは、自由主義イデオロギーの所産であるとともに、より端的には労働力の不足という状況の所産であり、また大西洋の存在という地政学的条件がそれを保障していた。しかし、そのことは、アメリカが戦争に従事することが少なかったということを意味しない。アメリカにとって、独立そのものが戦争（それも内戦ではなく広く国際戦争）の所産であったのみならず、それ以前植民地時代においても、その後においても、アメリカはいくつかの国際戦争を経験してきている。しかもアメリカ社会は四年余に及ぶ南北戦争を体験し、さらにインディアンとの戦争は植民以来一八九〇年代まで地方的にではあるが不断につづいていた。

こうした一方における常備軍否定と、他方における不断の戦闘状況との矛盾を、アメリカはいかに解決してきたのか。一つには民兵制度の観念と制度とによってであり、二つには平時と戦時との徹底した切替えによってである、といえよう。つまり平時において市民であり鋤をとっているものが、ひとたび戦時になれば銃剣をとるという考え方であり、またその制度化である。その転換は徹底的集約的に行なわれ、ひとたび戦時にはいれば、平時的思考は停止され、いっさいの生活分野が戦時化（動員）される。また戦闘状態が終了し、平時が復活すると、そこではすべてが平時化（復員）される。実は、この転換は、アメリカ社会における戦争の原型、インディアンとの戦争に端的に示される。そこでは、戦闘は地域的には局限されているが、その戦闘方法においてはコミュニティぐるみの戦闘が行なわれ、成年男子のみならず、少なくとも結果的には老若男女を問わず社会の全構成員が加害者として、あるいは被害者として戦闘に参加せざるをえない。そこにみられるのは局地的な全体戦争、総力戦であり、勝敗は敵の全面的殲滅、いな、社会そのものの抹殺にまで及んで決定される(22)。

この戦闘方式は、ヨーロッパにおける職業軍人団を中心にした正規軍同士による一定の戦場における戦闘とは、方式を基本的に異にする。ヨーロッパにおいては、平時においても正規軍は常備軍として存続しており、したがって戦時においても自己保存的であり、一定のルールのもとに制限戦闘を行なう。いな、戦争それ自体が、しばしば社会全体と直接にはかかわりのない制限戦争として行なわれ、平時と戦時とは区別しにくく、戦時（戦争）は平時（政治）の他の手段をもってする延長ということになる。

このアメリカ社会における戦争の原型としてのインディアン戦争の型は、たとえば南北戦争のときには地方的次元ではなく、ほぼ全国的次元で行なわれた。あの内戦は、南北とも総動員体制をとり、グラントの戦略は南軍の全面的殲滅であり、あの有名なシャーマン（William T. Sherman）のジョージア進軍は、南部社会そのものの破壊の点で徹底的であった。大統領リンカーンも戦争とともに最高司令官としての権限を十二分に活用し、戦争権限（War Power）のもとに平時においては認められない行為、たとえば人身の自由の一時的停止などをあえて行ない、また自ら前線の将軍に命令を下している。

平時における巨大な常備軍を認めず、また平時において、いわば平時的価値、つまり産業社会の生産的価値が支配的であるアメリカ社会では、ヨーロッパ的な意味での、しばしば貴族主義の伝統と結びついた職業軍人の非生産的なエリート意識、そしてその自己保存的な軍国主義は発展しにくい。しかし、ひとたび戦時状態にはいるときは、戦争遂行第一主義がヨーロッパ諸国よりはるかに強く、市民も兵士であることが第一義的な存在となり、その意味では社会全体が軍事的となる。[23] その軍事的必要性により国家権力が社会生活全般の規制に及び、集中化され、肥大化することは、戦時の例外的現象として是認される。その権限は、当然大統領即最高司令官によって集約的に行使されるが、それがリンカーンの場合のごとくとくに議会の委任なしに、いわば「独裁的」に行なわれるか、あるいはウィルソンやF・D・ローズヴェルトの場合のごとく議会の委任立法によって行なわれるかの相違はある。[24] ともあれ、本来連邦制と三権分立制によって、権限の分割が建前になっているアメリカ国家にあって、戦時においては「例外的」権力集中が行なわれる。

このことは別の角度からいうならば、アメリカ社会においては、シヴィル（市民的）とミリタリ（軍事的）とは、ヨーロッパにおけるごとく人間によって、つまり一般市民（民間人）と職業軍人という本来の職業によって区別される観念ではない。市民と軍人という人間によって区別されるかわりに、むしろ平時と戦時とによって、同一人物が市民から軍人に、あるいは軍事的事務担当者に転化し、また平時にもどると同時に軍人から市民にもどると解すほうが、少なくともアメリカの民軍関係（civil-military relation）を理解するには便利なのではなかろうか。より象徴的にいえば、平時においてもっぱら文民として活動する大統領が、戦時においてはその軍人（最高司令官）としての面でより多く活動する。そして多くの市民が、市民のまま、ときに軍服を着用し（市民がその軍隊歴の有無にかかわらず、高級士官にすら任ぜらることは、たとえば歴史家モリソン〈Samuel E. Morison〉が提督の称号をもって海戦史の著述、編集にあたったことに象徴される）、あるいは平服のままで広い意味の軍務に服する。その例が、のちに述べる「一年一ドルマン」の活動であろう。

ところで、南北戦争後、アメリカ経済はその急激な工業化を自由放任主義の原理のもとにすすめてくるが、一九世紀末にそのひずみ、矛盾が顕在化し、自由放任主義の規制、経済活動への政府の介入が主張されてくる。イデオロギー的には、それは伝統的な「弱い政府」の思想、連邦制・三権分立制という「権力の制限された政府」の思想と自由主義経済思想とによって制約されつつも、アメリカ経済の、あるいは広くアメリカ社会体制の自己保存のために「国家機能」の拡大の必要性は徐々に認められていた。それが二〇世紀初頭以来の革新主義（Progressive）政権――T・ローズヴェルト、タフト、ウィルソン政権の諸政策によって実現されつつあった。企業は、この革新主義政権による規制を、一方でときにイデオロギー的に反対しつつも、他方で自己保存のために受容し、そこにいわゆる狭い金権政治的な意味においてではなく、より深く構造的に政治と経済との有機的な結合が準備されつつあったといってよい[25]。第一次大戦時における次に述べるような劇的な経済総動員体制を可能にしたものとして、一方における平時より戦時への切替えの伝統とともに、他方、すでに二〇世紀以来、革新主義政権のもとで準備されつつあった政治と経済との一体化という前提の存在をみのがすことはできないであろう。

2　経済的総動員体制

大戦が勃発し、アメリカの準備不足が指摘され、軍備拡充運動が起こったとき、その準備運動（Preparedness Movement）のなかには、軍需品の生産など経済的な準備の観念もはいっていた。大戦が従来の戦争とその軍需品の質量の面でも規模を異にするものであることは、はっきりしていた。その点、すでに造艦計画をもっていた海軍は、ダニエルズ海軍長官のきも入りにより、造艦造機関係の業者による海軍懇談会（Naval Consulting Board）を一九一五年に組織、その下級組織としての産業準備委員会（Industrial Preparedness Committee）は、戦時に際しての産業動員計画を立案していた。[26]

しかし、こうした民間団体にのみ戦時における国家総動員計画を依存するわけにもゆかず、また軍備拡充運動がますます大規模化し、現実に軍備拡充計画が成立するに及び、政府自体が産業動員計画の責任をもつべきことは当然となる。先にふれた一九一六年国防法は、陸軍の軍備拡充計画を樹立したものであるが、それと関連して国防会議（Council of National Defense）の組織が規定された。同会議は陸軍長官を議長とする六名の各省長官より構成され、「国家の安全保障および一般福祉のためにする産業および資源の調整」について大統領の諮問に応じる行政部内の機関である。[27]しかし、ここで注目すべきは、同会議には民間人七名よりなる「国防顧問会議」（National Defense Advisory Commission: NDAC）が付属設置されていることである。この機関は諮問会議にすぎないとはいえ、民間の関連業界の専門家たちが、その民間における地位と給与を失うことなく、そのまま公けの機関において活動することを認める制度として設立された。つまり、戦争のための経済の動員計画が軍人によってではなく、あるいは政府官僚によってではなく、経済人自体の参加と発意と立案とによって行なわれるものであることを意味したのである。七人の委員のなかには、ボルティモア・オハイオ鉄道会社の社長ウィラード（Daniel Willard）、この計画の立案者ともいうべき経営学、産業合理化の専門家ゴッドフリ博士（Hollis Godfrey）、デトロイトのハドソン自動車会社の副社長コフィン（Howard E. Coffin）、ニューヨークの銀行家バルーク（Bernard M.

Baruch)、それに労働界の代表者としてＡＦＬ（労働総同盟）会長ゴンパース（Samuel Gompers）の名がみえる。

ここで、予想される大量の軍需生産を民間企業にゆだねるべきか、それとも政府直営の工場で行なうべきかが一つの大きな争点となった。世論のなかには、民間軍需産業が軍需生産で巨大な利潤をあげることが危惧され、それら「死の商人」の活動を排除するため、もし軍需生産が必要ならば、政府直営の工場を設立すべきであるという意見も少なくなかったのである。アメリカの参戦がアメリカ軍需生産業者（死の商人）の謀略であるという「デヴィル・セオリ」の普及は、一九三〇年代の上院ナイ委員会（Nye Committee）の報告によるところ大であるが、大戦参戦前にすでに軍需生産業者と連合国との関係、その関係によりアメリカが戦争にまきこまれることに対する危惧の念は、平和主義者の間に広まっていた。一九一六年の国防法は、その一部で政府が爆薬用の硝酸カリ工場を設立することを規定しているが、これはまさしく軍需生産業者にたいする危惧に答えたものといえよう。[28]

しかし、同会議が軍人、民間人五名の専門家に調査させた結論は、戦時に際しては「軍需に関しては大幅に民間企業に依存すべきである」というものであった。国防顧問会議のもとに、それぞれの産業分野に応じ数多くの小委員会が設立され、それぞれの業界の代表者が参加していった。一方で予算上の制限と、他方で政府官僚に専門家が欠如していたところから、これらの業界の代表者たちは、一年一ドルの俸給によって「愛国的に」奉仕するという制度がとられる。いわゆる“dollar-a-year man”制度の採用である。しかも現実には、これらの人々は、自分の所属する会社から給料を受けており、民間企業が政府の権限をとおして民間企業の統制を図るという形式をとっていたといってよい。[29]

しかし、これらの機関も諮問機関としての国防顧問会議の下部機構にすぎず、その権限も明白ではなく、参戦以降急速に拡大した複雑な業務に対応できず、そこに多くの混乱を生じていた。ことに、軍部の生産要求と現実の生産力とのギャップを現実的に調整する能力をもつ統合的な機関の設立が急務とされた。いいかえれば経済総動員計画の総合的な樹立実施機関が必要とされたのである。一九一七年七月戦時産業局（War Industries Board,

WIB）を設立、全産業の統制調整の役割をもたしめることとなった。同局は一九一八年三月、さらに改組強化され、バルークが長官に就任、経済総動員の全権をゆだねられる。同局は、生産の優先順序、配分、工場の新設、市民用商品の生産規制、価格規制など広範な権限をもつこととなった。なお、この機関のもとに、生産規格の画一化が行なわれたことは、すでに運行しつつあった大量生産方式を促進するものとして注目してよい。

経済の規制動員はさらに工業部門以外の各産業部門に及んだ。食糧もその例外ではなく、連合国の需要に応じ、かつ国内の暴利を規制するため、すでに一九一七年八月、食糧管理局（Food Administration）が設けられ、フーヴァー（Herbert C. Hoover）が長官に任ぜられ、食糧の増産を図るとともに、その消費規制を行ない、かつ農産物価格の規制を図った。(30) また燃料管理局（Fuel Administration）は石炭および石油の生産、分配および消費の統制を行なった。こうして生産されたものをいかに運搬するかの運輸交通の問題は深刻であった。海外貿易も主としてイギリス船よりなる外国船に依存していたアメリカは、その商船隊の勢力は脆弱であった。しかも先にふれたように、ドイツの潜水艦戦によって連合国側、またアメリカを含む中立国船舶の喪失は、アメリカにとって商船隊の増強を急務としていた。参戦以前の一九一六年九月船舶法（Shipping Act）を制定し、船舶局（Shipping Board）を設立、一九一七年四月そのもとで緊急商船隊公社（Emergency Fleet Corporation）を組織、船舶の建造、調達、運営に関し全般的な権限を与えるにいたった。しかしそれにもかかわらず、アメリカはそのヨーロッパ派遣軍を輸送するのに、その多くをイギリス船に依存せざるをえなかったのである。ようやく一九一八年休戦間近になって、商船隊が充実してくるようになる。この海上運輸とともに深刻であったのは陸上運輸であった。アメリカの国内鉄道網は二〇紀初頭にはほぼ完成するが、周知のごとくアメリカの鉄道は私有制度に基づき、統一ある運輸組織体を構成していなかった。アメリカの参戦は膨大な兵員軍需品の迅速な移動を必要としたにもかかわらず、私企業としての鉄道会社の利害を調整することが困難であり、その運送は非能率をきわめていた。国防顧問委員会の運輸交通委員会の委員長ウィラードのもとで鉄道の協力体制は整備されつつはあったが実績があがらず、一九一七年一二月政府は鉄道の運営を政府管理下におくこととし、鉄道管理局（Railroad Administration）を設置、財務長官マカドー（William G. McAdoo）をして同長官を兼任せしめ、二九〇五会社によって運営されていた四〇万マイル近くの路線を統一運営することになった。なお、鉄道会社に対する利益保証のため（なおこの収用は講和条約締結後一年九ヵ月で返還されることになっている）の規定が一九一八年三月の鉄道規制法（Railroad Control Act）によって定められた。さらに一九一八年八月には、国内のいっさいの電信電話を政府が収用することとなった。一九世紀末、ポピュリストが鉄道、電信電話の国有国営を主張したことがあるが、私企業の原則を鉄則とするアメリカ社会において、時限立法とはいえ鉄道などの国営が認められたことは、やはり画期的なものといわなければならず、それだけ大戦の与えたインパクトの大きさを物語るものといえよう。もっとも、鉄道会社はその補償規定によって、その平年平均利潤が保証されていたことも忘れてはならない。

大戦の勃発は、一方で移民の減少、労働力の軍務への吸収、他方で軍需産業における労働力需要の激増により、著しい労働力の不足を招いた。政府は、戦争への労働界の協力を得るため、国防顧問会議の委員にＡＦＬ会長ゴンパースを招いたことは先にふれたが、ゴンパースのもとで労働小委員会が組織され、労働力の調達、労使間の協力が図られた。一九一八年四月戦時労働管理局（War Labor Board）が設立され、労働紛争の調停にあたり、さらに戦時労働政策局（War Labor Policies Board）が設立され、労働時間など労働条件を定めることとなった。ちなみに、後者の局長にはフランクフルター（Felix Frankfulter）が任命されている。もっとも労働争議の数はしだいに増加し、ことに西部、太平洋岸地帯におけるＩＷＷ（世界産業労働者組合）の争議は激しいものであった。このことは、この戦争に対する反対の動きもけっして少なくないことを物語っている。

以上きわめて簡単にふれてきた戦時経済動員の諸機関のほかにも、数多くの統制機関が設置され、その間おのずから権限の重複、輻湊がみられた。ウィルソンは、上院のノース・キャロライナ州選出オヴァーマン議員をとおして戦時中大統領が行政諸機関の間の機能を再配分する権限を得た。このオヴァーマン法（Overman Act）は、一九一八年二月上院を六三対一三票で、下院で二九四対二票という大差で通過したが、ある共和党上院議員が「憲法上のものであれ、そうでないものであれ、もしある権限が不注意にもこの法案に落ちていたとしたら、それはここに全面的に与えられる」という皮肉な修正条項を提案したことにうかがわれるように、この法案は大統領に全面的な権限を委任したものといえる。[31] 上に述べた戦時産業局も、この権限によって再構成され、その長官バルークは「合衆国の全工業生産を統制し、事実上の経済的皇帝（ツァー）となった」というのもあながち誇張ではなかった。[32]

かくして連邦政府は、大戦参戦とともに、アメリカのあらゆる経済活動、食糧、燃料、工業、鉱業、運輸通信、造船等につき、その生産、配分、価格など全面的な規制を行なうにいたった。それは、自由放任主義を建前とするアメリカ資本主義史上かつてみなかったものであり、経済は戦争目的のために全面的に再編成され、平時は戦時に大きく切り替えられたわけである。ただここでふたたび注意しなければならないのは、この全面的転換は、軍人あるいは政府官僚が経済を規制したことを意味せず、経済人自体が戦時政府機構を通じて転換を行ない、一種の自己規制を行なったといえる点である。「経済的皇帝」バルークは、人も知るウォール・ストリートの投機業者であったが、その計算機のような頭脳をもって統制を実施していった。経済人が産業動員の責任を負ったゆえに、それには当然に経済の利益それ自体の保証、いな、広く軍需を媒体とする経済の再生産過程が配慮されていた。「既存の経済体制（status quo）を危殆に陥れることなく経済動員の手段を発見することが、彼らにとってのまず第一の関心事であったのである。[33]」そのかぎりでは、このきわめて劇的な、大規模な経済動員体制も、アメリカ社会が一九世紀末以来当面しつつあった国家機能による経済調整の基本的わく組をこわすことなくすすめられていったといえよう。総力戦であるがゆえに軍人がすべての指導を握ったのではなく、総力戦であるがゆえに経済人が経済動員に関するかぎり指導権を掌握したのである。「こうした状態から、戦争のつづくかぎり、経済機関と軍事機関とは統合され、そしてそこに〈産軍複合体〉の基礎がおかれたのである。[34]」

3　精神的総動員体制

大戦勃発とともに活発化した軍備拡充運動に対し、その反対運動も少なくなかったことはすでにふれた。第一次大戦への参戦は、けっして挙国一致によって行なわれたものでもないし、その戦争遂行にあたって国民の全面的協力が得られたわけでもない。この全体戦争の遂行には、国民の一部に消極的・積極的欠落部分を伴ったのである。連邦議会におけるドイツへの宣戦布告決議それ自体、上院において八二票対六票、下院においては三七三票対五〇票の差によって採択された。上院のなかには、ウィスコンシン州のラ・フォレット（Robert M. La Follette）、ネブラスカ州のノリス（George W. Norris）など著名な革新主義議員の名がみえる。下院反対五〇票のうち、一六票は民主党、三二票が共和党、一票は無所属、そして一票はニューヨーク州選出社会党議員ランドン（Meyer London）の票である。[35] 当時五二八名の上下両院議員がいたことを考えれば、五六票、わずかに一〇分の一強の反対というのは、それほど多くみえないかもしれない。しかし、この五六名の議員の背後の選挙民の数を考えるとき、それは無視できない存在といわなければならない。ひじょうに単純に比例的に計算すれば、第一次大戦時のアメリカの総人口約一億とすると、約一〇〇〇万名が大戦に参戦することに反対したことになる。

この参戦反対の理由としていくつかの要因が考えられよう。一つには、伝統的な孤立主義思想に基づき、ヨーロッパ戦争にまきこまれることを単純に拒否する反応が強かったであろう。ことにそれが、アメリカ国内の改革を戦争の名によっておしとめることになりかねないだけに、いわば革新的な孤立主義者が多かったことは想定される。ラ・フォレットはその代表といえよう。

しかし、第一次大戦がより複雑な反応をアメリカ国民にもたらしたのは、その人種的・民族的要因であった。周知のようにアメリカは多民族国家であり、しかも移民、またその子孫よりなる国家であって、その点自然的・人種的統合性を保有していない。そのことは、誤解されやすいように、ただちにアメリカ国民の忠誠心の欠如ないし脆弱を意味するものではなく、逆にアメリカ国民の人為的・意識的忠誠心の強固さを物語るものであることが多い。ことに戦争に際しては、自己の忠誠心を証明する場として、積極的に戦争遂行に協力する。南北戦争に際し、移住してきたばかりの移民が連邦軍に志願し、よき兵士として戦ったことがしばしば指摘されている。だが、その戦争の相手国が、自己のかつての祖国であり、また父母兄弟が現存している国家であるとなると、その血縁的連帯と新しい祖国としてのアメリカに対する忠誠心との間に微妙な亀裂を生む。そうした亀裂を避けるためにも、そうした戦争に反対するのは当然であろう。第一次大戦参戦に際し、反対票を投じた議員の選挙区のある地方の多くが、ドイツ系アメリカ人の居住区であったことは、アメリカ人種構成の複雑さを物語る。(36) ちなみに、一九一四年には、約八〇〇万のドイツ生まれ、あるいは第一世代ドイツ系アメリカ人がいたといわれる。(37)

さらに、注(35)に付したランキン女史のごとき宗教上の反戦主義者のほかにも、社会主義者としての信条から、この帝国主義国家間の戦争としての第一次大戦に参戦することに反対のものも少なくなかった。AFL会長ゴンパースが国防顧問会議の委員の一人として積極的に戦争に協力していたことはすでにふれたが、社会党はこの戦争をどう解釈するかに迷った後、一九一七年三月「セントルイス宣言」でその反戦的立場を明らかにした。その指導者デブス(Eugene V. Debs)は、当初その態度を必ずしも鮮明にしてはいなかったが、一九一八年六月明白な反戦演説を行ない、六月一六日オハイオ州カントンでの反戦演説によって逮捕され、後に一〇年の刑の判決を受けることになる。(38)

こうした各種の反戦的空気の存在にたいし、国民の戦争遂行への全面的協力をかちえ、その労働力、財産、精神力を有効に発揮させるために、精神的総動員体制を確立することは、ことにアメリカのような多民族国家にとっては、軍事的・経済的動員体制の確立にとって欠くべからざるものであった。先にふれた軍備拡充運動も、またその一つの方策としての市民の軍事教練も、軍事力の動員準備であるとともに、一般市民の精神的動員の方策でもあった。五〇〇万近くの陸軍を準備し、同時に自国のみならず、連合国諸国のために軍需品を生産し、消費を規制し、しかも多額の戦費を調達しなければならない状況のもとでは、一方で積極的に国民の協力を要請するとともに、他方で消極的には非協力者を排除してゆくことが必要となる。

一つは、戦費調達のための公債、自由公債（Liberty Bond）を大々的な宣伝をもって国民に売り込むことであった。一九一七年七月より四回にわたって売り出された自由公債は、現実に重要な戦費調達の方途であるとともに、国民に戦争を売り込む（sell the war）重要な手段であり、公債の購入によって戦争に参加している意識をもたせるよき方法でもあったのである。はでなパレード、ポスターがこの公債売出しと結びついて街頭にはんらんした。

また大戦参戦とほとんど同時に、政府は広報活動の重要性を認め、大統領の行政命令で広報委員会（committee of Public Information）を設立、国務、陸軍、海軍の各省長官を委員とするとともに、その委員長としてジャーナリストのクリール（George Creel）を任命し、ポスター、パンフ、映画、演説会など大々的な宣伝活動を行なわしめ、アメリカ社会に熱狂的な戦時気分を喚起した。[39] ＹＭＣＡ、ボーイスカウトをはじめ各種の民間団体もこの宣伝活動に協力した。こうした対独敵愾心の鼓舞は、たとえばドイツ語教育の中止、ドイツ系教師の免職、ドイツ系アメリカ市民に対する圧迫となってあらわれ、その忠誠の有無を民族的紐帯に依存しないというアメリカ社会の基本的前提を内から脅かすことになる。ナショナリズムの高揚と民族的・人種的アイデンティティの強調とは、アメリカ社会においては本来論理的に矛盾するものなのである。

国家機関による忠誠の調達、確保は、他方で非忠誠の排除を法的に制度化した。参戦前からドイツ側のスパイやサボタージュがあったことを理由に、また選抜徴兵法実施にたいする妨害も予想されたので一九一七年六月「防諜法」（Espionage Act）が制定され、さらに翌一八年同法が強化修正されたが、同法は治安法（Sedition Act）と呼ばれ、軍の総動員体制、経済の動員体制を妨害する行為を、広範に取り締まり、戦時体制に非協力のものを逮捕、投獄した。ことに社会主義、無政府主義などの立場からの反戦主義者の多くが投獄されている。上述のデブス、バーガー（Victor Berger）、ＩＷＷの幹部など、少なくとも一〇〇〇名のものが逮捕されたと思われる。ある史家は「一九一八年のアメリカ刑務所にある政治犯の数は、海外における勝利は国内における敗北（defeat）といわないまでも、退却（retreat）によって与えられたものであることを示していた」と記している。[40] もっともその多くは、戦後特赦を与えられ放免されたが、なかにはデブスのごとくあえて特赦にがえんじないものもいた。

おわりに――復員と遺産

一九一八年一一月、休戦が訪れたとき、アメリカは他の交戦諸国と異なり、その戦力をますます充実させつつあった。その軍備も、その生産も、その国民の士気も、ますます拡大、増強、高揚されつつあったのである。しかも、国内には戦禍はいささかも及んでいなかった。しかし、このとき訪れた休戦の知らせは、アメリカ社会をふたたび戦時体制から平時体制へと急激に転換せしめ、動員から復員へと事態は逆転してゆく。事実、アメリカ陸軍の復員は迅速にすすみ、ヨーロッパ派遣軍の引揚げ、陸軍兵力の縮小は順調に行なわれ、一九一九年陸軍兵力は八五万、二〇年には二〇万に縮小されるにいたった。海軍も兵員数に関するかぎり、二〇年には最高時の約四分の一に減少する。経済動員体制も、その統制立法の多くが戦時中に限るという時限立法のせいもあって、次々に統制解除になり、各種の統制機関も解散させられ、「一ドル男」もふたたび昔の重役室にもどってゆく。鉄道の国家管理も解除、民間企業の運営に返される。治安法によって投獄されたものも、その多くは特赦によって赦免された。こうした状況は、一九二〇年の大統領選挙戦における共和党候補ハーディングのスローガン「平常への復帰」の一言によく象徴されていたといってよいであろう。事実、人心は戦争の興奮と熱狂よりさめ、平凡な日常生活にもどっていった。

では、あの大戦中の軍事的・経済的・精神的総動員体制は、「平時への復帰」のなかに霧散し、アメリカ史上における一片のエピソードとして終わってしまったのであろうか。時間的にはたしかに短く、わずか一年半ばかりのこの全体戦争は、アメリカ社会になんらの遺産を残すことなく、一つの幻影として消えていったのであろうか。しかし、この大戦のアメリカ社会に残したそれなりの遺産を、大きく対外的側面と対内的側面とに分けていうならば、ほぼ次のようにいいうるのではなかろうか。

まず、いうまでもなく、大戦はアメリカの国際的地位を決定的にかえた。いいかえるならば、アメリカは建国以来国際政治の受動的な脇役であったものが、いまや決定的に能動的な主役たりうることを、この大戦を通じて示した。ヨーロッパの勢力均衡の受身の受益者であったアメリカが、必要に応じヨーロッパの勢力均衡の回復に能動的に参加し、その力関係を積極的に左右しうる世界大の軍事大国であることを示したのである。一年半で四〇〇万の陸軍を動員し、その二〇〇万を大西洋をこえて派遣し、しかもなおそれ以上の潜在動員力をもったアメリカは、たんに西半球においてだけではなく、他の大陸においてもまた時に応じその巨大な陸軍力を動かしうることを実証してみせた。将来、他のいかなる強国も、このアメリカの潜在的陸軍力を計算に入れずに、自国の安全保障計画をたてることは不可能になったといってよい。さらに、この潜在的陸軍力の世界大での有効性を保証するものとしての海軍力の存在が当然に注目されなければならない。一九一六年の海軍拡張計画は、大戦それ自体にたいしては、あるいは当面の敵たるべきドイツ潜水艦にたいしては直接の有効性をもつものではなかったが、大戦後の国際政治において巨大な発言力をもつ計画であった。大戦中に拡大されたアメリカ海軍は、さらに戦後の海軍拡張計画で整備され、「比類なき海軍」としての発展を遂げてゆく。それは、かつて夢であった両洋艦隊の願望をある程度現実化し、アジアにおける中国の門戸開放をめぐる勢力均衡にたいして重大な発言権を留保する軍事力となる。なお商船隊についても、戦時中の緊急立法は廃止されるが、一九二〇年商船隊法（Merchant Marine Act）が制定され、船舶局を改組存続、商船隊の増強が図られる。生産力、市場、通商航路、基地、海軍、商船隊というマハン流の海上権力の道具は、大戦を通じいっそう充実され、いまや海洋帝国としてイギリスをしのぐ地位にのぼりつつある。

しかも、こうした軍事力、軍事大国としての地位を保証するものとしての巨大な経済生産力は、大戦においてたくみに有効的に動員された。一九世紀末、すでにイギリスに追いつき追い越し、世界一の工業生産力を有するにいたった経済大国としてのアメリカは、その工業化が国内市場に依存して、いわば「自己完結的」に行なわれたため、従来必ずしも顕在化しなかったその対外的経済力を誇示したのは、この大戦をとおしてであった。かつて先進資本主義国家であった連合国諸国は、戦争遂行にあたりアメリカ経済に依存せざるをえず、かつて債務国であったアメリカは、この大戦をとおし債権国へとその地位を転ずる。

ところで、国内政治の「平常への復帰」と並んで、第一次大戦後のアメリカの対外政策は、しばしば孤立主義の時代と称せられる。しかし、大戦を通じていまや決定的に変化したアメリカの国際的地位は、アメリカ国民の「平常への復帰」ムードいかんと関係なく、ヨーロッパにおいて、アジアにおいて、すなわち世界大の次元で、国際政治への恒常的な介入を余儀なくされるし、また事実積極的に介入してゆく。アメリカ自体が国際連盟に法的に加入しなかったことを重視するあまり、ヨーロッパにおけるヴェルサイユ体制の構築と維持とに、アメリカが、たとえばドイツ賠償問題におけるドーズ案やヤング案をとおして、常時参加、介入していた事実を見落としてはならない。また、アジアにおいて、ヴェルサイユ体制のいわば太平洋版ともいうべきワシントン体制の構築と維持とに、アメリカが積極的に活動してきたことは周知のごとくである。大戦の国際的遺産ともいうべきこの二つの体制において、アメリカは軍事大国として、経済大国として、積極的な主役を、その意識とはいちおう別に演じることになるのである。

国内面でいうならば、政権も交替し、指導者のタイプも変化し、国内政治は「革新」から「保守」の時代へと転化したごとくみえる。しかし、革新主義時代の「革新」が本来保守志向の「革新」であったことを別としても、大戦時の動員体制は、案外そのまま二〇年代に受け継がれ、「平常化」している面も少なくないのではなかろうか。陸軍が一方で急速かつ大規模な復員を実施するとともに、他方で将来に備えて、軍事的かつ経済的な総動員計画を常時準備していたことは注目してよい。大戦の経験は、将来の動員計画の基礎として活用され、つねに再検討されるのである。軍隊の動員計画については、正規軍中心主義と民兵中心主義という伝統的な対立はあったが、第一次大戦における選抜徴兵制実施の体験は、動員計画の不可欠の部分を構成していた。大戦とともに活用された大学生の軍事教練と予備士官団の制度はそのまま持続され、現代戦における士官の養成とともに、軍と民間との紐帯となることが期待されていた。また、経済動員計画も陸軍省の軍需局を中心に計画され、第一次大戦の先例にならって、経済人に主導権を与えることが考えられていた。「不幸にして、これらの経済動員計画は技術的にはりっぱなものではあったが、一九三〇年代の状況に対し、政治的かつ社会的にいささか無神経であった。その計画は、戦時国民経済を規制するにあたって、軍部に巨大な権限を与えることを提案しているだけではなく、ローズヴェルト大統領が受容できるよりはもっと多くの権限を経済界の掌中に集中させることを提案していた――後年の軍産複合体の発生を予想させるものがある。しかも労働力の規制においては、組織労働のもつ経済界と同様の願望もまたその拡大する政治力も計算に入れていなかった(41)」という批判があり、その案そのものは実現されなかったにせよ、ここでは第一次大戦の経済動員計画の体験が、後の経済動員計画の遺産として活用されていたことに注目しておきたい。

そして、一九二九年大恐慌が到来し、アメリカ経済の再編成が日程表にのぼり、やがてそれがニューディール政策というかたちではなばなしく展開されるとき、そのモデルになったのは、少なくともその一部は実はこの第一次大戦における経済動員計画であったのである。戦時産業局で活躍したバルークや、ジョンソン（Hugh Johnson）は、それぞれ第一次ニューディールの中核であった全国産業復興局（ＮＩＲＡ）の立案に参加し、かつ執行者であった。ローズヴェルトは、一九三三年就任演説において、恐慌を戦争になぞらえ、「この緊急事態と一戦を交えるために、実際に外国の敵が侵入してきた際に私に与えられる権力と同様に強力にして広範な行政権を要求する」と訴えたが、その外国の戦争とのモデル、物的・人的資源の総合的動員を必要とした戦争のモデルは第一次大戦にほかならなかったのである。第一次大戦の経済動員体制の遺産とニューディール体制との関連性は、今後もっと探究されるべき研究分野となるであろう。現代社会における政治権力と経済権力との構造的な相互依存性は、たんなる利潤の保証の次元をこえた体制保存の問題として考察されるべき課題となろう。

さらに一言付け加えるならば、アメリカが第一次大戦に際して体験した精神的総動員体制は、時あたかも、新移民の大量移住時であったという特定の時代的要因にもよるものであるが、海外における「デモクラシーのための戦い」が国内におけるデモクラシーそのものを抑圧するという矛盾は、そのまま二〇年代のいわゆる赤狩りやKKKの活動などに受け継がれてゆく。しかし、それはさらに広い文脈においてみるとき、自然的・生物学的統合を欠如するアメリカ社会が、自由を人為的統合の基礎におくとき、その実体としての自由は、しばしば制度としての、あるいは象徴としての「自由」に転化し、「自由」が自由を制約するという矛盾をもたらす。それは一方において、いわばアメリカ史の宿命であるとともに、他方、第一次大戦より冷戦にいたる全体戦争の所産でもあるといえよう。

以上のようにみてくるとき、第一次大戦はアメリカ史におけるたんなる間奏曲ではなく、なるほどそれ自体でいちおう独立して完結している曲ではあるが、軍産複合体を含む現代アメリカ社会を示唆する、むしろ大いなる序曲ともいうべきものなのではなかろうか。

（1）第一次大戦の前にも、いうまでもなく世界大の戦争はあった。たとえば、一八紀後半の七年戦争は、英仏の抗争を中心とするアメリカ大陸、アジアに広がる世界大（グローバル）の戦争であった。一八世紀イギリス帝国史の研究家ギブソンは、七年戦争のことを「帝国のための大戦」（The Great War for the Empire）と呼んでいる。Lawrence H. Gipson, *The British Empire Before the American Revolution*, 9 vols. esp. vols. 6–8. しかし、戦争の作戦地域が世界大であっても、そのことはただちに戦争が世界戦争であることを意味しない。七年戦争は本質的にヨーロッパ列強間の戦争であり、アメリカ大陸、アジアにおける戦闘は、ヨーロッパの戦争の植民地争奪のための外延的拡大としてとらえられ、それらの地域は戦場であり、戦争の客体であった。その点、第一次大戦において、アメリカは戦争の客体である植民地としてではなく戦争の主体として参加し、逆にヨーロッパの勢力均衡に影響を与える点で、第一次大戦はもはやヨーロッパ列強だけの戦争ではなく、文字どおり世界大戦であった。なお、本稿の主題と直接関係はないが、こうした国際政治の世界政治化の歴史的問題については、たとえば、岡部健彦「世界政策と国際関係」、岩波講座『世界歴史』22、近代9（一九六九年）、および斉藤孝「総説」、同24、現代1（一九七〇年）を参照。

（2）修正主義的立場から書かれ、しかも学問的業績として長く評価されてきた代表的なものに、Walter Millis, *Road to War: America 1914–1917* (Boston: Houghton Mifflin, 1935); and Charles C. Tansill, *America Goes to War* (Boston: Little Brown, 1938) がある。「一九三九年のころには、第一次大戦についての幻滅理論がアメリカ人の固定的考え方の一部になっていた。最新の見解を伝えんと熱心な教科書や教師をとおして、この幻滅理論は高校や大学の教室にはいり込んでいたのである」。Selig Adler, *The Isolationist Impulse: Its Twentieth Century Reaction* (New York: Collier, 1961), p. 236. 修正主義解釈については Richard W. Leopold, "The Problems of American Intervention, 1917: An Historical Retrospect," *World Politics* 2 (April 1950): 404–425. いうまでもなくここでいう修正主義解釈は、一九六〇年代後半以降の主として新左翼を中心とする修正主義解釈とは別個のものである。

なお、日本においてウィルソンの対外政策を全体的に論じたものは少ない。有賀貞「ウィルソン政権とアメリカの参戦」、前掲『世界歴史』24は、ウィルソンの内政改革構想と国際秩序構想との連関の上に、ウィルソン外交を簡明に描いている。進藤栄一『現代アメリカ外交序説』（創文社、一九七四年）は、その副題「ウッドロー・ウィルソンと国際秩序」が示すように、ウィルソン外交を通じ二〇世紀アメリカ外交の本質を解明しようとする野心的かつ本格的な研究であり、七四〇頁に及ぶ大作である。ことに従来軽視されていたウィルソン外交の軍事的側面を重視しており、その点本稿で試みたことの一部がより広くかつ実証的に追求されている。本稿の構想、報告、執筆が本書刊行以前になされていたので、とくに多く同書に引照しなかったが、その労作をいくつか見解を異にすることを認めつつも、高く評価したい。

（3）この問題については、すでに拙稿「建国期アメリカの防衛思想」（小原敬士編『アメリカ軍産複合体の研究』（日本国際問題研究所、一九七二年）において論じた。

（4）このルートの軍制改革については、たとえば T. Harry Williams, *Americans at War: The Development of the American Military System* (New York: Collier, 1962), pp. 111–121; and Samuel P. Huntington, *The Soldier and the State: The Theory and Politics of Civil-Military Relations* (Cambridge, MA: Harvard University Press, 1957), pp. 251–53.

（5）Victor Hicken, *The American Fighting Man* (New York: Macmillan, 1969), p. 12.

（6）これらの巡洋艦は白く塗装されていたため、白色艦隊と呼ばれたが、それはアメリカ海軍の新しい海軍（New Navy）への脱皮の象徴でもあった。Harold Sprout and Margaret Sprout, *The Rise of American Naval Power 1776–1918* (Princeton, NJ: Princeton University Press, [1939] 1966), pp. 188ff.

（7）Raymond G. O'Connor, "Origins of the Navy's 'General Staff,'" in Raymond G. O'Connor, ed., *American Defense Policy in Perspective* (Princeton, NJ: Princeton University Press, 1965), pp. 139–144. 海軍においても参謀本部の設置が軍人側から要望されていたが、軍事の文官統制の原則がくずれることをおそれる歴代海軍長官によって却下されていた。米西戦争中、臨時に海軍戦時局がおかれて軍令の統一を図ったが、それも戦争後廃止された。一九〇〇年三月、海軍長官の命令により一〇名たらずの高級海軍士官よりなるGeneral Board of the Navy が設置され、海軍の作戦計画と艦隊の編成などについて、海軍長官の諮問に応じることとなった。しかし、その性格はあくまで勧告機関にすぎず、参謀本部的機能はない。なお、General Board は、日本において通常海軍将官会議と訳されているが、この General は将官の意味より、陸軍の General Staff（参謀本部）の場合の General と同じく、本来総務の意味での General と思われる。高級士官よりなる会議である点たしかに将官会議の訳も捨てがたいので、かつての日本陸軍軍事参議官会議にならって、海軍参議官会議と訳した。Letter, Admiral B. A. Fiske to Secretary of the Navy, November 9, 1914, in *ibid.*, p. 178.

（8）このキャンプには、ローズヴェルト家のものをはじめ、ニューヨーク現市長など多くの名士が参加し、さながら「名士録」（Who's Who）、「紳士録」（The Social Register）をそこにみるようなものであったといわれる。この訓練は広く政治的であったのみならず、狭義にも政治的であったといえる。つまり、ローズヴェルトをはじめ共和党系の政治家、実業家、市民が積極的に参加し、（共和党系将軍）ウッド自身もこれ以降その制度上の上司であり最高司令官であるウィルソンに対する批判の言辞を公にしてはばからなかったのである。このプラッツバーグ訓練については、たとえば Millis, *Road to War*, pp. 209–211; and John G. Holmes, *The Life of Leonard Wood* (New York: Doubleday, 1920), pp. 179–182 を参照。

（9）このなかでも、一九一六年五月一三日のニューヨーク市におけるものは大々的なものであった。その行進は延々一二時間つづき、『ニューヨーク・タイムズ』紙によると、一二万人あまりのアメリカ人が行進したといわれる。閲兵台には市長をはじめ多くの名士が並んだが、なかでも「ウッド将軍はきわだっていた。彼は一一時間閲兵台にたっていた」。*Ibid.*, p. 306.

（10）Sprout and Sprout, *American Naval Power*, pp. 309–313.

(11) *Ibid.*, p. 313.

(12) Walter Millis, *Arms and Minds, A Study in American Military History* (New York: G. P. Putnam's Sons, 1956), pp. 196–97.

(13) 海軍拡張計画については、Sprout and Sprout, *American Naval Power*, pp. 334–346. および進藤栄一、前掲、二〇五―二一六頁などを参照。進藤氏はスプラウトなどのいうダニエルズ案は「比類なき海軍」建設を目標としていたとの説を否定し、ウィルソン、ダニエルズは自衛を目標としていたことを論理的かつ実証的に示されている。一九一六年案に関するかぎり、進藤氏の所論が正しいと思われるが、より長期的な文脈でみるとき、一九一六年案も「比類なき海軍」への建設につながるものとしてとらえることができると思う。

(14) 秋山真之「米国海軍の大拡張、一九一六年一一月」、小山弘健『軍事思想の研究』(新泉社、一九七〇年)、二五八頁による。

(15) Frederic L. Paxson, *Pre-War Years 1913–1917* (Boston: Houghton Mifflin, 1936), p. 298.

(16) 戦後、一九二〇年春、上院海軍委員会の調査小委員会公聴会で、参戦時の海軍作戦部長ベンソン提督(William S. Benson)は「この戦争を遂行するための堅実、完全なよく練られた作戦計画があったか」という質問に対し、「とくにこの戦争のためのものはなかったと思う。ただ一般的な作戦計画ないし政策があったのみである」と答えている。Cited in U. S. Senate, Subcommittee of the Committee on Naval Affairs, *Naval investigation*, 66th Congress, 2nd sess., 1921.

(17)「ドイツが犯した重要な失策のうちの一つは、あまりにもマハンに耳を傾けすぎ、戦前多くの戦艦をつくりすぎ、十分な潜水艦をつくらなかったことである。」Russell F. Weigley, *The American Way of War: A History of U. S. Military Strategy and Policy* (New York: Macmillan, 1973), p. 193.

(18) Letter, Admiral Sims to President Wilson, July 9, 1917, in O'Connor, ed., *American Defense Policy*, pp. 181–83. ちなみに、上掲の一九二〇年の上院における調査はシムズの戦時中の海軍当局批判に端を発している。

(19) なお、ジェリコー提督自身の回顧録 *The Crisis of the Naval War* (London: Cassell, 1920) の第二章「一九一七年初めにおける潜水艦戦」を参照。シムズとジェリコーはきわめて親密な関係にあって、最後まで協力しあった。一九一七年二月以降各月ごとの連合国側(中立国船を含む)の商船損失表は、シムズ、前掲、三四四頁、付録八参照。それによると、一九一七年二月、五三万トン強、四月、八七万トン強、一八年一月、三〇万トン、一〇月、一一万トン強となっている。

(20) パーシングがフランスに赴任する前に、自分への訓令の草案を自分で作成したともいわれているが、「ドイツ帝国政府に対する軍事作戦において、貴下は敵に対抗している諸国の軍隊と協力すべきである。しかし、その協力にあたっては、合衆国軍隊は独立した単位として連合軍のなかにあり、その独立性は保持されるべきであることを忘れてはならない」との訓令をたずさえていった。結局、ヴェルダンの東、トゥール地区がアメリカ部隊の担当戦線として、割り当てられた。Paxson, *America at War, 1917–1918* (Boston: Houghton Mifflin, 1939), pp. 90–94. なお、訓令の全文は John J Pershing, *My Experiences in the World War*, vol. I (New York: Frederick A. Stokes, 1931), pp. 38–39. なお、一九一七年四月、フランスのフォッシュ（Ferdinand Foch）将軍が総司令官に任命されるに及んで、パーシングもいちおうその指揮下にはいる。

（21）以下の派遣軍の兵員数などは、主として U. S. Army, Chief of Staff, Annual Report of General Peyton C. March, 1919, in War Department Annual Reports, 1919, found in O'Connor, ed., *American Defense Policy*, pp. 158–176 による。なお、若干数字は異なるが、U. S. Department of Commerce, Historical Statistics of the United States, Colonial Times to 1957, pp. 735–36 の各表を参照。

（22）アメリカの戦争観については、たとえば Robert E. Osgood, *Limited War: The Challenge to American Strategy* (Chicago: University of Chicago Press, 1957), pp. 28–45; and Weigley, *American Way of War*. なお、前掲、拙稿「建国期アメリカの防衛思想」においてもこの点にふれた。

（23）この点、軍国主義的（militaristic）と軍事的（military）とは，ファーグツのいうように厳格に区別されなければならない。Alfred Vagts, *A History of Militarism: Civilian and Military*, rev. ed. (New York: Meridian, 1959), pp. 13–17.

（24）両者のパターンの違いについては、Louis W. Koenig, *The Chief Executive* (New York: Harcourt, Brace and World, 1964), pp. 244–45.

（25）こうした点については、たとえば Gabriel Kolko, *The Triumph of Conservatism: A Reinterpretation of American History 1900–1916* (New York: Free Press of Glencoe, 1963) を参照。

（26）Paul A. C. Koistinen, "The 'Industrial-Military Complex' in Historical Perspective: World War I," in *Business History Review* 41, no. 4 (Winter 1967): p. 381. この論文は、第一次大戦時の産業動員、産業と政府との関係を、今日の観点から再検討したものである。

（27）第一次大戦中の産業動員計画についての組織については、William F. Willoughby, *Government Organization in War Time and After: A Survey of the Federal Civil Agencies Created for the Prosecution of the War* (New York: Appleton, 1919) が参考になる。なお、同書が昭和九年（一九三四年）日本の資源局によって『世界大戦に於ける米国総動員概説』（松山書房）として抄訳されていることは興味深い。

（28）ナイ委員会の報告は、一九三五年、一四〇〇頁の厖大な記録として刊行され、第二次大戦前のアメリカ社会に大きな影響を与える。すなわち、先にふれた第一次大戦参戦批判論、修正主義解釈に大きな「実証的」支持を与えたことになったからである。なお、Helmuth C. Engelbrecht, *Merchants of Death: A Study of the International Armament Industry* (London: Routledge, 1934) はすでに一九三四年刊行されていた。ちなみに、第二次大戦参戦に激しく反対し、戦後もローズヴェルト参戦外交に対しきびしい批判をくだしたビアード（Charles A. Beard）は、第一次大戦の参戦には賛成であったが、第一次大戦参戦の陰謀説を排除しつつ、結局国内の対立を避けようとして、ウィルソンは銀行家などの圧力に屈して参戦に向かったと解している。Beard, *The Devil Theory in War* (New York: Vanguard, 1936). ほかにたとえば、第二次大戦前の「死の商人」論と今日のそれとを論じた Robert H. Ferrell, "The Merchants of Death, Then and Now," *Journal of International Affairs* 26, no.1 (1972): 29–39 など参照。

（29）Robert D. Cuff, "A 'Dollar-a-Year Man' in Government: George N. Peek and the War Industries Board," *Business History Review* 41, no.4 (Winter 1967): 404–420.

（30）食糧の統制は当初は自発的な形態で行なわれた。ベルギーでの救済事業で名声をうたわれたフーヴァーが、篤志食糧管理委員会（Volunteer Food Committee）の委員長に任命され、全国の支部を通じ国民に消費規制を訴え、連合国輸送用麦粉、食肉の国内消費節約、ホーレン草、キャベツの食用奨励など行なったが実績あがらず、一九一七年八月リヴァー食糧燃料統制法（Lever Food and Fuel Control Act）の制定となり、フーヴァーが食糧局長官に任命されたのである。フーヴァーの有能な行政官ぶりは、食糧の生産、配分、価格などで大いに実績をあげ、一九一八年夏にはすでに食糧危機は解消したといわれる。このフーヴァーの有能ぶりが、やがて一九二一年よりの共和党政権における商務長官の地位に彼をつけることになり、さらに彼をホワイトハウスの主とする。

（31）Paxson, *America at War*, pp. 224–26.

（32）J. W. Coughey and Ernest R. May, *A History of the United States* (Chicago: Rand McNally, 1964), p. 461.

（33）Koistinen, "Industrial-Military Complex," p. 403.

（34）*Ibid.*

（35）ちなみに、第二次大戦参戦に際しては、日本軍の真珠湾攻撃を背景に、ほとんど挙国一致のかたちをとった。上下両院を通じてただ一人反対票を文字どおり涙ながらに投じたのは、モンタナ州選出下院議員ランキン女史（Jeannette Rankin）であった。同議員はクウェーカー教徒であり、一九一六年、アメリカ連邦議会最初の婦人議員として選出され、第一次大戦参戦に際しても反対票を投じている。同女史はまた婦人参政権運動の有力な指導者であったが、この反対票のため婦人参政権運動の大義名分を傷つけたと非難された。Millis, *Road to War*, 456–57. なお、一九四〇年上院議員選挙に敗れ、四〇年下院議員選挙に返り咲いた。

（36）Samuel Lubell, *The Future of American Politics* (New York: Harper and Brothers, 1952) は、この点を鋭く分析する。

（37）Louis L. Gerson, *The Hyphenate in Recent American Politics and Diplomacy* (Lawrence: University of Kansas Press, 1964), p. 50.

（38）デブスはその直前「数年前、私は私が参加する唯一つの戦争がある、それは世界中の労働者が世界中の搾取者にたいする戦争であると語った。私はさらに、各国の支配階級によって相互に征服と戦利品のために宣戦され遂行されている戦争には、労働者階級はなんら関心がないと語った。それが、私の今日における立場でもある」と声明している。Rey Ginger, *The Bending Cross: A Biography of Eugene Victor Debs* (New Brunswick, NJ: Rutgers University Press, 1949), p. 353.

（39）この任命の仕方は「事実上、宣伝のために、とくに別箇の内閣員を任命したことと同じであり、クリール氏は国の内外における宣伝事業のあらゆる面で全責任を負った」。Harold D. Lasswell, *Propaganda Technique in World War I* (Cambridge, MA: MIT Press, [1927] 1971), p. 18.

（40）H. J. Carman and A. C. Syrett, *A History of American People*, vol. 2 (New York: Alfred A. Knopf, 1952), p. 416.

（41）Weigley, *American Way of War*, p. 209.

［解題］　初出は佐藤栄一編『現代国家における軍産関係』三二八—三六四頁（日本国際問題研究所、一九七四年）。著者が外務省系のシンクタンクである日本国際問題研究所の論文集に寄稿した論文である。本研究所は吉田茂が音頭を取って一九五九年に設置され、吉田自らが初代会長に就任した。論文集のタイトルは「現代国家における軍産関係」であるが、著者は第一次大戦のアメリカを事例としながら、アメリカ史の中でそれがどのような意味をもったかについて、詳細な分析を展開している。「素描」という副題が示唆する以上の詳細な叙述である。

とくにアメリカの反常備軍の軍事思想から説き起こし、それでいて全体戦争を戦うことになったアメリカが直面した課題や、経済的のみならず精神的な意味でも総動員体制をとったことの重みとその遺産についても指摘している。岩波講座世界歴史第二十六巻（一九七〇年刊行）所収の一九二〇年代論と合わせ読むと、著者の二〇世紀前半についての史観がかなり浮かび上がってくる。（久保）

Ⅲ

第八章　アメリカ大統領職の変質　素描(1)――組織化と個人化

"It is easier to write of the President than of the presidency."
Woodrow Wilson

1　前提――課題と接近

行政学者としての渡辺保男教授の論稿の一つとして、「ルイス・ブラウンローの生涯――自叙伝を中心として」と題するかなり長い紹介論文がある。(1) その論文の掉尾は、次の言葉で結ばれている。「市政改革、連邦政府行政改革を通じ行政機能の拡大と人民主権とを現代においていかに調和させるかについて実験し、彼なりに一つの解答を示したひと、一九世紀末から二〇世紀前半における変動のさなかで自己に忠実に最もアメリカ的に生きたひと、まことにその名をルイス・ブラウンローという。」同論文の説くごとく、ブラウンローは、アメリカの行政学者、行政専門家の組織者、行政機構の実際の担当者、そして行政改革の立案者であり、なかんずく一九三七年の「行政管理に関する大統領委員会」の委員長として報告をまとめあげた。同委員会の提出した報告を土台に、一九三九年の行政再組織法が成立し、大統領行政府、ホワイトハウス事務局が設立され、今日われわれが知る大統領職、いわゆるホワイトハウスの基礎ができる。その点、ブラウンローは、アメリカ大統領職の制度的変革にとり、生みの親ともいうべき人物といえよう[2]。本稿は、この行政再組織法制定を一つの手がかりに、大統領職の組織化と個人化とについて論じようとするものではあるが、同委員会報告そのものについては、邦語でも、渡辺教授の上掲論文のほかにも、たとえば辻清明「行政管理に関する大統領委員会の報告」[3]などがあるのみならず、行政組織、行政管理の面よりの行政学的接近は、私の能力、関心を越えるものがある。本稿では、むしろ、政治史的接近、すなわちアメリカ史の文脈の中で、アメリカ合衆国の国家機能の変化との関連で、ことにフランクリン・ローズヴェルト政権期における、またそれ以降の大統領職の変質の素描を試みてみたい。

今日、アメリカ政治の中心は大統領にあり、その意味でアメリカ政治は大統領制（Presidential System）であるとされている。しかし、いうまでもなく、合衆国憲法では、まず第一条で立法部が規定され、制度的には法案はすべて議員法案とされ、第二条で行政部（大統領）がいわば立法の執行者として規定される。一九世紀末葉、若き政治学者ウッドロウ・ウィルソンは、アメリカ政治を批判的な意味で『連邦議会政治』（*Congressional Government*）と呼んだが[4]、内政に関する限り制度的枠組みとしては、むしろ妥当な表現ともいえる。より正確にいえば、今日これまた批判的な意味で用いられる、行政部と立法部とが「分裂した政治（divided government）」（「分立した政府（separated government）」と呼ぶのが客観的であろうが）こそ[5]、アメリカ政治本来の制度的在り方ともいえよう。権力は必要であるが、権力の専制を避けるため、選出母体を異にし、したがって、その存在の根拠を異にする権力の分立、マディソンが『ザ・フェデラリスト』五一篇で記すごとく[6]、地理的かつ機能的な二重の分立と、その間の相互関与による抑制均衡とが合衆国憲法の基本的枠組みとなっているからである。

他方、再びウィルソンの言葉、ただし二〇世紀初葉刊行の『合衆図の憲法政治』（*Constitutional Government in the United States*）における言葉を用いるならば、「政府は、機械ではなく、生き物であり……環境によって変質する」、その人と状況とにより「大統領職は、ある時はあるものであり、他の時には別なもの」となる[7]。つまり、アメリカの対外的、そして国内的状況の変化により、大統領職の役割、権力、機能が変化、変質せざるをえないのである。その時注目すべきことは、連邦政府と州政府との関係においては、元来連邦政府は委託され列挙された権限のみを行使しえる、むしろそうした権限しか行使しえない「制限された政府（limited government）」であるが、こと対外関係においては、州政府が徹底した制限された政府であり、連邦政府は主権国家の政府として、外交権、軍事権をほぼ占有しているといってよい点であろう。しかも、その外交権、軍事権は、立法部、司法部との関係において幾多の制限を受けつつも、主として行政部の所管事項とされてきている。

すなわち、ある論者の表現を借りるならば、「合衆国は、一人の大統領をもつが、二つの大統領職をもつ。すなわち一方の大統領職は国内事項のためのものであり、他方の大統領職は国防、対外政策に関わるものである。(8)」このことは、ウィルソンも意識し、大統領の権限の中で、対外関係に関する権限は「絶対的 very absolute」なのであるとすら記す。(9) この点、重要なのは、大統領は、憲法の規定により「陸軍および海軍の最高司令官（Commander-in-Chief）」であり、戦時においては広大、無限定ともいうべき戦争権（war powers）を行使しえることであろう。つまり、強力な「大統領政治」というイメイジは、第二次大戦以来最大の超大国となったアメリカの国際政治の中の地位の変化に基づくものといっても過言ではない。言い換えれば、強力な大統領像の多くは、冷戦を含めての戦争の時代の所産であり、逆に戦争が終り、国際政治上のアメリカの地位が相対的に弱まる時の大統領職（Genovese, *The Presidency in an Age of Limits*）、その意味で「平常に復帰」する時の大統領職は先に触れた「分立した政治」の中で作用せざるをえず、おのずから「包囲され、批判され、困惑する大統領職」（Wildavsky, *The Beleaguered Presidency*）とならざるをえない。(10)

少しく先回りした観があるが、つまり、憲法制定以来二〇〇年余りのアメリカ政治において、状況の変化により、当然大統領の機能は変質してくる。大統領がその役割をはたすにあたっての状況、アメリカの対外的ないし対内的状況に対応する国家機能の変化、それに伴う「国家」構造の変化（T. Lowi, "From United States to United

State”）の文脈との関連で、[11] 大統領職の役割変化が捉えられるべきであろう。一九三九年の行政再組織法による大統領府の設置は、行政機関全体の拡大、いわゆる「巨大政府」の出現のなかで、政策立案、決定の機関としての大統領職の組織的制度的再編成の端緒であり、他方一九二〇年代より急激に発達したマス・メディアは政治指導者としての大統領個人に焦点をあて、民衆の目には大統領個人の人格的存在が大きく写ってくる。その点、本稿は、フランクリン・ローズヴェルト以降のいわゆる現代的大統領職（Modern Presidency）を、在来の大統領職との多くの相違のなかで、特にそうした大統領職の組織化と個人化との側面で理解しようとするものである。なお、ヴェトナム敗戦、ことに冷戦終結以降の大統領職（ポストモダンの大統領〔R. Ross, *The Postmodern President*〕）[12] は、上でもふれたように「分立した政治」の側面を強く示すが、組織化と個人化という点では、後に論ずるごとく継続性をもつものといえよう。

以上の問題を取り上げるさい、役割論ともいうべき接近視点をもって、接近してみたい。すなわち、一九世紀中葉のイギリス統治構造の現実を洞察し説明したウォルター・バジョット『イギリス憲政論』における「尊厳的部分（dignified parts）」と「実効的部分（efficient parts）」という概念を適宜利用したい。[13] バジョットの論旨は、一言でいえば、イギリス統治構造の特色は、論者によって主張されてきた権力の分立にあるのではなく、一方で議院内閣制の形で立法部と行政部とが融合していること、他方で君主・上院の「尊厳的部分」としての役割、内閣の「実効的部分」としての役割という役割分担がなされていることにある、というものであった。ちなみに、バジョットは、同書においても、また評論家として当時のアメリカ政治（南北戦争、つづく一七代アンドルー・ジョンソン大統領の弾劾問題）を論じたいくつかの評論において、[14] アメリカ大統領制を批判的に論じ、イギリス的議院内閣制と対比させていたことは周知のごとくである。

なお、彼が説明したごとく君主・上院が「尊厳的部分」を構成しているかどうかは、今日伝えられる王室のスキャンダルを別としても、[15] たとえば、リチャード・クロスマンなどによって疑問とされている。[16] しかし、ここでは、この二つの用語を、バジョットがしばしば「尊厳的部分」すなわち「劇場的（theatrical）」、「実効的部分」すなわち「密室的」とのニュアンスをもって使用していることに注目し、民主政治における政策決定者の可視性（visibility）と政策決定過程の非可視性（invisibility）という点との関連で、アメリカ大統領職にも適用し、しかも広く一八世紀末から二〇世紀半ばまでをその対象範囲として、考察してみたい。[17]

以上のような前提の下で、まず合衆国憲法制定時の大統領職の理解に始まり、建国期、自由放任主義の時代、革新主義の時代にいたる大統領職の映像と現実の鳥瞰を試みたい。そして、フランクリン・ローズヴェルト政権の下で、組織化が当初は全く私的な機関として ad hoc に形成され、それがローズヴェルトの個人的リーダシップと重なりあって展開してゆくことを論じ、一九三九年の行政再組織法の下での法的な組織化についてのべる。その上で、第二次大戦以降の大統領職の組織化と個人化とを、主としてアイゼンハワー政権における組織化、主としてケネディ政権における個人化を中心に解明し、最後にポストモダンの大統領職についてもふれてみたい。

2　史的鳥瞰——連邦憲法制定から革新主義まで

連邦憲法制定——権力分立と「愛国派国王」像

一七八七年連邦憲法の起草者、いわゆる建国の父祖たちの当面した困難の一つは、共和国の行政首長をいかなる形で構成すべきかであった。『ザ・フェデラリスト』も、アレギザンダ・ハミルトンの筆になる六七篇の冒頭で「政府組織において、行政部をどう組織するかということほどむずかしいものはなかった」と記している。[18]

イギリスよりの独立は、君主政を否定し、共和政を確立した革命にほかならず、それだけに新憲法下の行政首長に君主、国王のイメイジが伴うことは極力避けなければならなかった。さらに、憲法制定は在来の国家連合としてのUSAを、新たに連邦国家としてのUSAへと変革するものであるが、各ステイトによる批准を確保しなければならない憲法案起草者にとって、人びとに可能なかぎり在来のUSAとの継続観をもたせることが必要であった。つまり、新憲法下の行政首長は、中央集権の中枢、強力な中央機関と見なされることを避けなければならなかった。ちなみに、憲法案起草にあたって、地方的利害を反映させるべく、行政首長の複数制が真剣に提案されたほどである。[19]

しかし、他面、共和国であろうとなかろうと、「行政部が精力的であることは、およそよき政府の本質であり」とされる。[20]イギリスの議院内閣制の実体は、当時必ずしも確立してはいなかったのみならず、三〇〇〇マイル離れたアメリカでは十分に把握されえず、バジョットも指摘しているごとく、[21]アメリカ人は、イギリス国王自身が行政の主体であると誤解し、大臣は国王の大臣であり、国王と内閣・大臣とは一体をなすと考えていた。したがって、共和政の下でも、国王に代わる行政首長がおり、そのもとに大臣にあたる各省長官が直接の下僚として存在する、という構成をとった。すなわち、結果的には、比喩的にいえば、国王と首相との職務を一身に背負う行政首長が規定されたのである。

論理的にいえば、この新連邦共和国の正統性の根拠は、主権者、憲法制定権力者としての人民の間の合意、その表現としての合衆国憲法にあり、トマス・ペインが一七七六年『コモン・センス』に記したごとく、「アメリカでは法が国王である」、[22]つまり憲法それ自体が「尊厳的部分」としての役割を果たすべきなのである。その「尊厳性」＝権威を、もし人間的要素が表現するとすれば、それは立法・行政・司法の三部門それぞれによって分担されるべきなのである。事実、連邦憲法の構成は、まず人民の直接選挙による下院、連邦を構成する各州の代表機関ともいうべき上院、すなわち連邦議会が第一条に規定される。ついで、間接選挙で選ばれる大統領が第二条で、そして上院の同意を得て大統領が任命する裁判所が第三条にくる。権力とともに、権威も三権に分離されているのが、アメリカ憲法体制の本来の在り方といえよう。さらにいえば、憲法自体が権威であるゆえに、

「憲法の番人」としての最高裁判所が最も「尊厳的な部分」とされることが多い。その点、後にふれるように、行政再組織法提案と相前後するローズヴェルトの最高裁判所改革案は、この「尊厳的部分」を侵犯するものとして、国民の批判を浴び、挫折する。

しかし、以上のように権力とともに、権威をも分散させる共和体制は、これまたバジョットが指摘するように、「見ていて興味の起こらない行動を誰もがしている多数の人間の間に、国民の注意を分散させる政治形体であり」、「政治形体として理解しにくい観念」なのである。その点、君主政は、国民の注意を興味ある行動をする一人に集中させる判りやすい政治形体とされる。(23) ここに、論理、制度として君主政を排しつつ、心理的に、また制度の運営にあたっては、行政首長、すなわち大統領が疑似君主の形をとり、可視的な「尊厳的部分」としての役割を果たすことが期待されてくる。ちなみに、革命初期にアメリカ植民地人は、イギリス国王に対し、国民の一部を代表するのではなく、植民地人をも含む国民全体の福祉を代表する君主、いわゆる「愛国派国王（Patriot King）」像を投射し、期待したことがある。そのあるべき君主像としての「愛国派国王」像は、いうまでもなく単なる幻像に終った。(24) 今、自らの間に行政首長としての大統領を設定するとき、そこにいわばモデルとして「愛国派国王」像が投射されることは無理からぬことであった。大統領制の研究における古典ともいうべき *The President: Office and Powers, 1787–1957* のなかで、コーウィンは、「大統領制は、大体に於いて、腐敗を除き、またもちろん世襲的要素を除いたジョージ三世の君主政の再現をはかったものであった」とすら記している。(25) この表現はいささか誇張された表現であるが、憲法起草者は、君主政を忌避しつつ、共和国の行政首長のモデルを「愛国派国王」像に求め、ただしその専制化をホイッグ的に三権分立、抑制均衡の徹底化によって防ぐという複雑な制度的構成をとったといえよう。権力の必要と権力の抑制という矛盾は、大統領職そのものにも該当し、かくしてアメリカ大統領職は状況により、「帝王的大統領」にもなり、また「無為の大統領」ともなりえる可能性を内包する。

一七八九年就任の初代大統領ワシントン以来、一九九三年就任の四二代大統領ビル・クリントンまで、二〇〇年余、四一人の大統領を数える。通常、大統領の権力、リーダシップなどと関連して、「現代的大統領職（Modern Presidency）」はフランクリン・ローズヴェルト大統領から始まり、それまでの大統領を「伝統的大統領職（Traditional Presidency）」とよぶことが多い。しかし、国家機能、政党との関係という観点からみて、「伝統的大統領職」をさらに三分し、ワシントンからジョン・Q・アダムズまでを「建国期の大統領職」とし、一八三〇年代から世紀転換期までを「自由放任主義期の大統領職」とし、シオドア・ローズヴェルト、ウッドロウ・ウィルソンなどを「現代的大統領職」への過渡期の存在として「革新主義期の大統領職」と、分けて考察することが適切であろう。本節では、革新主義期までの大統領職を、ごく鳥瞰的に素描してみたい。

建国期――超党派型

イギリス帝国から分離・独立し、連邦憲法制定をもって成立したばかりの新連邦共和国としてアメリカは、対外的には列強の間で独立と威信を確立し、対内的には一三州の人民の帰属と忠誠とを確保していくためには、外にも内にも通じる統合の象徴、「顔」が必要となる。ここに、七年余におよぶ独立戦争を総司令官として勝ち抜き、威風堂々たる体軀と沈着冷静な人柄とにより、同時代のアメリカ人の間で名声の高かったジョージ・ワシントンの存在が大きく注目されてくる。ワシントン個人の意思ないし政治家としての才能を問わないとしても、彼のもつ存在感、名声、「威厳」が、大統領職の「尊厳性」を確立するのに必要とされたのである。その点、連邦憲法制定に一役買ったグーヴェルナー・モリスが、故郷マウント・ヴァーノンに在るワシントンにあてて手紙を記し、「あなたが大統領職をお引き受けにならないであろうなどという考えが広まれば、それは致命的なことになりましょう」とし、「あなたの冷静沈着なご性格は、新政府に確固として堂々たる趣を与えるのに、必要にして不可欠（indispencibly necessary）であります」と訴え、「一三頭立の馬車を馭する馭者の席ともいうべき大統領職を引き受けるべきであります」と迫るのも、ワシントンのカリスマ性を新合衆国政治体制と結び付け、「尊厳的部分」として国民の眼前に示すことを切望したものにほかならない。[26] したがって、その大統領就任式も、できるだけ荘厳かつ華厳に、四頭立の馬車などを使用し、観衆を前にして「劇場的」に行われる。かくして、ワシントンという特定の個人を媒介として、大統領職の「尊厳的部分」が演出されたといえよう。

ワシントンにつづくジョン・アダムズ、トマス・ジェファソン、ジェイムズ・マディソン、ジェイムズ・モンロー、ジョン・クィンジィ・アダムズという大統領たちに共通することは、彼らがヴァジニア王朝とよばれる大農園主であるか、ニューイングランドの知名な弁護士であり、いずれも大学出身者であり、その出自が一八世紀名望家層であったことだけではない。彼らが、すでにアメリカの中のみならず、ヨーロッパにおいてもその知名度が高かったことである。マディソンを除く四人はいずれも使節としてヨーロッパの地を踏んでいた。そのマディソンは、「憲法の父」として著名であるのみならず、国務長官も経験している。つまり、先にふれた「可視性(visibility)」を、すでに彼らはアメリカ内外において所有していたのである。そして、現実には党派的利害が顕在化していたが、スタイルとしてはワシントンの「告別演説」に典型的に表現されたように、超党派的であった。その点、彼らは、やはり「愛国派国王」像の共和国版を演じることを念じていたといえよう。[27]

三代大統領ジェファソンは、確かにリパブリカン党という政党を組織し、政権を掌握したが、基本的には一八世紀の党派超越志向から解放されてはいなかった。彼は、アメリカのような共和政下にあっては、「およそ職務の要請することをすべてなさんがため、全人民の信頼をその一身に結集することは、行政首長たるものの義務である」と大統領職退職後間もなく記している。[28] もとより、ジェファソンは明確に反君主政主義者であり、反対党のフェデラリスツを君主政主義者として非難しているが、全(一部のではなく)人民の信頼にもとづく強力な行政首長の必要は認めていた。この超党派志向は、モンロー、J・Q・アダムズになるとさらに強まり、むしろ民政党的ですらある。二代大統領ジョン・アダムズの息子であり、学識あり、海外経験の長いJ・Q・アダムズは、確かに有能な外交官、行政官であった。彼は、きわめて自覚的に「愛国派国王」像に即して大統領職を理解し、行動するが、政党否定的なその言動は自らを民衆からも、他の政治家からも孤立化させ、「劇場的」な人気はさらになく、「実効的部分」としても機能し得ずにホワイトハウスを去らざるをえなかったのである。[29]

なお、付言するならば、新国家の出発にあたって、財政の整備をはじめとし、「実効的部分」の充実も緊急の必要とされた。ごく少数の閣僚で発足した新政府は、国務長官トマス・ジェファソンと財務長官アレギザンダ・ハミルトンとの確執など見られたが、大統領を中心としてよく閣議がもたれ、憲法上は存在しないキャビネット（内閣）が、文字どおり「実効的部分」として機能していた。ハミルトン自身は、ワシントンを国王的存在とし、自らを首相的存在として捉えていた節もあるが、事実は、大統領を首相とした「内閣」が機能したといえよう。さらに、ジェファソン以降の場合も、ジェファソン、マディソンと二代の大統領のもとで一四年間財務長官を勤めたアルバート・ギャラティンの活動も「実効的部分」としての「内閣」の存在を意識させる。[30]

自由放任主義期──議会主導型

一八二八年の選挙で、およそ在来の大統領とは、その出自、教育、経歴で対照的な大統領アンドルー・ジャクソンが登場する。この転換は、独立が達成され、成長期に入ったアメリカ社会で、選挙権の拡大、選挙職の増大を背景に、「愛国派国王」像の共和国版の大統領ではなく、民衆の仲間であり、その代表である大統領（「丸太小屋よりホワイトハウスへ」）が望まれたことを示す。「ジャクソニアン・デモクラシー」とは、ジャクソンが生み出した民主政というよりは、ジャクソンを生み出した民主政をさすといってよい。そのことを現実に可能としたのは、一つには投票の獲得組織である政党組織が発展し、かって負の存在、高々必要悪とされた政党が、民衆の多数を組織する民主政治に不可欠の存在として積極的に評価され、政党が候補を選定し、選挙を組織するにいたった政党政治の出現と関連する。ニューヨークの政党政治家ヴァン・ビューレンの組織力とジャクソンの民衆の英雄としての「尊厳的部分」「劇場性」との結び付きが、新しい大統領職の類型を生み出した。しかし、同時に、

「実効的部分」が、実権が、大統領自身、またその下僚としての閣僚から次第に離れ、政党領袖（議会、ことに上院に議席をもつことが多い）に掌握されることが多くなることをも注目すべきであろう。しかし、それにはアメリカを包む状況の変化が作用していることに留意しなければならない。

つまり、一八三〇年代以降になると、アメリカ内外の状況が変わってくる。対外的には、一八二三年のモンロー主義の表明に象徴されるように、ヨーロッパ列強よりの干渉を受ける可能性は減じ、独立の確保がほぼ保障され、アメリカはいわゆる孤立主義、より正確にはアメリカ大陸主義をその対外政策の基本となしえた。ということは、対外関係の担当者、責任者である大統領の仕事がそれほど多くなく、「尊厳的部分」としての「劇場的」な出番もまた少ないことを意味する。対内的には、財政は安定し、諸種の行政制度も確立し、アメリカ経済は自由放任主義のもとで拡大発展し、中央政府としての連邦政府が積極的に行うべき事業は減少する。連邦政府の仕事は、むしろ地方的利害、経済的利害の調整であり、それは連邦議会、ことに上院において、諸利害の代表者としての議員（今日的表現を使えば族議員）間の利害の対立、取り引き、調整に委ねられる。したがって、行政部、行政首長は、議会において調整、決定された事項を忠実に執行すべき機関、文字通りの執行機関であるべきとされてくる。逆にいえば、大統領側がリーダシップなど発揮すべきではないのである。閣僚も、大統領が選び、大統領とともに機能すべき「実効的部分」であるよりは、政党のパトロネイジの対象となる。

そのことを、ジョンズ・ホプキンズ大学大学院で研究していた若き日のウッドロウ・ウィルソンが、先にあげた『連邦議会政治』を、一八八五年刊行して、批判的に論じたのである。すなわち、ウィルソンは、イギリスとアメリカとの政治体制上の違いは君主政と大統領政との違いとされているが、そうではなく議会（議院内閣）制と連邦議会（常任委員会）政との違いにありとする。委員会中心の連邦議会では、理論もなく、討議もなく、無責任に政策決定、立法が行われる、という。彼は、同書では南北戦争後クリーヴランド大統領登場までの期間を対象としているが、その記述は、より一般的には、彼が「初期の大統領たち」とよぶ建国期の大統領職以後に当てはまることといえよう。ウィルソンは、「大統領の仕事といえば、時には大きいこともあるが、通常はありきたりのもの以上ではない。多くの場合、それは単なる執行、つまり政策の主人公である常任委員会の決定に単に服従［忠実に執行］するだけである」と指摘する。(32)

また、アメリカ政治に対するイギリスよりの客観的観察者ジェイムズ・ブライスも、その古典的な『アメリカン・コモンウェルス』の中で、わざわざ一章をさいて、「何ゆえ、偉大な人物が大統領に選ばれないか」を論じている。政党による候補指名制度など選挙制度によるところ大きいことにもふれるが、第一の理由として、人材が実業界に行くことをあげ、「結局のところ、大統領は特に知的才能を有する人である必要がないのである」(33)とし、大統領の主たる仕事といえば、議会で成立した法律の執行、治安維持、行政官吏の任命であるとしている。しかし、この期の大統領の無名、無為を、必ずしも個人の無能のみに還元することはできない。上にのべたように、この期が、外に孤立主義の時代で、対外関係担当者としての大統領の登場の機会が少なく、内に自由放任主義の時代で行政部の指導、干渉は排除され、その点でも大統領の出番は少なかったのである。リンカンが、例外たりえたのは、彼個人の能力もさることながら、南北戦争という例外的状況が、大統領に戦争権といういわば非常大権を行使せしめたことによるところ大きい。そもそも彼が一八六〇年大統領候補に指名されたのは、彼の著名性のゆえではなく、その無名性のゆえであった。非常事態が、無為ではなく有為を求め、彼の潜在的有能を顕在化せしめ、無名を有名にし、シャイな彼を「劇場的」存在たらしめたといえば、いい過ぎであろうか。南北戦争以前についてではあるが、洞察力豊かなフランス人観察者トックヴィルの次の言葉「合衆国大統領はほとんど君主大権ともいうべきものを所有しているが、それを行使する機会をもたない。彼が現在使用しえる特権はきわめて制限されている。法的には、大統領は強力たりえるが、状況が大統領を弱くしている」(34)は、一九世紀三〇年代以降一九世紀末までの大統領職の在り方を、ほぼ適切に要約しているといえよう。

革新主義期――大統領個人主導型

しかし、一九世紀末以降になると、アメリカ内外の状況変化が、大統領職の機能、在り方に変化を及ぼさざるをえない。対外的には、一八九八年の米西戦争、ことに第一次大戦はアメリカを世界強国の一員とし、その政治・経済・イデオロギー的空間を西半球外に拡大し、列強との競争、角逐が増大するにつれ、対外関係の主役としての大統領の「劇場的」出番、「実効的」役割が当然多くなる。その最も劇的なのが、一九一九年一月の二八代大統領ウッドロウ・ウィルソンのパリ訪問、ヴェルサイユ会議出席であろう。「実効的部分」としては失敗であったにせよ、国際会議における主役としてのアメリカ大統領という「尊厳的部分」としての存在を顧示した。

他方、国内的には、南北戦争後の急速度の高度成長がもたらした矛盾が顕在化し、Populists、革新主義の運動などの示すごとく、連邦政府次元での規制が求められてくる。経済的な少数利益を代弁する議会に対し、全体の利益の代表という姿勢で、大統領職は体制の保持のため経済規制に乗り出し、大統領のリーダシップが、自覚的に主張されてくる。二六代大統領シオドア・ローズヴェルトにおいて、その姿勢は顕著に表現される。大統領退職後に刊行した『自伝』において、ローズヴェルトは大統領職の在り方について、次のごとくのべている。すなわち、ローズヴェルトによると、大統領職について、二つの理論があり、一つは、大統領は国民にのみ服するのであって、憲法が明確に禁止していない限り、国民のため積極的に行動すべきであるという見解であり、彼はこれを「ジャクソン・リンカン学派」と呼び、もう一つは、大統領は議会の召使であり、憲法が明確に規定していない限り、積極的に行動すべきでないという見解であり、「ブキャナン・タフト学派」と呼んでいる。彼自身の大統領職を省みて、「私は、上院や下院の領袖の頭を越えて、国民に直接訴えることによってのみ、成果を得ることができた」とも記している。[35] おそらく、それまでの歴代の大統領のうち、ローズヴェルトが自覚的に積極的な大統領職の在り方を規定し、また事実大統領としてのリーダシップを最も意識的に発揮したといえよう。

ローズヴェルトの後継者ロバート・タフトについては、ローズヴェルト自身、彼を消極的大統領の代表と呼んだが、その次のウッドロウ・ウィルソンは、革新主義運動の代表者として内政において、また対外関係において、大統領としての自覚的リーダシップの発揮という点で、ローズヴェルトに劣らない。のみならず、注目すべきことに、彼は、政治学者、行政学者として、予め大統領職の持つ権力ならびに指導性について研究し、理論化をしていた。ウィルソンは、先にふれた『連邦議会政治』における大統領職についての分析を、一九〇〇年刊行の第一五版序文で改め、その後の状況の変化、ことに米西戦争を契機にアメリカ政治における対外関係の比重が増大したことにより、外交の責任者としての大統領が国のガイドとして、先頭にたつものであることを強調している[36]。さらに、ウィルソンは一九〇八年刊行の『合衆国の憲法政治』の中で、積極的な大統領職観を展開する。つまり、国家の機能が拡充するにつれ、大統領の仕事が増大し、議会での決定の忠実な執行者としての大統領職から、全国民の代表者として、事柄の決定者、国民の指導者としての大統領職に変わってゆくことを、彼は同書の三章「合衆国大統領」の結論として予測している[37]。また、大統領職のもつ政治的権力はあくまで「個人的なものであり、他に譲ることのできないもの」としつつ（個人化、「尊厳的部分」の指摘といえようか）、大統領職を機能させるために閣僚との関係を重視する（組織化、「実効的部分」の指摘といえようか[38]）。事実、ウィルソンは、一九一三年大統領職に就任以来、自ら議会の議場において演説し、政策発案者として個人的なリーダシップを意識的に行使するとともに、また閣僚を必ずしも重んじなかったが、エドワード・ハウス（コロネル・ハウス）を外交専門の私的顧問、私的補佐として活用し、ホワイトハウス・スタッフの非公式の先例を作ったことは周知のごとくである。

内に革新主義、外に第一次大戦という激動の後、アメリカ国民は「平常への復帰」を求め、大統領職の在り方も一応一九世紀後半型に復帰したかに見える。ただ、その場合でも、国家機能は、戦争という非常事態における例外的拡大後の縮小は別とすれば、縮小したわけではなく、恒常的に拡大している。したがって、大統領職の権限も縮小したわけではない。制度的にも、従来予算は各行政機関と議会委員会との交渉で決定されていたのが、一九二一年の予算会計法により、改められ、財務省に予算局が設立され、同局が大統領のために各行政機関の予算を取り纏め、大統領がその統一予算案を議会に提出することとされた。このことは、大統領に予算編成の主導権を与え、大統領職の「実効的部分」としての機能を高める有力な手段となる。[39] 予算局長は、財務省に属しつつ、大統領に直結するという形で、事実上大統領のスタッフとなるが、後にのべるごとく一九三九年の行政再組織法で、制度的にも財務省を離れて、大統領府の一翼となる。その意味で、一九二一年の予算局の設立は、先行的な大統領職の組織化といえよう。それが、「平常への復帰」を唱え、「凡庸」とされる二九代大統領ウォレン・ハーディング政権の時に成立したことは、歴史の皮肉ではあるが、またそれだけ歴史の流れを象徴しているともいえよう。

この予算会計法以外にも、一九二〇年代には、行政部、立法部両方において、多くの行政改革案が論議され、具体化はしなかったが、冒頭にふれた一九三七年のブラウンロー報告などにつながって行く。[40] 心理的には、「孤立主義」「平常への復帰」を求めても、革新主義、第一次大戦後のアメリカ合衆国の国家機能の拡大、国家構造における連邦政府の比重の増大、大統領職への権力の集中は、もはや一九世紀へ復帰はできず、課題はいかにそれを憲法の範囲内において効果的に整備し、制度化するかであった。それは、まず一九二九年に始まる大恐慌へいかに対処するか、という緊急事態下の要請として具体化してくる。

（1）辻清明編『現代行政の理論と現実――蠟山政道先生古稀記念論文集』（勁草書房、一九六五年）、三一三―三九〇頁。同論文の存在については、西尾隆教授に教えられた。同書において、くすしくも、蠟山政道、辻清明、渡辺保男、西尾隆と、国際基督教大学における行政学研究の系譜を見ることができる。行政学者として惜しくも業半ばにして倒れられた渡辺保男教授への、心よりなる哀悼の意を表明するものとして、この拙論を捧げたい。

（2）ブラウンローは、病身にもかかわらず百歳近くの長命であった。ブラウンローには、渡辺教授も依拠しておられる浩瀚な自叙伝があるが、その学界、実際界における活動、その思想的背景を、個人的想い出を交えて簡潔に描いた追悼記、Barry D. Karl, "Louis Brownlow," *Public Administration Review* 39 (1979): 511–516 がある。筆者は、シカゴ大学のアメリカ史教授。その他、たとえば、Barry Dean Karl, "Louis Brownlow: The Professionalism of Service and the Practice of Administration," in idem., *Executive Organization and Reform in the New Deal: The Genesis of Administrative Management, 1900–1939* (Cambridge, MA: Harvard University Press, 1963), pp. 82–126 など。

（3）日本行政学会編『行政機構の改革』（勁草書房、一九六一年）、一九—四四頁。

（4）Woodrow Wilson, *Congressional Government: A Study in American Politics* (New York: Meridian, [1885] 1956).

（5）通常、"divided government" は、連邦議会で多数を占める政党が、大統領の所属する政党と異なる場合をさすのに対し、"separated government" の方は、制度的に行政部と立法部とが分立している場合をさす。

（6）Alexander Hamilton, James Madison, John Jay, *The Federalist*, Jacob Cooke, ed. (Middletown, CT: Wesleyan University Press, 1961). 斎藤眞、武則忠見訳『ザ・フェデラリスト』（福村出版、一九九一年）。

（7）Woodrow Wilson, *Constitutional Government in the United States* (New York: Columbia University Press, 1908), pp. 56–57.

（8）Aaron Wildavsky, "The Two Presidencies," in idem., *The Beleaguered Presidency* (New Brunswick, NJ: Transaction, 1991), p. 29.

（9）Wilson, *Constitutional Government*, p. 77.

（10）Michael A. Genovese, *The Presidency in an Age of Limits* (Westport, CT: Greenwood, 1993); and Wildavsky, *Beleaguered Presidency*, p. vi.

（11）Theodore J. Lowi, "Europeanization of America? From United States to United State," in Theodore J. Lowi and Alan Stone, eds., *Nationalizing Government: Public Policies in America* (Beverly Hills, CA: Sage, 1978). なお、たとえば新川健三郎「「積極国家」への胎動」本間長世編『現代アメリカの出現』（東京大学出版会、一九八八年）、一七一—一九三頁、参照。

（12）Richard Rose, *The Modern President: The White House Meets the World* (Chatham, NJ: Chatham House, 1988).

（13）バジョットの同書は幾多の版があるが、本稿では、彼のアメリカ大統領制についての評論との関係もあり、Norman St. John-Stevas, ed., *The Collected Works of Walter Bagehot*, vol. 5 (London: Economist, 1974), pp. 101–409 を使用した。同書の邦訳は明治一〇年代よりいくつか刊行されているが、引用などにさいしては、辻清明編『バジョット・ラスキ・マッキーヴァー』（『世界の名著』六〇巻、中央公論社、一九七〇年）所収、小松春雄訳『イギリス憲政論』を適宜参照させていただいた。小松訳では、上記の二つの用語は、それぞれ「威厳をもった部分」「機能する部分」と訳されている。なお、竹越与三郎・岡本彦八郎共訳『英国憲法之真相』（明治二〇年）では、「尊厳の部」「実力の部」となっている。武田清子「ピューリタン革命と近代日本」、武田清子他『イギリス思想と近代』（北樹出版、一九九二年）、一五―一六頁、参照。

（14）アメリカ政治について、主として大統領制と議院内閣制とを比較した批判的評論が五編ほど、上記著作集、*Collected Works of Walter Bagehot*, vol. 6, pp. 161-179 に所収されている。

（15）王室のスキャンダルが大衆紙の売れ行きをよくしていることは、まさしく王室によるショウ（劇場的要素）を大衆が観劇、消費しているわけで、負の形で、逆説的に「尊厳的部分」の存在を示しているともいえる。

（16）R. H. S. Crossman, "Introduction" in Walter Bagehot, *The English Constitution* (London: Fontana, [1963] 1981).

（17）この大統領職における「尊厳的部分」「劇場的」を、少し違った観点から、特にレーガン大統領との関係で、「大統領制における象徴的な次元」として論じたものとして、五十嵐武士『政策革新の政治学――レーガン政権下のアメリカ政治』（東京大学出版会、一九九二年）、殊に、四―三四頁、参照。

（18）*The Federalist*, p. 452.『ザ・フェデラリスト』、三二七頁。続けて、ハミルトンは「これほど不公平な非難を受けたり、慎重な判断もなく批判されているものもおそらくほかにはないだろう」と記している。ちなみに、ローマ、ギリシャ時代、都市国家を除くならば、憲法制定者たちは、共和国の行政首長として適当なモデルをもちえなかった。

（19）連邦憲法制定の事情については、拙著『アメリカ革命史研究』（東京大学出版会、一九九二年）、第八章「連合から連邦へ」参照。なお、大統領職の人数、任期などについては、拙稿「アメリカ大統領制成立の史的背景」『国際問題』一八五号、一九七五年、参照。

（20）*The Federalist*, No. 70, p. 471. 前掲訳書、三四〇頁。なお、ハミルトンは、同書の各所でイギリス国王と、大統領職とのちがいを説明している。が、そのことは逆に連邦憲法案批判側に大統領職と国王職との類似についての危惧が多かったことを示す。

（21）*Collected Works of Walter Bagehot*, vol. 5, p. 242.

（22）Thomas Paine, *Common Sense* [1776], in Howard Fast, ed., *The Selected Works of Tom Paine: Set in the Framework of His Life* (New York: Duell, Sloan and Pearce, 1945), p. 30. 小松春雄訳『コモン・センス』（岩波文庫、一九七六年）、六五頁。

（23）*Collected Works of Walter Bagehot*, vol. 5, pp. 229-230.

（24）Patriot King 像については、上掲『アメリカ革命史研究』八三―八九頁、参照。イギリスにおける「愛国派国王」像については、たとえば "The Idea of a Patriot King," in Ralph Ketcham, *Presidents Above Party: The First American Presidents, 1789–1829* (Chapel Hill: University of North Carolina Press, 1984), pp. 57–66.

（25）Edward S. Corwin, *The President: Office and Powers, 1787–1957*, 4th rev. ed. (New York: New York University Press, [1940] 1957), pp. 14–15.

（26）Gouverneur Morris to George Washington, October 30, 1787, in S. E. Morrison, ed., *Sources and Documents illustrating the American Revolution, 1764–1788 and the Formation of the Federal Constitution*, 2nd ed. (New York: Oxford University Press, 1945), pp. 306–7.

（27）この点のかなり徹底した研究としては、上掲の Ketcham, *President Above Party* 参照。

（28）Jefferson to Garland Jefferson, January 27, 1810, in *ibid.*, p. 105

（29）Richard Hofstadter, *The Idea of a Party System: The Rise of Legitimate Opposition in the United States, 1780–1840* (Berkeley: University of California Press, 1969), pp. 231–36.

（30）Hamilton to Edward Carrington, May 26, 1792, in Harold C. Syrett, ed., *The Papers of Alexander Hamilton*, vol. 11 (New York: Columbia University Press, 1966), p. 427. ハミルトンは、そこで "my administration" という表現を使用している。ハミルトンの大統領観、ワシントンの大統領観およびその実際については、たとえば Richard Loss, *The Modern Theory of Presidential Power: Alexander Hamilton and the Corwin Thesis* (New York: Greenwood, 1990), part 1 (Hamilton and Washington) 参照。建国期における内閣の組織などについては、古いが Henry B. Learned, *The President's Cabinet: Studies in the Origin, Formation and Structure of an American Institution* (New Haven, CT: Yale University Press, 1912) がある。

（31）彼自身ジャクソンの後を継いで八代大統領となるが、大統領としては無名に近いヴァン・ビューレンは、アメリカ政治史上最初の成功した職業的政党政治家といえよう。Hofstadter, *Idea of a Party System*, pp. 212–226.「ヴァン・ビューレンはアメリカ政党制度の真の創設者である」、Dean McSweeney and John Zvesper, *American Political Parties: The Formation, Decline and Reform of the American Party System* (New York: Routledge, 1991), p. 47.

（32）Wilson, *Congressional Government*, p. 170. ちなみに、このペイパーバック版のリップマンの序文にもあるように、ウィルソンは上掲のバジョットの『イギリス憲政論』を愛読し、グラッドストンなどを中心とするイギリス議会政治、議院内閣制に憧憬ともいうべき思いをもっていた。事実、『連邦議会政治』でもバジョットへの引照が多い。ウィルソン研究の第一人者アーサー・リンクは、同書は大いに評価されてきたが、必ずしも独創的とはいえず、バジョットの影響が強すぎる、文体まで似ているとしている。ちなみに、バジョットのアメリカ版が出版されたのは一八七三年である。Arthur S. Link, *Wilson: The Road to the White House* (Princeton, NJ: Princeton University Press, 1947), pp. 12–19.

（33）James Bryce, *The American Commonwealth*, new ed., vol. 1 (New York: Macmillan, 1910), chap. 5 (“Why Great Men are not chosen Presidents”) なお、ブライスは、「一八二八年のジャクソン当選までは、大統領はすべてヨーロッパ的意味で政治家（statesmen）であり、教育があり、行政の経験があり、ある程度広い見解、威厳を有していた」（p. 83）と記している。

（34）Alexis de Tocqueville, *Democracy in America*, Phillips Bradley ed., vol. 1 (New York: Vintage, 1945), p. 131.

（35）Theodore Roosevelt, *An Autobiography* (New York: Macmillan, 1913), pp. 394–95, 383.

（36）Wilson, *Congressional Government*, p. 22.

（37）*Ibid.*, p. 81. ウィルソンは、同書で、憲法起草者が、ニュートン的機械的均衡論を前提として起草した連邦憲法が、ダーウィン的に社会環境の変化によりその機能を変化させることを強調し、「生きた政治的憲法は、構造においても実践においてもダーウィン的たらざるをえない」と記す（p. 57）。ある論者は、ウィルソンの同書における「大統領の個人的力は、彼がいかなる限度まで行使しようとも、完全に合憲的である」（pp. 71–72）を引用して、「ウィルソンの大統領権力の理論は専制政治に近い」と批判している。Loss, *Modern Theory*, p. 105. なお、ウィルソンの大統領職論については、A. J. Wann, “The Development of Woodrow Wilson’s Theory of the Presidency: Continuity and Change” in Earl Latham, ed., *The Philosophy and Policies of Woodrow Wilson* (Chicago: University of Chicago Press, 1958), pp. 46–66.

（38）Wilson, *Constitutional Government*, p. 80.

（39）たとえば、Corwin, *The President*, p. 129; and David Mervin, *The President of the United States* (New York: Harvester-Wheatsheaf, 1993), p. 75. なお、統一予算案編成の具体化は、タフト大統領の時代より立案され、いく多の妥協の後、予算局の所属は財務省、しかし大統領に直接報告するという形で立法化された。初代局長 Charles Dawes 以来大物の局長が多い。予算局成立の歴史、その後の活動については、Edward H. Hobbs, *Behind the President: A Study of Executive Office Agencies* (Washington, DC: Public Affairs, 1954), chap. 2 (“The Bureau of Budget”) 参照。

（40）Peri E. Arnold, *Making the Managerial Presidency: Comprehensive Reorganization Planning, 1905–1980* (Princeton, NJ: Princeton University Press, 1986), chap. 3 (“Reorganizing for Normalcy”).

追記

本稿は一九九四年三月脱稿し、続けて（2）を執筆する予定ではあったが、その後アメリカ大統領職に関する論稿を下記のごとくいくつか発表し、（2）と重複する記述も多いので、本稿をもって一応完結といたしたく、編集者、読者にお許しを願うものである。

（一九九六年一月）

＊

「アメリカ大統領と補佐官たち」（『学士会会報』八〇六号、一九九五年一月）／「ポストモダンの大統領の登場？」（斎藤眞・大西直樹編『今、アメリカは』南雲堂、一九九五年四月、ちなみに、本書は国際基督教大学平和研究所研究計画の成果の一つである）／「イギリス国王とアメリカ大統領職——アメリカ大統領職設立の一背景」上下（東京大学出版会『UP』二七六号、二七七号、一九九五年一〇月、一一月）／「権力分立制の下の大統領職」（五十嵐武士他編『アメリカの社会と政治』有斐閣、一九九五年一二月）。

［解題］　初出は国際基督教大学社会科学研究所編『社会科学ジャーナル』三二号、三—二二頁（一九九四年三月）。渡辺保男教授追悼号に寄稿したもの。「大統領について書くより大統領職（presidency）に書く方が困難である」とのウィルソン大統領の言葉を冒頭で引用しているように、著者は大統領を支える組織・制度と大統領個人とを絡めながら、大統領制の展開・発展について、歴史的に考察している。シオドア・ローズヴェルトによる二つの大統領職理論（国民にのみ奉仕すべきか、議会の召使として行動すべきか）の紹介などは極めて興味深い。他で類似の議論を同時期に発表したため、（1）で終わってしまったのが残念であるが、ポストモダン大統領制の特徴を指摘しつつ、それ以前との継続性を重視する結論を提示する予定であったと推測される。

（久保）

第九章　ポストモダンの大統領の登場?――アメリカ大統領職の変容

はじめに

「ポストモダンの大統領」と題するニューズウィーク誌（一九九四年一月一七日号）のコラムは、就任以来一年をへたクリントン大統領、そのホワイトハウスを論じ、彼の休む間もない苦闘を、そしてそれを見守る国民の不安を描いている。私が、注目したのは、内容もさることながら、その「ポストモダンの大統領」という表題であった。それは、今はやりの「ポストモダン」論との関連でというよりは、アメリカ大統領論では一九三三年就任のフランクリン・ローズヴェルト大統領以降を「現代的大統領職（モダン・プレジデンシィ）」と呼び、広大な権限、強力なリーダシップをその特色として理解してきたことと関連してであった。

つまり、一九九三年就任のクリントン大統領の苦闘は、彼個人の人格や能力とは別に、およそ国際社会におけるアメリカ国家のあり方の転機を背景に、アメリカ大統領職のあり方の歴史的な転機を象徴するものといえるかと思うからである。およそ大統領職のあり方は、もとより大統領個人の性格、能力に依存するところは大きいが、また同時にその時代、状況によって大きく左右されてきた。その点、上に記したニューズウィーク誌コラムの日本語版表題「クリントンは〈時代の子〉」は、そのことをよく示しているといえよう。

1　権力分立下の大統領職

私たちは、アメリカの大統領を強力とかリーダシップとかのイメイジで捉えることが多い。それには、日本の首相がなんとなく頼りなく、短期で交代してしまうこととの比較からくるものがあるのかもしれない。事実、大統領的首相たらんことを期した日本の首相もいた。確かに、アメリカの政治は強力な大統領を中心に動いているように見える。

しかし、このイメイジ、一九三三年三月、大恐慌の最中に就任し、国内的にはニューディール政策を展開し、対外的には第二次世界大戦を遂行したフランクリン・ローズヴェルト以降の大統領たちに基づいて造られたイメイジであるといってよい。私たちは、やはりアメリカの憲法の基本的枠組みの中で、大統領職がどのように位置づけられているのか、また一七八九年に就任した初代大統領ジョージ・ワシントン以来、長い歴史的文脈の中で、個々の大統領個人の業績とは別に、大統領職の機能がどのように変質してきているのかを簡単に省みておくことが、現在の大統領個人を理解するのに必要であろう。

憲法の枠組みの中では

憲法上も、日本のような議院内閣制では、行政権は、内閣という複数の構成員よりなる組織に属する。それに対し、アメリカの連邦憲法第二条の規定により、行政権は大統領一人に属する。日本では、議会における不信任案の可決などにより、内閣はしばしば総辞職し、首相は交代するが、アメリカ大統領は四年の任期が保障され、再選され八年つとめることも多い。さらに、大統領は、行政首長である以外にも、アメリカの国家元首であり、国軍の最高司令官であり、さらには今日の国際政治において最も強い発言権を持っている指導者でもある。と並べてくると、強力なアメリカ大統領職という、私たちのイメイジや理解は必ずしも的外れではない。

しかし、一八世紀末に連邦憲法は制定されるが、憲法案の起草者たちが、またその案を大いに議論した上採用することに決定した主権者「われわれ合衆国人民」が、もっとも苦慮したのは、一方で権力の必要性を認めるが、他方で権力は乱用されやすいということであった。つまり、しかるべき中央政府の設立を目指しつつ、その権力の乱用をいかに防ぐかということである。その基本が権力の分立、それも地理的な分立である連邦制と機能的な分立である三権分立という二重の分立である。さらに、その分立を有効にするために、複雑な抑制均衡の制度をとった。憲法起草の中心人物であるジェイムズ・マディソンが、アメリカ政治思想の古典といわれる『ザ・フェデラリスト』の中で記したように、「野望には、野望をもって対抗せしめなければならない」からである。

大統領についていえば、アメリカ革命によりイギリス国王への忠誠を否定し、共和国を確立したアメリカ人は、行政首長が必要であることは認めるが、それが選挙された君主、疑似君主政に転ずることを警戒した。その点、立法権は専ら議会の権限とし（少なくとも形式的には、今日でも法律はすべて議員立法である）、大統領は議会の決めたことを執行する機関とした。伝統的に行政部の管轄である外交権についても、条約の締結には上院出席議員三分の二以上の同意を必要とし、戦争を開始する権限は議会に属することにしている。つまり、議会が戦争を開始することを決議し、それに基づいてはじめて大統領、行政部は戦争を遂行するという形になっている。宮廷外交、秘密外交が当然とされていた一八世紀末の規定であることを考えると画期的なことといわなければならない。

さらに付け加えれば、大統領が閣僚、大使、判事、高級官吏を任命するにあたっては、上院の同意を必要とする。最近も、ブッシュ大統領の時、国防長官の任命に同意をえられなかったという事例があり、またクリントンが司法長官の任命に上院の意向を配慮して、苦労したこともよく知られている。二〇世紀末のクリントン大統領も、結局は二〇〇余年前の、一八世紀末の憲法の枠組みの中で行動せざるをえないのである。

歴史的に見てみれば

では、そうした憲法の枠組みの中で、大統領職は実際にはどのように機能してきたのであろうか。大きくいって、建国期、一九世紀中葉以降一九三〇年代まで、そして一九三〇年代以降と三つに分けて考えると分かりやすい。

建国期、つまり連邦憲法の制定に伴い、周知のようにジョージ・ワシントンが初代大統領に就任したのは一七八九年四月である。その時期には、成立したばかりのアメリカ合衆国を、対外的にも対内的にも安定させて行くためには、大統領はアメリカ国民統合の象徴的存在でなければならず、それだけに内外に知名度の高い有名人でなければならなかった。事実、ワシントン以降一八三〇年代までは、大統領には建国の功労者、国民的英雄といった著名人がなっていた。

ところが、やがてモンロー主義に代表されるようにアメリカの独立も確保され、対外的にはほぼ「孤立主義」政策に立ち、アメリカ大陸で西へと膨脹、発展してゆく段階に入る。それに伴い、南北、東西の利害の対立の調整は議会、それも上院を中心に行われ、統合の象徴としての大統領の役割は減少して行く。さらに、南北戦争後アメリカ経済が自由放任主義の下で高度成長して行くとき、連邦行政部による経済への介入は否定され、大統領は議会で成立した法律のただ忠実な執行人であることが求められ、リーダシップなど発揮する場もなかった。かくして、アメリカ民主主義のシンボル、第七代大統領アンドルー・ジャクソン（一八二九—三七年）以後、南北戦争という非常時の大統領リンカーンを例外として、一九世紀末まで、まずは有名な大統領はいない。それは、必ずしもその時期の大統領たちが無能であった、ということを意味するものではない。特に有能であることを必要とされなかったのである。

世紀転換期になると、少しく状況が変わる。アメリカは、外に米西戦争を契機に世界国家となり、内に高度成長の歪みの是正が求められてくる。つまり、国家としてのアメリカの機能が拡大し、したがって大統領の役割も大きくなる。それを、もっとも自覚的に意識し、大統領のリーダシップを自ら求めて発揮したのが、国内的には改革、革新主義を主張し、対外的にはアメリカの国際政治への積極的関与を主張した二〇世紀初頭の、シオドア・ローズヴェルト、ウッドロー・ウィルソン両大統領である。彼らは、新しい型の大統領の先駆であったが、しかし、その型が定着するためには、さらに時間がかかる。

2 強力な現代的大統領職

一九二九年秋大恐慌が訪れ、三三年三月大統領に就任したフランクリン・ローズヴェルトの下で、伝統的な自由放任主義経済から、連邦政府の社会・経済への積極的な関与が行われ、アメリカは広い意味での福祉国家へと転じて行く。とともに、国際政治状況の悪化に対応して、伝統的な孤立主義がしだいに清算され、国際政治への積極的な参与、そして第二次大戦への参戦、さらに戦後の冷戦の中心的な当事国、世界秩序の中心勢力として、アメリカは超大国に転じて行く。こうした内外における国家機能の拡大は、行政首長、対外関係の責任者としての大統領の権力をおのずから強化することになった。ここに、アメリカ国家の強大化を反映して、従来の大統領職とは別な強力なリーダシップをもつ現代的大統領職（モダン・プレジデンシィ）が登場する。

国内的に

一九三三年、連邦政府による経済復興、失業者などの救済政策、そして社会保障政策、すなわち一連のニューディール政策が展開された。それは、一つには従来各州の権限とされていた多くの内政事項に、連邦政府が積極的に介入し、連邦制という権力分立の中で中央政府の権限が著しく拡大したことを意味する。さらに、その中央政府内でも、行政部が積極的にイニシアティヴを採り、議会側がこれを追認するという形で、三権分立の中で行政部、つまり大統領優位の体制へと移行して行く。大統領は大きなプレゼントの袋を担いだサンタクロースによって象徴される。

この広い意味での福祉国家としてのアメリカというあり方は、その後も、基本的には変わらない。民主党政権ではよりリベラル志向、共和党政権ではより保守的というニュアンスの違いがあっても、戦後アメリカの強大な経済力は「バターも大砲も」を可能にしていた。しかし、アメリカ経済に陰りが生じ、財政赤字が年々拡大して行くと、福祉のあり方に批判がでてくる。納税者の心理と論理は、「巨大な政府」による税金の無駄使いに敏感となる。クリントンが直面するのは、この納税者に訴えて、いかに財政、経済の再生をはかるかである。

対外的に

さらに、ローズヴェルトが就任したころには、アジアでは日本の大陸侵出が始まり、ヨーロッパではナチスがドイツの政権を握り、対外的にその支配権を拡大し始めていた。そうした国際政治の緊迫に対し、アメリカも次第にその伝統的な孤立主義から離脱し始める。ということは、対外関係における責任者としての大統領の出番がいやでも多くならざるをえないことを意味する。ローズヴェルトは、第二次大戦の勃発とともに、外交上の指導者として大統領の外交権限を最大限に行使し始めた。さらに、真珠湾攻撃により大戦に参戦するとともに、ローズヴェルトは自らを国軍の最高司令官として位置付け、戦争権を大幅に行使する。この大統領＝最高司令官のもつ戦争権とは、必ずしも憲法上明文をもって規定されているわけではないが、いわば非常大権として、南北戦争におけるリンカーン以来行使されてきた。ちなみに、リンカーンが強力なリーダシップを発揮した大統領として記憶されるのは、南北戦争にさいし、この戦争権を行使したことも預かっている。

戦後、一時復員した兵士も冷戦状況、朝鮮戦争で再動員され、アメリカはほぼ恒常的に軍事大国として存続する。アメリカ大統領は、戦後国際政治において好むと好まざるとに拘らず指導的役割を演じ、超大国アメリカを背景に強い大統領としてイメイジされる。しかし、ヴェトナム戦争が泥沼化し、アメリカの国力に陰りが見え始めた頃、人々は、大統領の越権行為ともいうべき戦争権の行使に疑問を抱き、「帝王的大統領」が云々されるようになる。つまり、大統領権限にたいする、議会の復権現象が出てきた。さらに、冷戦の終了は、対外関係における大統領の権限を事実上弱めざるをえない。そうした状況を背にしてクリントンは登場する。

補佐官たち

ローズヴェルトが強力なリーダシップを発揮できたのは、もとより彼自身の意思の力、才能、人々に話しかけるパーフォマンスのうまさなどによることが大きい。しかし、複雑な経済状況、錯綜した外交関係などに対する政策立案にあたり、ローズヴェルトは、一九三二年の選挙にさいし、いわゆるブレイン・トラストと呼ばれる一群の学者、練達の士を彼の分身として用いた。初期ニューディール政策の立案者であったコロンビア大学のレイモンド・モーレイ教授などが、その典型的事例といえよう。

大統領就任後、当然閣僚が任命されるが、各省長官は、その管轄事項の責任者として、ラインの長であり、必ずしも大統領のスタッフ、ブレインとしての機能は果たさない。しかし、大統領個人のブレインはますます必要とされ、非公式な形で大統領直属のスタッフが構成された。当然、このスタッフを制度化することが望まれてくる。そこで、「大統領は助けを必要とする」という有名な言葉で始まる行政改革報告書に基づき、一九三九年大統領行政府が設置される。まず注目すべきことの一つは、予算局（その後名称が行政管理予算局に変わった）が財務省から大統領府に移され、大統領直属となったことである。もう一つは、ホワイトハウス・オフィスが設置され、当初は六人の補佐官が任命されることになったことである。ここで始めて公式に、「行政権は大統領一人に属する」との憲法の規定が、多くのスタッフを抱えた大統領職の意味をもつようになったといえる。これは、アメリカ大統領職の歴史上きわめて重要な意味転換であるといえよう。

このホワイトハウス・オフィスは戦後ますます拡大されていった。その全人員も、一九四一年四〇名台であったものが、たとえばニクソン政権時代には五〇〇名を越えた大規模のものとなる。ちなみに、クリントンの公約の一つに、この人員を二五パーセント減らすこと、というのがある。なお、補佐官は大統領の分身であるがゆえに、選挙戦をともに戦った同志的な人物が任命されることが多い。また、大統領補佐官の使用の仕方には、大統領の性格、経験が影響する。たとえば、大戦中連合軍の総司令官であったアイゼンハワー大統領の場合には、公式的組織的な使い方をし、軍隊でいえば参謀長にあたる首席補佐官をおき、各補佐官の分担業務を定め、大幅に業務を委ねる。彼は、閣僚会議、国家安全保障会議なども定期的に開き、担当者に権限を委譲しており、その政策決定は組織決定としての性格が強い。そのため、ホワイトハウスの芝生でゴルフをしている無為の大統領というイメイジができたが、現在ではアイゼンハワー政権の仕事の仕方は高く評価されている。

これに反し、その後のケネディ大統領の場合には、閣議などはほとんど開かず、ハーヴァードの教授連などよりなる、いわゆる「ベスト・アンド・ブライテスト」の補佐官たちに、司法長官である弟のロバート・ケネディなどを加え、ごく気のあったケネディ個人の腹心、分身のグループの間で、きわめて非公式に重要な政策決定を行っていた。それだけに、政策決定者としてのケネディ個人の存在を浮かび上がらせた。

さらに、ニクソン大統領の場合には、専ら首席補佐官ホールドマン、安全保障担当補佐官キッシンジャー、それに内政担当アーリックマンの三人との相談で政策決定が行われ、密室政治の感を与えていた。大統領を囲むこの三人がドイツ系であることから、人は「ベルリンの壁」などと呼んでいたという。それと関連して、重要なことは、大統領のスタッフと通常の行政各省の責任者（長官）との断絶が生じたことであろう。キッシンジャー補佐官の時には、ロジャーズ国務長官はいわばカヤの外におかれ、ほとんど政策決定に関与しなかった。そのことが、結局大統領自身の孤立化を招きかねない。ニクソンを結局辞任に追いやったウォターゲイト事件も、その起こりはこの補佐官中心の密室政治と無縁ではない。いずれにせよ、「大統領は助けを必要とする」以上、この補佐官制度、ホワイトハウス・オフィスは不可欠であり、大統領が良いスタッフを調達できるか、またスタッフを旨く使いこなすかが、その大統領が実績を残しえるか、否かにとって極めて重要な要素になる。ワシントン政界に無縁であったクリントンには、ことに大きな課題であろう。

メディア

現代はマスメディアの時代である。大統領がこのメディアをうまく利用できるか、それとも逆にメディア側が大統領をその餌食にしてしまうか、大統領についてのイメイジはしばしばメディアによって決定される。フランクリン・ローズヴェルトは新聞記者会見など上手にこなし、またラジオを巧みに利用し、民衆に訴えた。彼の「炉辺談話」と呼ばれる夕べのラジオ放送は、分りやすい言葉で語りかけ、人々の心をとらえたことで有名である。彼こそ、現代的グレイト・コミュニケイターのはしりといえよう。テレビの時代になると、パーフォマンス、テレビ写りの良さが重要になる。一九六〇年の大統領選挙におけるケネディ対ニクソンのテレビ論争は国民の関心を集め、テレビというメディアの重要性が明らかになった。元俳優レーガン大統領が大衆的人気をもち続けたのは、彼のテレビの画面でのパーフォマンスによるところが大きい。しかし、それにはマイク・ディーバー、デイヴィッド・ガーゲンなどの広報担当の補佐官たちが後ろに控え、細かく面倒をみていたことも忘れてはならない。さらにいえば、大統領個人のイメイジを造り出すだけではなく、その政策をニュース管理で政権側の描く画像にしたて上げてしまう。湾岸戦争が、精巧なハイテク兵器による血を流さない戦争ゲイムのように世界中に報道されたことは、未だ記憶に新しい。

しかし、先にもふれたように、メディアはもろはの剣である。ニクソンのウォターゲイト事件を突きとめたのは、ワシントン・ポストの若い記者たちであった。いずれにせよ、メディアの時代、大統領、大統領候補の私的生活はなにかと暴かれ、過去のスキャンダルが掘り起こされる。クリントン夫妻の場合は、その典型的な事例といえよう。

3　苦闘するポストモダンの大統領職

以上の現代的大統領職の構造は、基本的にはクリントンの時代にもそのまま受け継がれる。しかし、その作用の仕方は、変わらざるをえないであろう。まず、対外的には、冷戦が終り、国際政治が著しく多元化し相互依存化しているとき、アメリカの振る旗に各国がそのまま従うわけではない。アメリカ大統領は諸国から、またアメリカ国民から多くを期待されるかもしれないが、それに格好よく応えるだけの立場にもないし、力もないであろう。状況の変化に振り回され、右往左往する大統領の姿はまことにたよりなげに見えるかもしれない。また、国内的にも、経済的・財政的余裕はなく、乏しい財布で多くの矛盾する要請に応えなければならず、さらに広い意味で多文化主義の時代に入ったアメリカにおいては、国家自体の権威が弱まり、統合の象徴としての大統領の権威は色あせて見えるかもしれない。それは、特定の大統領個人の資質の問題もあろうが、時代を反映した大統領職自体の性格の表れと見るべきであろう。

一九九二年の選挙と変化

一九九二年の大統領選挙において、なぜ、湾岸戦争勝利でその支持率を一時九〇パーセント台まで大きく上げた現職でヴェテランの共和党候補ブッシュが敗れ、南部の小州アーカンソーの州知事で無名に近いビル・クリントンが当選したのか。それは、彼が民主党内にあって伝統的なリベラル派に属さず、中道派であり、親よりはよい生活ができるはずという「アメリカの夢」を失いつつあったミドルクラスに訴えたからである、といわれる。つまり、レーガン・デモクラッツと呼ばれる人々、民主党に属しながら、大統領選ではリベラルな民主党候補を嫌い、共和党のレーガンやブッシュに投票した南部、中西部のミドルクラスの人々の票を取り戻したからであるといわれる。そのことは、確かに選挙戦略として重要であり、クリントン勝利の大きな要因であったことはまちがいない。

とともに、クリントンが選挙戦にあたり、「いまや、変化の時である」というアピールを繰り返し強調していたこともあげなければならない。それは、何もその訴えが功を奏したとか、あるいは彼の掲げた具体的な政策が国民の支持を得たということでは必ずしもない。むしろ、すでに時代の変化が起こっており、現職大統領であり第二次大戦における兵士でもあるブッシュが、時代に取り残されたというべきであろうか。第二次大戦以降の大統領は何らかの形でこの大戦に参加していた。しかし、クリントンは、第二次大戦終了後に生れた。戦後世代、ベビー・ブーマーがアメリカの大統領になったことは、アメリカにとって戦後が終わったことを象徴している。

アメリカにとっての戦後とは、大戦中に拡大された強大な軍事力、経済力、そして「四つの自由」などに象徴される民主主義のチャンピオンとしての自己像を背景に、ほとんど唯一の超大国としてのアメリカの存在を意味した。また、その強大な国力を背景に、アメリカが共産主義勢力ないしそう思われるものを世界各地で封じ込め、その意味で「世界の警察官」として行動する「パックス・アメリカーナ」の時代であったといってよい。変化とは何か。長期的にいえば、第二次大戦とその戦後が、「パックス・アメリカーナ」の時代が終わり、多元的な相互依存の時代に移行したという世界史的な変化なのである。そうした変化に、いかに対応してゆくかがアメリカの課題であった。この変化はすでに一九七〇年代から起こりつつあった。独立二〇〇年を迎えた翌年、一九七七年大統領に就任したジミー・カーターは、その就任演説の中で「われわれは、より多いことが、必ずしもより良いとは限らないことを、またわが偉大な国さえ、はっきりした限界のあることを知った」とのべている。「強いアメリカ」を標榜し、軍拡を行うレーガン・ブッシュ政権一二年は、対外面でアメリカの存在を誇示したかもしれないが、国内面においては経済的にはいわゆる双子の赤字、経済の空洞化、失業者の増大をもたらし、社会的には貧富の差の拡大、人種対立の激化、犯罪の増大をもたらし、脆弱なアメリカの存在を示した。したがって、クリントンが訴える「変化」とは、まず国内における経済の再生であり、ミドルクラスを中心とする社会の安定化であった。つまり、彼は、世界政治の中のアメリカの役割の変化を前提に、アメリカ国内の変化、アメリカの再生をアピールしたわけである。

大統領職の変化

実はこの変化は、大統領としてのクリントンに重い負担を、リーダシップ発揮にとっての障害をあたえざるをえない。というのは、先にふれたように、現代的大統領が強力なリーダシップを発揮しえたのは、あるいは本人の意思如何に拘らず発揮せざるをえなかったのは、大統領が超大国アメリカの顔であり、また戦争を含め対外関係の主役であり責任者であった点によることが大きかった。その対外関係の比重が相対的に減少し、また国際政治におけるアメリカ自体の力が相対的に減少してくる時、対外関係の責任者である大統領の指導力も自ずから減少せざるをえない。より焦点を縮めていえば、現代的大統領は戦争国家の最高司令官であった。その点を意識して、一九九二年の選挙では、たとえばテレビ討論においても、ブッシュはしきりに大統領は最高司令官であることを強調し、外国でヴェトナム反戦のデモに加わっていた人間、クリントンには大統領職はつとまらないことを示唆していた。私がテレビで見ていた限りの印象では、聴衆は冷戦も終わり、湾岸戦争ももはや昨日の一幕となりつつあった頃、そんなことは問題ではない、と白けていたように思う。ブッシュの争点の出し方がずれており、ブッシュ自身が昨日の人であることを示してしまったように見受けられた。しかし、そのことはまた、大統領としてのクリントン自身も、最高司令官としてリーダシップを発揮できるような時代では、もはやないことを示す。

それはともあれ、クリントン自身も、そしてアメリカ国民も、アメリカの第一の課題を経済再生を中心とする国内問題に求めていたことは、まずまちがいない。したがって、大統領職のあり方をみると、現代的大統領職の中枢機関は、国家安全保障会議（NSC）であり、またそれと関連し大統領補佐官の中で重要なのは、同会議の事務局長役である国家安全保障担当補佐官であった。その典型というより極端な形がニクソン大統領時代のキッシンジャー補佐官の存在であった。クリントンは、選挙戦当時からこの国家安全保障会議に匹敵する経済再生のための国家経済安全保障会議、後にただ国家経済会議（NEC）と呼ばれる機関の設置を構想していた。その議長は大統領であるが、その事務局長にあたる経済・内政担当補佐官を設置し、調整役にあたらせる。したがって、この補佐官になるのは誰かが、注目される。この国家経済会議には、副大統領、財務、商務、労働、運輸などの関係各省長官、行政管理予算局長、経済諮問委員会委員長、通商代表などがメンバーとして参加し、文字どおり経済、財政についての最高機関である。

しかし、経済や内政に関する事項については、選挙区の利害を背景に各議員の関心は強い。それに、各種の利益団体、圧力団体、ロビイスツの活動が絡んでくる。しかも、累積された財政赤字をどうするか、他面公共投資をどこにどうして行うか、減税あるいは増税の問題が関係し納税者としての国民の生活に直接影響してくる。戦争国家における最高司令官的リーダーシップを発揮するスタイルはそこでは取りようもない。そこには、提案し説得し、批判され反対され、妥協し修正し、ようやく法案を成立させる、あるいはそれに失敗するという苦闘する大統領の姿が見られることになろう。

クリントン政権の陣容

政権を組織するにあたって、クリントンが意識し配慮した点がいくつかみられる。これを、整理してみると次のようになろう。一つは、多文化主義の時代にふさわしく、マイノリティーズへの配慮である。いや、多文化主義の社会が政権の構成に反映されたというべきであろう。まず、女性の登用。初の女性司法長官ジャネット・レノ、厚生長官ドナ・シャレーラ、経済諮問委員会委員長ローラ・タイソン、大統領報道官ディー・ディー・マイヤーズなどの登用がみられる。大統領夫人ヒラリー・クリントン自体、家としてのホワイトハウスの女主人（ファースト・レディ）というよりは、政権としてのホワイハウスの中心人物の一人であり、公式にその担当となった医療保険以外の分野でも、おそらく大統領の身近な顧問として重要な役割をはたすであろう。また、ロナルド・ブラウン商務長官に代表されるアフリカン・アメリカン、ヒスパニック系の人材の登用がみられる。

二つには、連邦議会に足場をもたないクリントンとしては、重要法案を成立させてゆくためには議会の大物を閣僚にいれておくことが望ましい。その点、テキサス州出身上院議員で、長く上院財政委員会委員長をつとめた長老政治家ロイド・ベンツェンに財務長官を依頼したことの意味、効果は大きい。下院の軍事委員会委員長レス・アスピンを国防長官に選んだのも同じ意味、効果を狙ったものと思われるが、しかし、この場合は、やがてソマリア派兵、撤兵などでみそをつけ、アスピンは辞任せざるをえなかった。また、予算作成の中心になる行政管理予算局（OMB）局長には長年下院議員であったレオン・パネッタを任命している。クリントンの地元の旧友、トマス・マクラーティが首席補佐官であったが、ワシントンになじめず首席補佐官としての重責を果せず辞任、一九九四年夏、パネッタが首席補佐官になった。いずれにせよ、クリントンは最初にふれた権力分立下で、しかも議会復権の傾向の下で、外交と異なり議会の発言権の強い経済、内政に取り組まなければならず、議会対策が重要な課題となっている。

そして、三つは、経済再生のための国家経済会議を設置したことで、先にふれたとおりである。ニューリパブリック誌（一九九三年一二月号、TRENDS・USA、一九九四年五・六号に転載）は、国家経済会議の事務局長を務める経済・内政担当補佐官ロバート・ルービンについて、かなり長い記事をのせている。ルービンは、ハーヴァード出身、ロンドン大学留学、イェール法律大学院卒のエリートで、ウォール街の大手証券会社ゴールドマン・・サックス社のパートナーであるが、同社は伝統的に民主党側にたち、選挙資金の調達をしてきていた。一九九二年の選挙にも、同社は民主党を支持し、ルービンがクリントンの選挙支援を行っている。そのルービンが、この国家経済会議事務局長となり、人目につかず、地味な存在として、クリントン政権内部の、調整役を果たす。しかしクリントン政権のスタッフについてはとかく批判が多い。現に、補佐官の入れ替えも行われている。ポストモダンの大統領職は、時代的、制度的にその指導性が限界づけられているだけに、大統領はその補佐官に有能な人材を調達し、彼らを有効に使いこなすことが必要とされている。

クリントン大統領ないしその政権の内外政策について記すことは、紙数も尽きたことゆえ断念したい。ただ、苦闘しつつも、クリントン自身個々の議員に電話をかけまくるなどして、財政赤字削減の予算を成立させ、NAFTA（北アメリカ自由貿易協定）を議会に認めさせ、犯罪防止案もなんとか通過させるなど、多くの法案を成立させつつあることは一応評価すべきであろう。しかし、内に医療保険、外にハイティなどの難題が累積している。ごく最近（一九九四年春）出版されたボッブ・ウッドワードの「クリントンのホワイトハウスの内幕」という副題をもつ *The Agenda* は、経済政策に焦点を合わせて、クリントン政権のいささかの混乱ぶりを叙述し、連携プレイができず、全員が同じ球を追っているサッカーのようだとものべている。それはともあれ、最後の方で、ヒラリー夫人の想いという形で「広い意味では、ヒラリーもビルも過渡期の人物であった。彼女は、女性、母親、政策家として新しい役割を大胆に引き受けた過渡期のファースト・レディであるし、ビルは、新しい世代のための過渡期の大統領なのである。彼らは過渡期の人物としての代償を払いつつある」と記している。確かに、アメリカは、いや日本もふくめて世界が過渡期にある。その文脈の中で、今、アメリカの大統領職も捉えられるべきであろう。

参考文献

1　A・ハミルトン、J・ジェイ、J・マディソン著（斎藤眞・武則忠見訳）『ザ・フェデラリスト』（福村出版、一九九一年）。

2　阿部斉編『アメリカの政治——内政のしくみと外交関係』（弘文堂、一九九二年）。
3　阿部斉著『アメリカ大統領』（二版）（三省堂、一九八四年）。
4　五十嵐武士著『政策革新の政治学』（東京大学出版会、一九九二年）。
5　本間長世著『アメリカ大統領のリーダーシップ』（筑摩書房、一九九三年）。
6　佐々木伸著『ホワイトハウスとメディア』（中公新書、一九九二年）。
7　宮里政玄、国際大学日米研究所編『クリントン政権の内政と外交』（同文館、一九九四年）。
8　クリントン＋ゴア（東郷茂彦訳）『アメリカ再生のシナリオ』（講談社、一九九三年）。
9　砂田一郎著『現代アメリカの政治変動』（勁草書房、一九九四年）。
10　Michael A. Genovese, *The Presidency in an Age of Limits* (Westport, CT: Greenwood, 1993).
11　Charles O. Jones, *The Presidency in a Separated System* (Washington, DC: The Brookings Institution, 1994).

［解題］　初出は齋藤眞・大西直樹編『今、アメリカは』二二六—二四六頁（南雲堂、一九九五年）。寄稿者全員が国際基督教大学のスタッフか出身者である。前の章とともに、東京大学定年退職後に再就職された職場においても、著者が同僚と活発に研究活動に従事し、また慕われていたことが伺われる。内容的には前の章の続編に相当すると考えてよいであろう。登場したばかりのクリントン大統領・政権について詳細な解説を加えながら、歴史的文脈において、副題にも言及のある大統領職が、冷戦時代に見られた強力なリーダーシップを発揮するタイプから、ポストモダン型のものに変容したのではないかと指摘している。とくに「過渡期」のものとしてクリントン大統領を位置づける視点は現在でも有効であろう。

（久保）

第一〇章　『アメリカの対外政策決定と議会』序論

1　民主政と外交

民主主義は、できるだけ多数の国民が大幅に政治に参与することを、つまり政策決定過程を多数の国民に拡散することを要請する。これに対し、対外政策の決定は、しばしばその決定が秘密裡に、迅速に、そして弾力的に行なわれることを、その結果政策決定過程を少数の者の間に収縮することを要請する。したがって、昔から、民主政と対外政策の決定とは、しばしば矛盾するものとして理解されてきた。その点、一九世紀の前葉にアメリカを訪れたフランスのトックヴィルの次の言葉は、あまりにも有名なものとなっている。「民主主義国が、他の政治形体をとる政府に対して決定的に劣っていると思えるのは、その対外関係の処理においてである。……民主主義国特有の性質は数多くあるが、およそ外政はそうした特質をほとんど必要としない。むしろ逆に、外政は民主主義国の苦手とするような特質を十全に行使することを必要としている。(1)」

事実、ヨーロッパの伝統においては、対外政策の決定は君主の大権とされ、それに対する議会の参与は原則として認められなかった。この「宮廷外交」の伝統は、内政の民主化がかなり進行した後にも、ある程度維持されていた。国民の生命、財産に甚大な影響を及ぼすような対外政策が、議会の全くあずかり知らない間に決定されることは、決して例外的なことではなかった。また、決定後においても議会等に公表されない秘密条約の締結も、決してまれではなかった。第一次大戦前夜の外交史は、それらの事例にみちみちている。

この「宮廷外交」「旧外交」「秘密外交」のヨーロッパ的伝統に対し、歴史的にいって、アメリカは確かに特殊な伝統をもっている。いまだ「宮廷外交」の華かな一八世紀の末に、対外政策の決定に議会の参与を認めたことは、異例なことといってよい。ヨーロッパにおいて、対外政策の決定が少数者の掌中にあったときに、アメリカにおいては、条約締結・外交使節の任命への上院の参与権、議会の宣戦布告権などにみられるごとく、対外政策決定過程は、建国当初よりかなり拡散していた。

もちろん、それらの制度は、必ずしも民主主義の原理に基づいて採用されたものとは限らない。たとえば、条約の締結に対する上院の参与権も、少なくとも当初においては、民主制度というよりは、連邦制度という特殊な政体の必要から出たものであった。つまり、あらかじめ、各州の同意を得ておくことが、条約の国内における履行上必要であったことから、各州の代表機関としての上院に参与を認めたものであった。[2] さらに、下院にではなく上院に参与を認めたのは、上院が当初間接選挙によっており、人数も少数（最初は二六名）であることに基づいていた。その点、上院の条約締結参与権は、トックヴィルも認めるように元来は民主政とは反対の志向において与えられたものといってよい。[3]

しかし、その後実際の運営においては、上院の条約締結権は、憲法制定者の意図とは別にむしろ、対外政策決定への国民の代表機関としての議会、そして世論の参与という機能を果してきた。あの人望の篤い大統領ワシントンですら、いわゆるジェイ条約の締結にあたっては、議会の、そして世論の激しい批判に直面せざるをえなかったのである。ことに、上院議員の選出が間接選挙から直接選挙に改められるや（憲法修正一七条）、制度的にも、国民代表の対外政策決定への参与の形をとってきた。かてて、議会の宣戦布告権は、憲法学者コーウィンの認めるように「共和政体にあっては、戦争と平和という重大な事項は、国民の代表全体に委ねられるべきである」[4]という考えに基づいて、下院を含めての議会に与えられている。この宣戦布告権は、実際上は名目的なものにすぎなくなっているとはいえ、原理の問題としては、アメリカが、元来ヨーロッパの伝統とは異なるものをもっていることを示している。

　このように、アメリカは、他の国にくらべるならば、原理的にも実際上にも、はるかに早くから、対外政策の決定に議会の、そして民衆の参与を認めてきている。第一次大戦の苦い体験を通じて、各国も国内政治の民主化とともに、外交に対する民主的統制（popular control）を考慮するにいたるが、この点において、アメリカは確かに先駆者であった。なるほど、その民主的統制の実例が、ヴェルサイユ条約の批准に同意を与えないという形で、いわば民主的統制の最悪の実例によって、全世界に示されることになったことは、皮肉であり、悲劇である。しかし外交論の元老ニコルソンの指摘するごとく、「この批准拒否は、講和条約の成立を全面的に混乱に陥れることになったが、それは確かに、他国をしてこの批准の手続きの中に、民主的統制の解決策があることを認識せしめることになった。[5]」そして、周知のように、わが国も新憲法において、この外交の民主的統制の方法を採用することになったのである。

　しかし、先にふれたように、民主政と対外政策の決定との関係は、元来矛盾を内在するといわれてきている。この点、アメリカの場合は実際にはどうなのであろうか。

2　三権分立制と対外政策の決定

　もし議会が対外政策の決定に参与するということだけならば、それは今日ではもはや特殊アメリカ的な制度でも、現象でもない。およそ、民主化の進行とともに、いかなる国においても、多かれ少なかれ外交の民主的統制は行なわれており、議会主義国では、議会は対外政策の決定に発言権を有しているのが通常である。

だが、アメリカにおいて議会が対外政策の決定に参与するという場合、たとえば日本などと決定的に異なってくる一つの点は、それが三権分立制という制度的仕組みの中で行なわれる点である。いいかえれば、議院内閣制における議会の参与と三権分立制の下における議会の参与との相違が、大きくうかびあがってこざるをえない。議院内閣制の場合には、対外政策の決定が君主大権の伝統から民主的統制の方向へと移り、議会の参与を認めるようになったにせよ、行政部（内閣）は通常議会の多数派を基礎にしているがゆえに、行政部と立法部との対立は、ほとんど認められない。行政部の決定は、議会の多数の支持が得られることが前提とされている。もし万一支持が得られないときには、総選挙により、改めて議会の多数の支持に基づく行政部が成立する。

ところが、比較的厳密な三権分立制をとっているアメリカの場合、行政部が立法部の多数の支持を得るという制度的保障は存在しないのである。それは第一に、行政部を掌握する政党と議会の多数党とが、別個の政党であることが、論理的にもありうるし、また現に実際上もあったことによる。戦後、トルーマン政権下の二年、アイゼンハワー政権下の六年と、実に八年間は、行政部（大統領）の属する政党は、議会においては少数党であった。

そして第二に考慮されなければならないのは、アメリカ政党制の特色である党規律の欠如である。アメリカの議会は、国民代表制の考え方よりは、地方利益の代表＝代理制的な考え方に基づき、議員の投票は、党の政策路線によるよりは、選挙区の利害にそって行なわれる。したがって、大統領の所属する政党と議会多数党とが同一政党であっても、全国的見地からする大統領の政策決定と、選挙区の利害からする個々の議員の投票行動様式（政策決定への参与）とは、矛盾することがしばしばありうる。この点、アメリカの政党は、全国的政党というよりは地方政党の連合体であり、選挙のときに二大政党制であっても、議会の中での投票は、無党制（non-partisan）であるといってよい(6)。

こうした制度的状況に、さらに抑制均衡（checks and balances）の意識が加わってくる。「野心に対抗せしめるには野心をもってしなければならない(7)」という意識の下で、ことに植民地時代の行政部（総督）への不信の伝統の下で、行政部に対する立法部の警戒の念は強い。上院外交委員長フルブライトも「立法部の重要な責任の一つは、とかく恣意的になり、圧制的になりやすい行政権力の傾向を、抑制することにある」と述べている。[8] 議会は、国民の目として、国民に代わって行政部の権力乱用を監視するという「番犬的役割」を担っているのだという意識を、議会は伝統的に抱いていることを留意しなければならない。

ことにこの意識に、たとえば選挙戦における政争などが加わるとき、行政部と立法部との関係は、激しい対立相剋の相をおびてくる。現に一九五〇年頃の極東政策についていえば、「行政部と立法部とは、およそ理性も抑制もかなぐりすてて、公然と引込みのつかない争いに従事しているようにみえた[9]」。

こうした制度的、意識的状況においては、行政部（大統領）が、対外政策の決定にあたって議会の同意を調達してゆくことは、決して簡単なことではない。ことに、条約の締結にあたって、上院の三分の二の多数の同意を得なければならないということは、行政部をして慎重な議会対策を必要ならしめる。この点たとえば、ヴェルサイユ条約の批准にあたって、ウィルソン大統領が国内対策、ことに議会対策を十分に配慮しなかったことに、彼の敗因が認められる。つまり、アメリカ的三権分立制下にあっては、議院内閣制下におけるより、議会はより強力な影響力を対外政策の決定に及ぼしうるのである。

3　対外政策決定における議会の機能

では、以上のような伝統・制度の下で、議会が対外政策の決定に対して現実に果している役割は、いかなるものであろうか。最近の研究は、これを要約して次のごとくのべている。「議会の役割は、選ぶべき政策の立案者の役割ではなくなってきており、行政部が発案した提案を修正し、拒否し、あるいはそれを正当化する者の役割になってきている。[10]」すなわち、議会の機能は、行政部との関係においていうならば、消極的な受身の機能となり、その機能は相対的に減少してきているといえる。このことは、一般的にいうならば、何も第二次大戦後にはじまったことではなく、また対外政策の決定に限ったことではない。およそ、一九世紀の立法国家から二〇世紀の行政国家への転換にともなう現象であるといえよう。アメリカにおいても、二〇世紀初頭のT・ローズヴェルトの革新主義時代から始まり、三〇年代のニューディール政策以降決定的となった国家機能の拡大にともなうものといえよう。そして、大統領の役割が、単なる「執行者」の地位から、国民的統合の象徴、国民多数の代表者、国民全体の指導者という役割を担うにつれ、議会の地位は相対的に低下せざるをえないのである。

この議会の機能の一般的低下は、さらに対外政策決定の面では、いわゆる情報革命と冷戦の影響を受けてますます著しくなる。つまり、政策決定の背景となる情報の量的増大、質的複雑化は、もはや議員の処理能力をこえるものとなってきた。厖大な情報機構を有する行政部のみが、これを処理しえ、したがってそれに基づく政策の立案をなしうることとなった。ことに、いわゆる冷戦状況は、情報の軍事化、機密化をともない、また政策決定そのものが軍事化、機密化され、議員はしばしば、情報と決定の過程から疎外されることになる。事実、戦後における幾多の重大なる政策決定にさいして、議会は必ずしもこれに参与していない。たとえば、一九四八年のベルリン空輸、五〇年の朝鮮派兵、六一年のいわゆるキューバ「侵攻」、六二年のキューバ海域封鎖の決定といった重大な決定において、その決定には議会は少なくとも直接的には参与していない。

このようにみてくると、二〇世紀以来、ことに第二次大戦以降、対外政策決定における議会の機能は減少し、対外政策の決定過程は収縮化しているともいえよう。

しかし、このことは、議会の機能の絶対的減少を意味するものではないことに注目する必要がある。ここで、単に対外政策決定の面に限って考えてみても、議会の決定への参与は単なる条約締結、使節の任命という古来の次元に止まらなくなっている。すなわち、今日の対外政策が、ことに対外援助政策に端的に示されるように、多額の予算措置をともなうものである以上、予算議決機関としての議会、ことに下院の対外政策に対する発言権は、形式的にも実質的にも高まってきている。さらに、今日においては、外政と内政とがますます密着してきており、対外政策の決定がただちに国内政策に影響し、またその逆でもあるので、単に外交委員会だけではなく、各委員会が多かれ少なかれ対外政策に関係し、したがって発言権をもってきている。[11] こうして、今日では、議会の対外政策決定における機能は、少なくとも量的には、絶対的には増大していることが認められる。否、大統領のリーダーシップが弱化するとき、あるいは大統領が自らの機能を指導者としてよりは執行者として把えるとき、議会の機能が相対的にも増大することすらある。

ただ、その機能の働き方が、能動的というより受身的であり、行政部の立案に対する応答、つまりその批判者、修正者、承認者の形をとるわけである。

では、議会は何を基礎として、自己の意見を形成するのであろうか。まず、議員は選挙区民の代表として、選挙区民の意見を反映する。したがって、ある対外政策について、選挙区民がはっきりとした意見をもっている場合には、議員の意見はそれを反映していることが多いであろう。しかし、選挙区民がある政策、ことに対外政策について統一した明確な意見をもっていることは、現実にはむしろ稀なことといってよい。そこで、普通の場合、議員は、圧力団体、党の方針、先輩議員の意見、そして自分自身の既存の世界観といったものによって投票する。[12] しかし、そのことは、議員が選挙区民ときりはなされて、自由に投票しうるということではない、逆にいえば、選挙区民が、対外政策に対して無関心で、議会でいかなる決定が行なわれようと、意に介しないということではない。

なるほど、選挙区民は、情報の厖大化・複雑化の故に、ある政策と自己の利害との相関関係を的確に把握しえず、したがって判断を下しえないというのが普通であろう。つまり、世論調査の上では、いわゆるDKグループに属することが多いであろう。しかし、「判らない」ということは、必ずしも「どうでもよい」ということ、つまり無関心を意味するものとは限らない。むしろ、強い関心をもつが、どう判断してよいのか判らない、何を選んだらよいのか判らないということがあろう。言いかえれば、政策の選択にあたって、どれがよいか「よく判らない」にせよ、「どうでもよくはない」限定のごときものが、そこにはある。政策選択の可能性の限界を、選挙民は設定しているわけである。

そのことを、アーモンドとともに「民主主義的な政策決定過程における公衆の機能は、広く抱かれている価値や期待の形で、一定の政策基準を設定することである。公衆は、政策の結果を、そうした基本的な価値や期待にそれが合致しているかどうかという観点から評価する(13)」といえよう。あるいは「公衆は、外交政策が形成され、遂行される心理的な道徳的な風潮をつくる(14)」ともいえる。

4　議会と対外政策決定の枠

では、上にのべたような「基本的な価値や期待」あるいは「心理的・道徳的風潮」はどのようにして形成されるのであろうか。もとより、この限られた紙数でそれを十分に論じることはできない。ここでは、必要最小限にしか論じられえないが、一つには、アメリカの置かれた地理的・歴史的環境が一つの伝統を形成し、そうした伝統が価値や期待、風潮を規制していることは確かであろう(15)。

ヨーロッパから、したがってその権力政治から三〇〇〇マイルの海をへだてて隔離されていたこと、そして西半球に他に強国が存在せず、広大な空間をほとんど真空に近い状態で控えていたこと、この二つの要素は、アメリカの対外関係への接近法に決定的影響を与えたといってよい。ワシントン大統領の有名な告別演説中の「ヨーロッパは、一連の重要な利害関係をもっているが、それはわれわれには全く無関係かあるいはあっても非常にうすい。……わざわざ盟約によって、ヨーロッパの政治の栄枯盛衰や、ヨーロッパの友好、敵対関係によく見られる離合集散にわれわれをまき込むことは、アメリカにとって賢明なことではない(16)」という言葉は、長くアメリカの国是とされてきた。アメリカがヨーロッパの権力政治にまき込まれまいというこの決定は、それ自体権力政治的発想であり、またその決定を現実に可能にしたものは、権力政治の一つの契機である地政学的要素であった。

しかし、他方、この基本的決定の背後には、自己像と相手像とに基づく権力政治そのものの否定という考えもまたあった。つまり、アメリカ大陸はヨーロッパ大陸とは異なるのだ、ヨーロッパの君主制・貴族制に対するアメリカの共和制といった一連の対外的なイメイジが働いて、権力政治をヨーロッパ固有のものであり、アメリカとは無縁なものであるとする考え方があった。「ヨーロッパの権力政治からの隔絶は、権力政治そのものからの隔絶を意味するものとして把えられた[17]」のである。こうした建国期における決定は、その後の恵まれた国際環境の下で、対外政策を権力政治的観点からではなく、道徳的観点から見る傾向をもたらすこととなった。

この道徳主義的接近法は、善悪二元主義、白黒両断主義をともなってくるが、そのことは、本来白黒に両断しえない国際政治状況に当面して、当惑と焦慮とをアメリカ国民に体験せしめることになる。ことに、戦後のいわゆる冷戦が、「共産主義」対「自由」という強いイデオロギー的色彩をおびた対立状況であるだけに、この道徳主義的接近は、もっとも安易な形で適用されやすい。しかも、現実の「冷戦」は、きわめて複雑であり、単純な善悪の二者択一を許さない状況、「勝利なき戦い」の状況を現出している。こうした道徳主義で、あるいは単純な勝利か敗北かの二者択一で割切れない状況に当面して、多くの民衆が「何故勝利を求めないのか[18]」と当惑し、挫折感を味わい、憤りを感じるのもまた無理はない。

ところが、この当惑感、挫折感、憤りは、対外政策の決定に対して、批判となり期待となってはねかえってくる。戦後のアメリカ外交における当惑感・挫折感の最も顕著な例として、中国の共産化とアメリカの反応とをあげることができよう。正しく、この当惑感と挫折感とは、その後のアメリカの対中国政策の幅を今日にいたるまで強く規定している[19]。

かくして、対外政策の決定にさいして、行政部は自己の政策に対する議会の、そして公衆の同意を調達しなければならないとき、行政部はしばしば安易にその政策を道徳主義的な言辞でつつみ、情緒的な訴え方をする。政策は、市場に売り出される商品のごとく、客の好みにあう包装をもって包まれ、効能書を付して提供される。客である議会、公衆はその効能書通りの効果を期待して商品（政策）を買う（同意を与え、予算を認める）。もし、その期待がみたされず、効能書通りの効果のあらわれないときは、激しい失望と批判とが、行政部に集中し、より効果的と思われる（ということは、しばしばより強硬な）方策の採用を迫る。行政部は国内消費用に用いた言辞に、自ら束縛され、新しい事態に対する弾力的な反応が困難になる。

こうした意味においても、議会は、たとえ個々の具体的な政策決定に参与せず、その決定から疎外されていても、その決定が行なわれる文脈、その決定の枠の設定には、大きな役割を担っているのである。問題は、むしろその文脈、あるいは枠が新しい状況に合わない場合が多い点である。つまり、行政部が日々新しい状況に対応せざるをえないのに対し、議会は批判者として必ずしも日々の現実に対応しているわけではない。そこでむしろ、過去の現実に基づいたステレオタイプ[20]によって批判がなされ、そこに新しい現実とのタイムギャップが出てくる可能性が大きい。しかも、そのステレオタイプが、個人の名声欲によって、あるいは党利党略によって利用され、大衆の広汎な情緒的反応を動員するとき、対外政策の理性的な決定は著しく困難になってしまう。政策決定過程の拡散という民主政の要請は、ここでは決定の情緒化、長期的な国民的利益の無視をもたらすことになりかねない。

民主政と外政との間の、この矛盾を克服する道は、どこに求められるべきなのであろうか。民主政の原理をあくまで保持しつつ、なお理性的、現実的な決定を可能ならしめる道は、行政部と議会とにしぼって考えた場合、議会のどのような機能に期待すべきなのであろうか。

ケネディ大統領は、国民に対外関係へのよい意味での現実主義的、理性的接近の必要性を啓蒙していた。就任演説、アメリカン大学での演説、ソートレーク・シティでの演説等、いずれもそうした啓蒙であり、新しい文脈づくりを意味していたといってよいであろう。しかし、他方、大統領、広く行政部一般は、多くのコミットメントに拘束され、短期的な現実主義に束縛され、新しい事態に適応した新しい長期的な構想を打ち出すことは、必ずしも容易ではない。その点、議会はむしろ批判者として、既存のコミットメントからある程度自由であり、新しい現実を直視しえ、既存の文脈に代わりうる新しい構想を提示しうるはずである。ことに、任期もながく、比較的安定した背景をもつ上院議員は、比較的長期的な構想を検討しうる立場にあるはずである。そうした立場を議会が十分に活用していってこそ、議会は具体的な政策決定においては、受身であり、反応者でありつつ、しかも長期的には能動的な、建設的な政策決定者たりうるわけである。

しかし、そのためには議会は、そうした構想をつくる基礎となる情報の整理をなし、構想の草案を作成すべき十分なスタッフをもっていない。そこで当然配慮されなければならないのは、議会に属すべき専門スタッフの充実であろう。現にそのことはある程度考慮されている(21)。

しかし、それ以上に考慮されるべきことは、民間の専門的知識を借りることであろう。議会が、限られた予算で限られたスタッフを常時雇っておくことよりも、必要に応じて民間の各機関に広く存在する専門家の知識や意見を借りて、それを政策決定過程にのせてゆくことが望ましい。現に、上院外交委員会は、フルブライト委員長の下で、一九五八年より「世界の状況および傾向の検討と、それに対するアメリカの政策および計画の検討」が着手され、そのためにハーヴァード大学等の民間機関に調査・研究が依頼された。そして、一九六〇年にはわが国でも邦訳された『コンロン報告』等一三の報告が提出され、一四〇〇ページ以上の厖大な報告書が作成されていることは周知のごとくである。これらの報告が、どれだけ短期的な政策決定に影響を与えたかは別として、長期的な文脈づくりに役立っていることは否定しえないであろう。

議会が、対外政策の決定過程において、行政部の単なる追随者でもなく、また感情的な批判者でもなく、民主政の原理にしたがって、能動的な参与者となるための道は、行政部よりより長期的な発想に立って、政策の基本路線を考え、国民に訴えてゆくことにあろう。そして、フルブライト上院外交委員長などが現に考え、実行しつつあるのは、そうした道ではなかろうか。

（1）Alexis de Tocqueville, *Democracy in America*, vol. 1 (New York: Vintage, 1954), p. 243.
（2）Hamilton, Jay, and Madison, *The Federalist*, No. 75.
（3）Tocqueville, *Democracy in America*, vol. 1, p. 241.
（4）Edward S. Corwin, *The Constitution and What It Means Today*, 10th ed. (Princeton, NJ: Princeton University Press, 1948), p. 61.
（5）Harold Nicolson, *Diplomacy*, 3rd ed. (Washington, DC: Georgetown University, Institute of Diplomacy, 1963), p. 88.
（6）Ernest S. Griffith, *Congress: Its Contemporary Role* (New York: New York University Press, 1951), p. 151.
（7）*The Federalist*, No. 51 (by Madison), Modern Library ed., p. 337.
（8）J. William Fulbright, "The Legislator," in Karl E. Meyer, ed., *Senator Fulbright: A Legislator's Thoughts on World Issues* (New York: Macfadden-Bartell, 1963), p. 244.
（9）Daniel S. Cheever and H. Field Haviland, Jr., *American Foreign Policy and the Separation of Powers* (Cambridge, MA: Harvard University Press, 1952), p. 2.
（10）James Robinson, *Congress and Foreign Policy-Making: A Legislative Influence and Initiative* (Homewood, IL: Dorsey, 1962), p. 8.
（11）「三六の常任委員会の半分以上が、国際的に重要な問題を常に取り扱うようになっている。」Brookings Institution, "The Formulation and Administration of U.S. Foreign Policy," in U.S. Senate, Committee on Foreign Relations, *U.S. Foreign Policy*, 87th Cong., 1st sess., January 27, February 3, 17, March 3, 9, 1961, p. 820.
（12）Charles L. Clapp, *The Congressman: His Work as He Sees It* (Washington, DC: Brookings Institution, 1963), infra. p. 144.
（13）Gabriel A. Almond, *The American People and Foreign Policy* (New York: Praeger, 1960), pp. 5–6.
（14）Ernest Lefever, *Ethics and United States Foreign Policy* (New York: Meridian, 1957), p. 175.
（15）これらの点については、たとえば、Hans J. Morgenthau, *In Defense of the National Interest: A Critical Examination of American

Foreign Policy (New York: Knopf, 1951); idem., *The Purpose of American Politics* (New York: Knopf, 1960); and Almond, *American People*
を参照。

（16）訳文はアメリカ学会訳編『原典アメリカ史』第二巻、四五〇頁。

（17）Lefever, *Ethics*, p. xviii (Introduction by H. J. Morgenthau).

（18）Barry M. Goldwater, *Why not Victory ?* (New York: McGraw-Hill, 1962), esp. p. 17.

（19）拙稿「アメリカの中国政策」『国際問題』No.49.

（20）Walter Lippmann, *Public Opinion* (New York: Harcourt, Brace, 1922), part III.

（21）Ernest S. Griffith, "Congress and the Management of Foreign Policy," in Stephen D. Kertesz, ed., *American Diplomacy in a New Era* (Notre Dame, IN: University of Notre Dame Press, 1961), p. 373.

［解題］ 初出は斎藤眞・深谷満編『アメリカの対外政策決定と議会』三―一四頁（日本国際問題研究所、一九六五年）。論文集の序論ではあるものの、ここで指摘されている外交における議会の役割の問題は興味深い。大統領は議会に売り込みたい政策を、道徳主義的な言辞でつつみ、情緒的な訴え方をする。まさにトルーマン・ドクトリンなどにみられる特徴である。議会の関与が大きいという意味での民主的な決定過程は、決定の情緒化、長期的な国民的利益の無視をもたらしかねないと危惧している。同時に、一九六〇年代半ばという時点ですでに、議会が専門スタッフの充実をはかる必要性を指摘しているが、これはその後まさに着実に実現したことであり、まことに慧眼というべきであろう。

（久保）

Ⅳ

第一一章　草創期アメリカ研究の目的意識——新渡戸稲造と「米国研究」

はじめに

新渡戸稲造（一八六二—一九三三）の多面多彩な生涯において、アメリカ研究自体の占める地位はそれほど大きくないかもしれない。新渡戸の名は、一高校長に代表される教育者として、『武士道』に代表される日本紹介者として、国際連盟事務局次長に代表される国際人として、そしてその専門の学術分野においては農政学者として、人々に記憶されている。

しかし、注目すべきことに新渡戸の夥しい刊行物の中で、最初の三冊はアメリカに関係するものであった。またアメリカ史について、日本の大学で日本人として最初にまとまった講義をしたものも新渡戸であったといってよいであろう。新渡戸は日本をアメリカに紹介すべく文字通り心血をそそいだが、またアメリカを日本に紹介すべく営々と努めた人でもある。日本における学術的なアメリカ研究の開拓者としては、いうまでもなく高木八尺の名前があげられるべきであるが、新渡戸はその重要な先行者の役割を果している。

新渡戸がアメリカ研究に強い関心をいだいたのは、日露戦争、さらに第一次大戦後、国際政治状況においては日米関係が漸く対立的契機をかかえ日米関係の改善が問題にされ、国内政治状況においてはいわゆる大正デモクラシーが風靡してゆく時代であった。こうした歴史的文脈にあって、新渡戸にとってあるいはより広く当時の日本の知識人にとって、アメリカについての研究は、知的関心の所産であるのみならず、内外の現実政治への関心の所産でもあり、実践的意味合いをもっていた。そのことは、日本におけるその後のアメリカ研究の性格を規定する。

本稿は、ヒュー・ボートン氏のアメリカにおける日本研究の開拓者たちの稿と見合い、日本におけるアメリカ研究の開拓者たちが実践的発想をもっていたことを、新渡戸稲造のアメリカ研究を一つの例として論じたものである。いうまでもなく新渡戸稲造自身についての所論ではない。

1 「米国研究」とその実践的発想

一九一九年四月、新渡戸稲造は「米国研究の急務」という小論を発表している。その冒頭で「近頃になって種々なる方面から米国研究の必要を高唱する声が聞へて来た。それは単に学者の間に限られないで、実業家も軍人も均しく米国の現状と将来とを調査することに努め始めた様である」[1]と記しているが、このさりげない一節は、日本のアメリカ研究の性格を半ば無意識のうちに指摘しているように見える。つまり、一つには米国という国家そのもの、あるいはアメリカ社会全体についての調査、研究が必要とされているという指摘である。もう一つは、その必要性が学者の間だけではなく、経済界や軍人の間にも感じられているという指摘である。ちなみに「米国研究」という言葉は、決して新渡戸だけが用いた言葉でも、また新渡戸が初めて用いた言葉でもない。少なくとも、一九一三年、正岡猶一はその『米国及米国人』と題する本文一〇〇〇頁余の大著を刊行し、その第一章を特に「米国研究の必要」と題している。[2] さらに、清沢洌も『米国の研究』と題する彼の処女作を一九二五年刊行する。[3]

後に述べるように、一九一八年に東京大学にヘボン講座が設立されるが、その名称は「米国憲政、歴史及外交」であり、法学部的制約の下であるが、アメリカについての綜合的研究をうかがわせる講座名である。その開設にあたって、美濃部達吉による米国憲法、新渡戸による米国史、吉野作造による米国外交についての特別講義が行われ、吉野のを除いて、それぞれ単行本の形で後に刊行されるが、それも「米国講座叢書」の名においてであった。この叢書はその後終戦時までに第六編まで刊行されるが、その中には経済や文学に関するものも含まれており、綜合的研究の性格をもっていたことは注目に値する。[4] 事実この講座設立の趣旨が、「米国研究」にあったことは、開講式に際しての山川総長の演説（一九一八年二月九日）における「広い意味で米国史の講座を置く」（傍点引用者）という表現にも読みとれよう。[5] 一九二四年このヘボン講座の担任を命じられた高木八尺も「米国の研究と紹介という重い課題の前に立ち」という表現を用いている。[6]

戦後日本においてアメリカ研究が未発達であることがしばしば指摘され、それはまたある程度事実であった。ことにアメリカ研究という表現が地域研究、学際的な綜合研究として意識的に使用される限り、ことにそうであった。しかし、今、私どもが驚くのは、日本において早くより、つまり戦前より「米国研究」という用語があり、アメリカ国家あるいは社会というものを綜合的に理解しようという地域研究的発想があったという事実ではなかろうか。私どもの問わなければならないのは、何故日本に「アメリカ研究」がなかったのかではなくて、その具体的成果がどうであったかは別として、むしろ何故早くより日本に「アメリカ研究」があったのかということではなかろうか。戦前早くより、「米国研究」という表現が存在し、「米国研究」の必要が訴えられ、またある程度行われたということは、単に日本がアメリカ文化に関心をもっていたとか、日本の知識人がアメリカ文化・社会の綜合的把握に特に方法論的関心をもっていたということではない。米国研究という言葉に端的に示されるように、アメリカ合衆国という国自体の理解が必要とされたのである。その点、他の先進西欧諸国についての研究と少しくアメリカ研究はその必要の質を異にしていたのではなかろうか。

明治の初期においては、アメリカはイギリスやドイツなどと同じく、日本がそこから学ぶべき社会であった。その点、例えば本間論文なども指摘するごとく、アメリカは欧米として一括される先進文明の一部であり、脱亜入欧の欧の一つとして、日本がそこから学ぶべき範例であった。事実、周知のごとく福沢諭吉、内村鑑三をはじめ日本の近代文化の担い手となるべき多くの学徒がアメリカに赴く。ところが、明治中期から、その入欧の欧は専ら、一つには文化的により先進的に見えたヨーロッパ文化と同一視され、入欧の範例は日本の国体とより近く見えたドイツやイギリスに求められるにいたり、日本の知識人、高級官僚のアメリカ文化への関心はうすらいでいく。しかし、政治的にはアメリカは友好的にも敵対的にも日本の隣国であり、経済的にはきわめて重要な相手国であった。つまり、端的に言えば、日米関係は、ペリー来航以来日本の対外関係において、好むと好まざるとにかかわらず大きな比重を占めてきた。ことに、一九世紀末米西戦争以降、太平洋国家としてのアメリカの地位の確立と、日露戦争以来の太平洋国家としての日本の地位の確立は、両者の中国大陸における門戸開放をめぐる相剋と相まって、日米関係は日本にとって決定的に重さをもってくる。この日米関係の重さから見る時、相手国としてのアメリカという国、米国について無知であることは許されなくなったのである。

この点、上にふれた正岡は次のごとく言う。「日本は太平洋を隔て、米国と相対す、国交親善ならば須らく大に親善なるべく、国交険悪ならば須らく大いに険悪なるべし、何れにしても其利害関係上、日本の将来は大に米国の将来に倚頼《デペンド》するものたり、世界各国の中、特に日本人が研究すべき国ありとせば、支那を除きては米国あるのみ」。ことに「巴奈馬運河は遠からずして大西洋の水を直接に日本の南海岸に運ばんとし、太平洋問題及び移民問題は日に〳〵其解決を吾人に迫らんとす。米国研究は刻下の急務ならずんばあらず(7)」と。しかし、たとえば移民問題のごとき日米関係の具体的な問題の研究が「米国研究」を形成するものではない。この点正岡も前の引用文につづけて次のごとくのべている。「然れども其研究たるや、直に太平洋問題其もの、移民問題其もの、布哇乃至比律賓問題其ものに就てなさるべきものにあらず、吾人は遠く其根元に遡りて、米国及び米国人の起原、性情、天賦の運命を講究し、然る後爾余の問題に到達するにあらずんば、到底満足なる解決を得る事難かるべし、茲に於て予は先づ米国人の説明を試みたり、是れ実に本書也[8]」。

ことに、第一次大戦後、その巨大な経済力、軍事力を背景にアメリカの国際政治上の発言力が著しく拡大されるにつれ、日本の対外関係に対するアメリカのインパクトはますます重くなる[9]。第一次大戦後の状況をふまえて、新渡戸も先に引用した論文の結論的部分で、次のごとく記している。「かく米国の勃興と勢力の増大とは鏡にかけて見るが如く明であって、而して世界は此消息を無視するわけには行かぬ、就中我国の如きは善かれ悪かれその影響を免るることは出来ぬ。此時に当り米国及米国人に対する正しき解釈と諒解とを怠れば、我国そのものゝ未来を危ふくするものとして憂ひざるを得ず[10]」。ここに、日本のアメリカ研究が、日米関係のインパクトという、きわめて現実的な要請、需要を背景にその必要性が痛感されていることが判る。正しく新渡戸も「実業家も軍人も均しく米国の現状と将来とを調査することに努め始めた様である」と記したごとく、政治的、経済的そして軍事的関心がこの当時の日本における「米国研究」の背景にあったといえよう。

しかし、この頃のアメリカ研究への関心は、そうした日米関係を中心とする国際政治的・権力政治的要請にのみよったものではない。新渡戸自身の表現を借りれば「デモクラシーの本家本元なる米国[11]」への強い関心が「米国研究の急務」の背景としてあったのである。先にふれたごとく明治初期に存在していた入欧の一つの範例としてのアメリカへの関心は帝国憲法制定前後より後退したが、典型的範例としてのドイツの第一次大戦における敗北は、再びアメリカへの関心を復活させ、前進させる。第一次大戦後、国際関係におけるアメリカの地位は著しく高まったが、アメリカは権力政治上の発言権を強めたのみならず、イデオロギーの面でもデモクラシーの国としての発言権を強めた。政治体制としての民主政は従来特殊アメリカ的なものとして地理的限定をうけていたが、第一次大戦後普遍的必然的現象として世界各国に及ぶべきものとして認識されてきた（ちなみに、さらにロシア革命の結果、共産主義体制がもう一つの普遍的傾向として提示されてくる）。この普遍的傾向としてのデモクラシーは、当然日本にとってもさけることのできない課題として迫り、いわゆる大正デモクラシーの展開となる[12]。

新渡戸は、すでに第一次大戦中、戦後世界の二大傾向として、「今後益々顕著となるべき物質的発展」と「民衆勢力の増進世界を風靡せん」ことも指摘していた[13]。彼は「民衆の勢力増進に就ても我日本のみが例外であると拒む訳には行かぬ……これは世界の形勢であって」と、デモクラシーの歴史的必然性を説く[14]。そこで、「デモクラシーの本家本元」としてのアメリカにおけるデモクラシーの理想と実体とが日本の参考例として当然注目されてくる。新渡戸にとって「デモクラシーなしに米国の歴史ないし社会問題なり、其他の文学美術さへも説くことは出来ない」ものであったのである[15]。つまりデモクラシーとアメリカとは不可分であり、したがってデモクラシーの普及はすなわちアメリカ的思想の普及を意味するものであり、その点新渡戸も「種々な方面に於て、米国式の思想と制度とが世界を風靡しつゝある事実を認むることを率直に断言する」ものであった[16]。ここに、大正デモクラシーという日本における国内政治状況からも、普遍的デモクラシーの体現国としての米国についての研究が要請されてくる。

以上二つの観点、つまり日米関係（国際政治）とデモクラシー（国内政治）という現実政治上の要請が、第一次大戦後のわが国においてアメリカ研究に対する関心を呼び起す大きな契機となったといってよい。そのことは、新渡戸自身明快に次のごとく表現している。「近来日を逐うて密接なる日米関係並にデモクラシー思想の普及は、実際的にも学問的にも米国の研究をして吾々日本人に取りての一大事業と為らしむるものがある。我輩が米国建国史を講ぜんとするも、這般の一大事に適応したいと云ふ本願から出たのである[17]」。この二つの要請は、すぐれて現実政治上の状況を背景にしており、したがって、そこに出てくる米国研究は、単に学問的のみならず実際的な目的をもち、現実状況に対応するものとしての性格をもっていたことは当然であろう。爾来この実際的性格、あるいは実践的性格は、どれほど自覚されていたかは別として、日本のアメリカ研究の在り方を強く規定するものであったといえよう。

もちろん、その実践性の方向は人によって異なりえよう。新渡戸の場合、その方向は、日米関係（国際政治）においては、まず日米関係の改善であった。日露戦後急激に悪化し、時に日米戦争論さえ公然と論じられるにいたった状況の中で、新渡戸にとっての米国研究とは、まず米国との平和の維持という目的につながるべきものであったのである。そして、大正デモクラシー状況の中で、新渡戸は、日本に「武士道の延長」としての「平民道」を主張するが、平民道とはデモクラシーのことに他ならなかった。[18] 新渡戸は「デモクラシーは単に政治的現象ではない」とし、より「根本的な問題」、今日の用語でいえばカルチャーの問題としてとらえている。[19] したがって、新渡戸の場合、アメリカの社会そのものの検討、米国研究も日本における平民道の普及（今日の言葉でいえば民主化）という目的につながるべきものであったのである。[20]

2　新渡戸自身のアメリカ研究

新渡戸が東大に入学するにあたって、教授の外山正一に、太平洋の橋になりたいと語ったことはあまりにも有名である。外山に何のことかと問われ、新渡戸は「日本の思想を外国に伝へ、外国の思想を日本に普及する媒酌になり度いのです」とのべている。[21] 後に、この「太平洋の橋」という表現は新渡戸の生涯を象徴する言葉として有名になるが、この用語は新渡戸が広く東西文化の交流を考えながら、より具体的には太平洋をはさんだ日米間の交流を考えていたことを示す。西洋を、ヨーロッパでなく、まずアメリカとして把えた背景には、やはり札幌農学校の生活体験があったといえよう。事実東大の授業のつまらなさに失望した新渡戸は、翌年ヨーロッパではなくアメリカへの留学に出る。一八八四（明治一七）年、アメリカ船サンパブロ号にのって渡米し、一ヵ月ほどペンシルヴェニア州の小さな大学にいたが[22]一〇月よりボルティモア市のジョンズ・ホプキンズ大学に入り、経済学・歴史などを勉強することとなった。ジョンズ・ホプキンズ大学は、周知のようにドイツ流の大学院教育、ゼミナール方式をとり入れ、学術的には当時アメリカにおいて最も水準の高い大学とされていた。新渡戸自身の言葉を借りればジョンズ・ホプキンズ大学は「我輩の行った頃には、米国では最高の大学と称せられて、学生の数こそ自然少かったけれども、ハーバードやコロンビヤの遙かに及ぶものではなかった[23]」のである。

新渡戸は何を研究していたのか。彼自身元来「農政あるいは農業経済を調べる積りであったが……指導教師の切なる勧告によって日米関係史なるものを調べた[24]」と語っている。当時ジョンズ・ホプキンズ大学には、経済学のリチャード・T・イリー教授、歴史のハーバート・バクスター・アダムズ教授をはじめ、錚々たる学者がそろっており、新渡戸はこれらの教授のクラスに出、直接指導をうけたが、ことにアダムズには世話になった。そのアダムズのドイツ式のゼミナールに参加し、科学的実証的歴史研究法の訓練をうけ、日米関係史を研究することになったわけである。ちなみに、クラスには後の大統領ウィルソンが少壮学徒として参加しており、その古典的名著『連邦議会政治論』(*Congressional Government*) を脱稿しつつあった。日米関係史の研究にあたっては、彼は直接日米関係に関連した人々に手紙を送り、あるいはインタヴューなどしている。中でも『ミカドの帝国』の著者として名の知られたウィリアム・M・グリフィスに、一八八六年一一月手紙を送り、教えを乞うている[25]。ちなみに、これを機に両者の親交はつづき、後に『武士道』の再版にさいしては、グリフィスは序文をよせる。

しかし、その論文が完成しないうちに、新渡戸は札幌農学校助教授に任ぜられ、その担当の農政学・農業経済学研究のためヨーロッパに向うこととなった。一八八七年八月、新渡戸はドイツのボンからグリフィスに手紙を送り「予期していなかった北海道庁の任命で当地に来ることになったのです。私はこの論文を書くことが、他の研究や仕事よりも励ましになっていたのですが、中断を余儀なくされました」と語っている[26]。約三年間のドイツ留学生活を終って再びアメリカに立ちよった新渡戸は、アダムズの示唆にしたがって旧稿に手を入れ、一八九一年ジョンズ・ホプキンズ大学出版部より『日米関係史』として上梓することになった[27]。その間フィラデルフィアで知りあったクウェーカー教徒のメリー・エルキントン嬢が同書の校正に協力したことは、その序文からもうかがわれるが、同書の出版の年は、またエルキントン嬢が新渡戸夫人になる年でもある。
同書はペリー以前の日本の対外交渉の素描から始まって、アメリカの日本についての影響、執筆当時のアメリカにおける日本人の状態にまで説き及んだものであるが、おそらく日米関係史についてのまとまった研究書としては、日米を通じて最初のものではなかろうか。本書はアダムズの学風にしたがって、きわめて実証的に書かれており、グリフィスのものをはじめ当時外国人によって書かれた日本論、日本旅行記を広く渉猟すると共に、日米関係にかかわった人々とのインタヴュー、手紙による問合せなどの方法を使用している。その最後に「別離《フェアウェル》」と題した一節があるが、それは珍しく感傷をこめた一節であり、留学生活をしめくくるにあたってアメリカ人の中に十分にはとけこめなかったことを、アメリカ人の好意を充分に活用しえなかったことを、悔いる切々たる言葉をもって結んでいる。[28]あの新渡戸にしてその留学生活になおそれなりの苦労のあったことが察せられよう。

アメリカにおいてクウェーカー教徒となった新渡戸が帰国後最初に刊行した本は『ウィリアム・ペン伝』上下二巻にほかならなかった。新渡戸自身の言葉「本書の目的はペンの生涯及び其宗教上の事業を記すに在りてペンシルバニアの歴史を挙ぐるに非ざれば」[29]とあるごとく、ペンの生涯とその宗教思想を日本人に伝えんとするものであり、各所にペン自身の著述のかなり長文の「摘要」がさしはさまれている。ついで、アメリカ人のロバーツ女史の「ペン小伝」をフレンド女学園の笠井修が訳したものを、新渡戸は全面的に校訂して『建国美談』として出版した。[30]ここで「建国」というのは、もとよりアメリカ合衆国のことではなく、ペンシルヴェニア植民地のことではあるが、アメリカ史の一つの起源として把えているといってよい。ちなみに水戸光圀の和歌が引用してあることにも察せられるように、単なる訳本というより、かなり自由な訳述というべきものである。ともあれ、新渡戸の夥しい著書の中で、英文を含め最初の三冊が何れもアメリカに関連したものであることはきわめて興味深い。

新渡戸は一八九一年帰国と共に札幌農学校教授に任ぜられて、農政学などを講じていたが、上記二著はその間の作業である。劇務のため激しい脳神経衰弱症にかかった新渡戸は官を辞し、アメリカのカリフォルニア州に転地療養し、その時執筆したのがかの英文『武士道』（一八九九年）であり、日本紹介の第一人者としての新渡戸の名を確立した。その後新渡戸は、台湾総督府民政長官後藤新平の切なる勧誘をうけて、台湾総督府につとめ、その農政論、植民政策論を実地に適用する機会を得て、台湾の砂糖業の隆盛の基礎を築いた。さらに、第一高等学校長に任ぜられ、日露戦争後の日本の青年の一つの思想的中心となった。しかし、新渡戸は再び、日米関係に観察者また実践者としてかかわることになる。

一九一一年、日米交換教授の計画が、コロンビア大学総長ニコラス・M・バトラーなどを中心にして、カーネギー平和財団の財政的援助および渋沢栄一ら日本財界人の協力の下ですすめられていた。[31] 適当な交換教授の派遣の依頼をうけた桂内閣は、桂首相、小村外相などの間で人選をすすめ、白羽の矢は新渡戸に立てられた。『武士道』で世界的に著名であり、その長い在外生活を通じ、外国語で演説することになれている新渡戸が候補にあがったのは当然であろう。新渡戸自身は、この困難な仕事を引きうけた主たる理由として、例の「太平洋の橋とならん」という決意を披歴し、東西のかけ橋として、日米両国間の相互理解を深めることを願って引きうけたとしている。[32]

この交換教授として多忙をきわめた旅行のことについては、新渡戸自身帰国後「遊米雑感」として経済学研究会例会で講演し、[33] また秘書役として同行した後藤新平の女婿鶴見祐輔は後に「日米交換教授時代の新渡戸先生」として追想している。[34] それらによると、新渡戸はやはりこの大役の責任の重さを意識し、船中では講義の準備に専念していたようである。日露戦争終了後、日米の一部には日米戦争論がしきりに論じられ、ホーマー・リーの日米戦争論などがアメリカで出版され、また日本でも邦訳されていた。また、カリフォルニア州における日系移民の排斥運動などもあり、必ずしも気楽な雰囲気を期待することはできなかったのである。船中、サンフランシスコの南方のスタンフォード大学から講演を依頼されたが、新渡戸も「加州は排日の盛な所でもあるし、言葉を慎んでやろうと思って、船中で演説の草稿を認めました」と語っている。[35] そのスタンフォード大学での講演[36]を皮きりに、実に一六六回講義と講演を行う。

正式の講義は、一〇月のロード・アイランド州ブラウン大学での連続講義にはじまり、コロンビア大学、ジョンズ・ホプキンズ大学、ヴァジニア大学、イリノイ大学、ミネソタ大学の六大学で行われた。聴衆の数は予想をはるかに上回り、少なくて一五〇人、新渡戸のかつて学んだジョンズ・ホプキンズ大学では多い時には一二〇〇人をかぞえるという盛況であった。この旅行は、日米交換教授の目的を果し、新渡戸個人にとっても大きな成功を意味した。この講義をまとめた *The Japanese Nation* は、日本研究の書であると共に、日米関係を論じた書であることは、その副題 *With Special Consideration to Its Relations with the United States* からも推察されるし、事実附録を含めての全一三章の中五章は日米関係をとりあげている。その点、旧著『日米関係史』につらなるものをこの『日本国民』はもっているといえよう。

しかし、この二書は、その書かれた目的、また書かれた状況の違いの故に、おのずから異なったニュアンスを当然にもっている。つまり『日米関係史』は大学院論文であり、したがって実証的であり、また書かれた状況は日露戦争前であり、日米間には何ら緊張関係はなかった。また、新渡戸も一留学生として学ぶ者の立場から書いている。それに対し約四半世紀後の『日本国民』は日米交換教授としての新渡戸自身の表現を借りれば「最近きわめて不幸なことに、そして全く予期せざるところであったが、暗雲がひくく太平洋にたれこめつゝある」[37]時代の所産である。新渡戸はこの日米緊張の谷間に自らの身を置くことによって、「太平洋の橋」になろうとする。それは一見楽天的な新渡戸の姿勢とは異なり、悲劇的な生涯を予想させるものであった。

新渡戸は交換教授の大任を終えて後ヨーロッパを経てシベリア鉄道経由で一九一二年九月帰朝するが、一高校長を辞任し、東大法科大学教授専任となって植民政策を担当していた。間もなく第一次大戦が勃発、国際情勢は急激な変化を迎える。日本は一九一四年八月連合国側の一員として参戦し、その点、アメリカと同一陣営に属するが（形式的にはアメリカの参戦は一九一七年四月であるが）日本の悪名高い対華二一カ条の要求などで、日米関係は実質的には悪化していた。そうした状況の下で、ニューヨークのチェース・ナショナル銀行の頭取A・バートン・ヘバン（ヘボン式ローマ字で有名な宣教師・医者のJ・C・ヘバンの遠縁にあたる）は、当時日本財界の指導者であった渋沢栄一に長文の手紙を横浜正金銀行の一宮鈴太郎を介して送った。一九一七年六月一一日付であるが、その中で次のごとくのべている。「日米両国に於ける慷慨家連は日米の葛藤は避くべからず、其結果は必ずや戦争なりと考え居候……吾等は国際親善の為に今少しく尽力し、全世界の平和と人類の親和の為に今少しく熱心に力を致す必要あるを知り可得候」とし、日本公債額面一〇万円を東大に寄附して「国際法並に国際礼譲の講座」を設けてはと提案している(38)。

渋沢は早速、この手紙をもって七月二四日より山川東大総長を二回訪問し、八月六日付でヘバンあてに返事を送り、東大としても喜んで受理したく「講座創設に関する計画立案中」である旨知らせた。東大側では総長を中心に検討し、評議員会において検討した結果、山川総長より渋沢あてに「東京帝国大学には、已に外交史の講座の外に国際法の講座も有之候により、更に国際法の講座を併置するは望しからず候、乍然広義の意味に於ける米国史、若くは中央政府及州政府の米国憲法と外交史との講座を置く事は甚だ結構なるのみならず、日米両国民相互間の諒解を増進するに与って力あるべく、右は必ずやヘボン氏が同講座を設置さるゝ目的と存候」と記し、あわせて教授は日本人であることが望ましいこと、そのために適当な青年を選んでアメリカに三年留学研究させることが望ましいことなどが提案されている。渋沢はこの趣旨をヘバンに伝え「米国憲法・歴史及び外交」の講座設置を申し出（一〇月九日付）、ヘバンもそれに同意し（一一月一四日付）、さらに山川総長あてに正式に講座設置、またその担当者となるべきものの三年留学の件についても全く同意である旨書き送っている（一二月一五日付）。

一二月一九日、日本政府五分利公債証書額面一二万円（二万円増額）、と現金三〇〇〇円の寄附申込を東大は受

諾し、合せて、アメリカ大使（ロランド・S・モリス）、石井菊次郎、渋沢栄一、井上準之助、目賀田種太郎にヘボン氏寄附講座（管理）委員を依嘱することになった。また講座担当予定者として高木八尺を選任、法科大学講師に任じ、三カ年の予定で在外研究を命じている。東大は受理決定と共に新聞発表を行ったようで、一九一八年一月三日付の各新聞はその扱い程度に差こそあれ、たとえば「東大に米国講座、ヘボン氏から一二万円寄付、近く法科内に開講と決す」という見出しの下で報じている。(39)

この講座設置については、当初法学部内にも反対意見がなかったわけではない。憲法の上杉慎吉教授などはその一人であった。しかし、学内にあっては、当時の法科大学学長（法学部長）土方寧をはじめ、新渡戸の親しい同僚であり、終生友人であった小野塚喜平次教授（当時評議員）などの積極的な支持があって、学内では問題なく受理が決定された。(40)しかし、問題は講座の新設は勅令によらなければならず、この講座が果して大学令第一条に言うところの「国家ニ須要ナル学術ノ理論及応用」に該当するかとして、文部省筋に反対論があったようである。文部大臣岡田良平は東大でアメリカのデモクラシーを教えることに消極的で、まず神道の講座を設置すべきであるという意向をもっていたと思われる。そのためか、勅令による正式の設置はおくれ一九二三年（大正一三年）八月になって、ようやく正式に設置された。(41)ここで、国際法や国際関係の講座ではなく、アメリカ研究の講座としたのは、ヘバン側の希望によるのではなく、日本の東大側の提案に基づくものであったことに、くりかえし留意しておきたい。

専任担当者による正規の授業の前に、随時特別講義を行うこととし、まず、一九一八年二月九日開講式が開かれ、山川東大総長の演説があり、(42)土方法科大学学長、渋沢栄一も演壇に立った。その後で、新渡戸は講義をしている。毎土曜、午後、三二番教室で、美濃部達吉による米国憲法、新渡戸稲造による米国建国史、吉野作造による米国外交の講義が行われることになった。二月九日より、新渡戸は五回にわたって、植民地創設より憲法制定にいたるアメリカ史を講じたが、おそらくこれは日本人によるアメリカ史のまとまった講義の最初のものではなかろうか。この講義の内容は翌一九一九年五月「米国講座叢書」第二編として刊行されている。

新渡戸自身の日記[43]によれば「二月九日、午前アメリカについての講義の草稿を書く。この講義について少々ナーヴァス」とある。新渡戸としては自分の専門外のこと故、少々気が重かったのではないか。当日新渡戸によれば「約三〇〇名の学生が出席」したが、「後のお茶の席上、S〔渋沢〕男爵は私の企図につききわめて好意的に語ってくれ、全員講義を刊行するよう望んだ」とある。著書として刊行するための執筆は、日誌によれば翌一九一九年一月よりはじめたもののようで、一月三日付では「田川〔大吉郎〕、小野塚来訪、長時間散歩に出る。星が美しい。ヘボン講義の執筆」と記され、一月一〇日付では「アメリカ史（H講義）執筆。ついに脱稿！ようやく重荷を果す。だが中学生向きの拙い作品だ」と、気の重い仕事であったことを記し止めていることは、『米国建国史要』が一見、事なげに執筆されたに見えながら、やはり苦心して書かれたものであることが判り、新渡戸の研究者としての誠実さがしのばれよう。

この『米国建国史要』は、新渡戸が植民政策を専門としていたことを反映して、ヨーロッパ諸国による植民地形成、植民政策の具体例としてのアメリカという志向で記されているといってよい。しかし、その場合でも、新渡戸はアメリカのデモクラシーの源流がすでに植民地時代にあったことを鋭く把えていた。ほとんど同時期にかかれた前掲「平民道」の中で次のごとく記している。「米国がデモクラシーと云ふのは共和政治なるが故ではない。彼等がまだ独立をしない即ち英国王の支配の下に植民地として社会を構成した時に社会階級や官尊民卑を以て人の位附を定める如き事なく、人皆平等、随って相互に人格を認め、相互の説を尊重する習慣があったれば、今日米国のデモクラシーの淵源深く基礎が堅いと称するのである[44]」。

この当時、新渡戸はこの『建国史要』以外に『実業之日本』などに、上にふれてきた「米国研究の急務」「富の米国人」「平民道」「米国人の特徴」「国際的理解に対する努力」など、アメリカ関係の文章をいくつかつづけざまに書いている。それらのアメリカ関係ものを通していえることは、すでにふれたようにやはり日米関係の改善と日本におけるデモクラシーの定着化という二つの目的意識があったということである。この目的意識を背景にアメリカに接する時、新渡戸は「判断する前に先づ理解」をと訴え[45]、「他国の研究に従事する者は虚心平気は云ふまでもなく、一歩進んで敬愛同情の念を以てその事に当りたい」と願い[46]、「我輩は、個人若しくは国家の短所を知ることは、己れを利する所以に非ずと信ずるが故に、強ひて之れを知らんとしない事を主義として居る」として、アメリカの短所の中にも教訓を見出そうとする[47]。

しかし、相互に理解を深めることは、たとえ「同情」をもってするにせよ、結果的には相互の相違を自覚し、相互の対立的契機を意識することにもなりうる。たとえば、日本とアメリカは所詮「東は東、西は西」、水と油であり、その対立は消去しえないものであるとの認識にも達しうる。この点を、新渡戸はどう理解していたのであろうか。この問題は、少しく「米国研究」の枠をこえるが、まさに新渡戸における現実の要請としての「米国研究」の世界観的基底ともいうべきものを構成する問題といえよう[48]。

3 「米国研究」と東西融合

以上のべてきた新渡戸における日米関係の改善と日本の民主化という「米国研究」の目的意識の基底には、日米が相互に理解しうる、あるいは日米はデモクラシーを共有しうるという基本的前提が存在していたかに思われる。あるいは、単に日本とアメリカというより、より広く東洋文明と西洋文明とが基本的に融合しうるという信念ともいうべきものが新渡戸の中に認められたともいえる。

新渡戸は、学生時代、例の「太平洋の橋」論で「日本の思想を外国に伝へ、外国の思想を日本に普及する媒酌になり度いのです」と語ったが[49]、そこには素朴な形で、東西文化の媒酌可能性が前提とされていた。その新渡戸は晩年、一九二八年、早稲田大学で連続の課外講義を行ったが、そこで彼が結論として学生たちに訴えたのは

「要するに、私の主張するところの結論は、東西の差といふものは、決して根本的のものではない」ということであった[50]。新渡戸にはその国際連盟事務局次長時代の土産話ともいうべき『東西相触れて』という有名なエッセイ集があるが、その中でも彼が強調するのは東西の融合である。そもそも地理的にも「東西なる語は単に相対語であって、而も之を測る標準さえも確定してゐない有様である[51]」と語っている。新渡戸にとっては「結局東西の文化を悉く咀嚼し世界的完全なる発達を遂げる者は大和民族ならんか[52]」ということになる。

しかし、注意しなければならないのは、この東西融合がはたして、永遠の「当為」として語られているのか、それとも現実に可能な「存在」として語られているのであろうか、ということであろう。つまり東洋文化と西洋文化との根底にある宗教的価値観の相違と対立との存在を、新渡戸はどう把えていたのか。工業社会における文化現象の同質性を認めつつ、なお東西間の思想史的伝統、ことに宗教的伝統の相違をどう理解するのか。やや通俗化した形で言えば、ルース・ベネディクトが恥の文化と罪の文化という形で類型化したような基本的な価値観の対立をどう把えたらよいのか。つきつめていえば、新渡戸が東洋の宗教、西洋の宗教というものをどう理解していたかという問題である。

新渡戸がキリスト者であったことは周く認められているところであるが、まず彼におけるキリスト教への接近はどのように行われたのであろうか。新渡戸とキリスト教との出合いは、彼が一四歳の頃、明治天皇東北巡幸のおり、新渡戸家に与えられた御下賜金の一部で英語聖書を購入し読んだことに始まろう。しかし、言うまでもなく、明治一〇年札幌農学校に入学し、クラークの残した「イエスを信ずる者の誓約」に署名したことが、彼のキリスト教への入信の表明であった。事実、翌明治一一年六月二〇日、メソジスト・エピスコパルの宣教師M・C・ハリスより同級生六名と共に洗礼をうけている。

しかし、このキリスト者としての第一歩が内面の葛藤なしのものではなかったことは、当時の彼の友人達のひとしく証言しているところである。たとえば、同級生であり、また長年の「心の友」ともいうべき宮部金吾によれば、新渡戸は「其の多読の結果一時は神学上の懐疑に陥り憂鬱な人間となった」[53]。そのためモンクと綽名をつけられたことは有名である。新渡戸の一級上の大島正健は、新渡戸は当時の日記に「自分は神様が判らなくなったけれども、宇宙には何か偉いものがある、Great Law がある」と記していたという[54]。事実、新渡戸は札幌の独立教会には積極的には加わらなかったようである。新渡戸より一級上の内村鑑三は、当時の新渡戸の懐疑僻にふれ、新渡戸はパウロというより、トマスと名乗るべきであったと、批判的に記している[55]。後年、新渡戸自身述懐して「私は少年時代にキリスト教の説話や聖書を含むキリスト教の書物を読んだが、私にとって、それらは決して説得的ではなかった」と敢て記している[56]。つまり、新渡戸にとって、正統派プロテスタントの教理、神学ないし教会礼拝には、何かなじめないものがあったといってよいであろう。もちろん、友人たちが証言するように、そのことは新渡戸がキリスト教信仰を捨てたことではなく、彼はより納得のいくキリスト教の信仰形体をさがし求めていたということであろう。

そのキリスト教を、彼ははからずも、アメリカへの留学中にクウェーカーの礼拝の中に見出したのである。ボルティモアのジョンズ・ホプキンズ大学に留学中、キリスト教各派の教会に出席しつつも満足しえない新渡戸は、クウェーカー派の集会に出席して、その非形式的性格と真面目さにいたくひかれて、次第に回を重ねることになる。彼自身の言によれば、「集会は黙座冥想を主とし、各自直接神霊に交わるを以て礼拝とする如き、頗る僕の気に入った」とある[57]。ついに一八八六年一二月、二四歳の時にクウェーカーの正式の会員としてうけ入れられることになった。それより、一九三三年一〇月、カナダのヴィクトリア市で客死するまで、新渡戸はクウェーカー派のキリスト者として終始したのである。

では、この新渡戸のキリスト教信仰をわれわれはどう理解したらよいのであろうか。その点、新渡戸の内面生活にまで深く学ぶ高木八尺は、新渡戸の「キリスト教は、私にはクウェーカー主義、神秘主義及び汎人類的普遍主義の三つの面から、その特色を窺い知ることが出来る」と記しているのが、まさしく正鵠をえた解釈といえよう(58)。これをやや言葉をかえていえば、クウェーカー主義の中に、神秘主義と汎人類的普遍主義とを新渡戸は見出したのである。そのことは新渡戸が一九二六年一二月ジュネーヴで行った「一日本人のクウェーカー主義観」の中に端的に表現されている。

新渡戸はまずクウェーカー主義の中心を次のごとく説明する。「クウェーカーの教えの出発点は世にある凡ゆる人々を照らす光、〈内なる光〉《インナー・ライト》の存在に対する信仰である。〈内なる光〉は他の言葉をもってすれば、種子声《シード・ヴォイス》、キリストなどと呼ばれよう。その名は何であれ、それは、われわれ一人一人の中にわれわれ自身でないある力が存在し、人間以上のある人格が内在することを意味する。こうした教義は決して新しいものではない。それは、最も古い形の神秘主義《ミスティズム》と共に古くよりある(59)」。さらに、この神秘主義は、東洋の仏教、ことに禅に、また道教に、王陽明にも明らかにされているとする。つまり「アジア人であり、日本人である私自身にとっては、クウェーカー主義と極東に古くよりある教えとの間に、多くの共通点のあることを見出した(60)」とあるごとく、新渡戸にとって、神秘主義は何よりもクウェーカー主義と東洋思想との橋渡しになるものであった。

ちなみに、新渡戸のキリスト教信仰に深い神秘主義があったことは、新渡戸夫人もまた指摘しているところである。夫人は『新渡戸博士追憶集』に一文を寄せているが、その題は「ジャンヌ・ダークと新渡戸博士」であり、何故新渡戸がジャンヌ・ダークに関心をもったかを説明している。新渡戸のジャンヌ・ダークへの関心は札幌時代からで、彼のノートには偉大なリーダーとして、キリスト、ジャンヌ・ダーク、シャカ、モハメッドの名前が記してあったそうである。夫人によれば「新渡戸はヒロー・ワーシッパーであり、彼自身大いに神秘主義者《ミスティク》であった、彼にはジャンヌの〈内なる〉声の訴え、そして結局彼女を火刑台にやったその声に対する彼女の信仰が、よく理解できたのである(61)」。

以上のことをくりかえし結論的に新渡戸自身の言葉を使っていうならば次のごとくなる。すなわち「何故私は特にクウェーカー主義に引かれたのか……クウェーカー主義においてのみ、私はキリスト教を東洋思想に融合させることができたのである」[62]。ここで、キリスト教を東洋思想に融合させるということは、新渡戸にとっては本来異質的なものをつなぎ合わすということではなかったことに注意しなければならない。本来神秘主義として同質性をもったものの融合として理解されるべきものであったのである。つまり、キリスト教自体が本来西洋文明をこえた普遍性をもったものと理解されていた。新渡戸にあっては、キリスト教の神とは、本来ユダヤ人の神、つまりアブラハム、イサク、ヤコブの神ではなく、さらにキリスト教徒の神でもなく、「すべての民族及び国民」の神であったとされている。そのことは、『武士道』の序文の次の文章のなかにうかがわれよう。「宗教上の問題若くは宣教師に説き及んだ私の言が万一侮辱的と思われる様なことがあっても、基督教そのものに対する私の態度が疑はれることはないと信ずる。私があまり同情を有たないのは教会のやり方、並にキリストの教訓を暗くする諸形式であって教訓そのものではない。私はキリストが教へ且つ新約聖書の中に伝へられて居る宗教、並に心に書《しる》されたる律法を信ずる。更に私は、神がすべての民族及び国民との間に——異邦人たるとユダヤ人たると、基督教たると異教徒たるとを問わず——『旧約』と呼ばるべき契約を結び給うたことを信ずる[63]」と記している。神が「旧約」をユダヤ人以外の民と結んだという解釈はいかにも正統的キリスト教理解とはほど遠いと言われなければならない。そこに新渡戸がいかにキリスト教を本来汎人類的な普遍主義的なものとして理解しようとしたかが判る。

少しく新渡戸のキリスト教理解に深入りをしたが、強国アメリカの理解の必要という言わば現実主義的発想に基づく「米国研究」も、東西文化の融合というより広汎な、また彼にとってはより切実な課題の一環として存在し、また東西文化の融合の可能性への彼の信念によって支えられていたことを指摘したかったのである[64]。

新渡戸はヘボン講座の特別講義を行うことによって、日本におけるアメリカ研究に貴重な刺激を支えた。しかし、新渡戸自身はその後直ちに東京女子大学長となり（一九一八年四月）、翌一九一九年には後藤新平と共に欧米視察の旅にのぼり、さらに一九二〇年五月には国際連盟事務局次長となり、爾来国際緊張緩和の実務実践に多忙をきわめ、アメリカ研究の学究として余裕を見出すことはまず困難であった。アメリカについての記述もごく断片的にしか見出せない。むしろ、一九二六年国際連盟を辞任し帰国後、一九二九年太平洋問題調査会理事長となり、同年一〇月京都における太平洋会議議長となって、日米関係の悪化の中にあって、その現実政治上の和解のために力をそそいだ。しかし、一九三三年八月、カナダのバンフにおける第五回太平洋会議に日本代表団の団長として苦労した後、ついに一〇月カナダ、ヴィクトリア市で客死する。その死は「太平洋の橋」としての新渡戸を象徴する悲劇的な出来事であったといわなければならない。というのは、彼における「米国研究」の目的であった日米間の平和も、日本の民主化も現実と程遠く、東西文化の溝はますます深く、日本の軍国主義化はますます強く感じられ、「太平洋の橋」は幻の橋と言わざるをえない事態が迫りつつあったからである。

このように新渡戸はアカデミックなアメリカ研究の場をいち早く去り、実践の人として活動することになるが、彼は貴重な一粒の種を播いた。その一粒の種は彼のよき弟子の手によって育てられ、やがて開花することになる。ヘボン講座の担任予定者に選ばれた高木八尺は一九一九年春よりアメリカに留学、一九二三年帰朝し、一九二四年一月よりヘボン講座を開講した。日本におけるアメリカ研究は、その人を得て、定着深化してゆく。

（1）『実業之日本』一九一九年（大正八年）四月一日号、二三頁。本稿においては、新渡戸の論稿についての引用は、日本文のものは高木八尺他編（正式には新渡戸稲造全集編集委員会編）『新渡戸稲造全集』全一六巻（教文館、一九六九—七〇年）により、英文のものは *The Works of Inazo Nitobe*, 5 vols. (Tokyo: University of Tokyo Press, 1972) により、以下前者は『全集』、後者は Works と略す。『全集』及び Works に所収されていない新渡戸の論稿については、すべて本来の図書、雑誌より引用し、カナ使いなどもものままとする。この「米国研究の急務」は『全集』に収録されていないものの一例である。

（2）正岡猶一『米国及米国人』（二酉社、一九一三年八月）。本書にはマハンをはじめとする著名アメリカ人多数の序文一四五頁があり、他方一四頁の索引もついている。正岡は、ポーツマス会議にさいしては小村全権に従って、また一九〇九年、渋沢栄一を団長とする渡米実業団に随って、渡米している。本書はプライスの『アメリカン・コモンウェルス』を真似て作成されており、内容的には百科事典的である。

(3) 清沢洌『米国の研究』(日本評論社、一九二五年一一月)。

(4) 参考までにこの「米国講座叢書」の各編名をあげておきたい。発行者は何れも有斐閣である。(一)美濃部達吉『米国憲法の由来及特質』(一九一八年)、(二)新渡戸稲造『米国建国史要』(一九一九年)、(三)ジョンソン博士講述、高木八尺・松本重治共訳『米国三偉人の生涯と其の史的背景』(一九二八年)、(四)高木八尺『米国政治史序説』(一九三一年)、(五)斎藤勇『アメリカの国民性及び文学』(一九四二年)、(六)都留重人『米国の政治と経済政策――ニューディールを中心として』(一九四四年)。なお第二編の新渡戸のものは、『全集』第三巻に所収されている。

(5) 前掲、美濃部、序文、三頁。

(6) 前掲、ジョンソン、序、一頁。本稿においては、当初新渡戸とならんで高木八尺のアメリカ研究についても論じる予定であった。しかし、紙数の制約、高木のアメリカ研究が一九二〇年代にあっては言わば準備時代であり、一九三一年の『米国政治史序説』と共に開花すると思われること、つまりその主たる活躍は三〇年代以降にあること、さらに私自身いくつかの論稿で高木八尺のアメリカ研究については論じてきていること、などにより今回は断念した。参考までに高木八尺のアメリカ研究についての拙稿をあげれば、「高木八尺先生のアメリカ研究」(斎藤真編『現代アメリカの内政と外交――高木八尺先生古稀記念』(東京大学出版会、一九五九年))、「解説」(『高木八尺著作集』第一巻(東京大学出版会、一九七〇年))、"American Studies in Pre-War Japan,"(アメリカ学会『アメリカ研究』四号(一九七〇年))、「戦前日本」(斎藤、スカード編『世界におけるアメリカ像――研究と展望』(南雲堂、一九七二年))などである。

(7) 正岡、前掲書、自序、二頁。

(8) 同上、二―三頁。

(9) 第一次大戦後のアメリカの国際的地位の変化については、拙稿「第一次大戦とアメリカ社会――素描」(佐藤栄一編『現代国家における軍産関係』(日本国際問題研究所、一九七四年))で論じたことがある。本書所収。

(10) 前掲「米国研究の急務」、二七頁。

(11) 「平民道」(『実業之日本』、一九一九年五月一日号(『全集』第四巻)、五三八頁)。

(12) これらの点については、三谷太一郎「大正デモクラシーとアメリカ」(斎藤編『デモクラシーと日米関係』(南雲堂、一九七三年）、後、三谷太一郎『大正デモクラシー論』（中央公論社、一九七四年）に所収）というすぐれた論文がある。

(13)「大戦後に来るべき社会変化の二大傾向」（『実業之日本』一九一七年一〇月一〇日号〔『全集』第四巻〕、四八六―四九五頁）。

(14) 同上、四九三頁。

(15)「米国人の特徴」（『実業の日本』一九一九年四月一〇日号）、一一頁。つづけて次のごとく記している。「米国はデモクラシーの生産地である。彼国の人民はデモクラシーの生活物である。彼国の思想も芸術もデモクラシーの云ひ現はしに外ならぬ。米国の公明なる方面も或は暗黒なる方面も共に民本主義の働きである」。

(16)『米国建国史要』（『全集』第三巻）、二〇―二一頁。

(17) 同上、二五ページ。同書は後述するヘボン講座の特別講義をまとめたもの。したがって、この言葉は一種の開講の辞にあたる。

(18) 前掲「平民道」参照。

(19)「デモクラシーの根底的意義」（『実業之日本』一九一九年一月一日号〔『全集』第四巻〕、五〇四頁）。「デモクラシーは単に政治的現象ではない、又法律やら制度を変へて実現されるものとも思はれない。勿論法律も制度も密接な関係あることは当然のことであるけれども、それより遙に根本的な問題がある。それは万民挙げ上下を論ぜず、男女の区別なく、職業の何たるを問はず、教育才能をも論ぜず、相互の人格を尊重する態度、これがあって始めてデモクラシーの意義が解し得られる」。

(20) やや補論的なことをのべれば、ここでは日本のアメリカ研究の出発点における在り方を検討してみたわけであるが、その性格は実は基本的には、戦後の、そして現在のアメリカ研究に及んでいるといってよい。つまり、日米関係と日本民主化という現実的要請がアメリカ研究を必要とし、その要請に多かれ少なかれ応える形でアメリカ研究が行われている。そのことは、研究者の問題意識という点でプラスをもたらしつつも、「研究」という点ではマイナスをもたらしている。すなわち、一つには研究作業が解説的・啓蒙的作業となりやすく、いわゆるリサーチがおろそかになりやすい。二つには、今日的課題の解明に忙しく、地道な古典の研究、歴史的研究が等閑視されやすい。三つには、以上のことと関連して「実際的」と「学問的」とが区別がつかず、研究者の作業とジャーナリストなどの作業とがとかく同じ読者を前提にして行われている。

(21)『帰雁の蘆』（弘道館、一九〇七年〔『全集』第六巻〕二〇頁）。この会話は、一八八三（明治一六）年、新渡戸二一歳の時のことである。

(22) ミードヴィル市アレゲーニ大学。ここに留学したのは、新渡戸が札幌で洗礼をうけたハリス牧師の夫人の紹介によるものである。同市にハリス夫人の実家であるベスト家があった。鳥居清治訳註『新渡戸稲造の手紙』(北海道大学図書刊行会、一九七六年)、六〇頁参照。

(23)「学生時代のウィルソン」(『中央公論』一九一七年三月号)、八六頁。なお、新渡戸がジョンズ・ホプキンズ大学に移った事情、その大学生活の一端については、新渡戸の旧友でジョンズ・ホプキンズ大学で同窓かつ同宿であった後の北海道帝国大学総長佐藤昌介「旧友新渡戸博士を憶う」(前田・高木編『新渡戸博士追憶集』〔一九三六年〕、六―八頁)参照。

(24) 前掲「学生時代のウィルソン」、八六頁。

(25) 東京女子大新渡戸稲造研究会編『新渡戸稲造研究』(春秋社、一九六九年)、四五〇―四五三頁には、グリフィスあて手紙二通が和訳されている。

(26) 同上、四五二頁。

(27) Nitobe Inazo, *The Intercourse between the United States and Japan: An Historical Sketch* (Baltimore: Johns Hopkins Press, 1891), in Works, vol. 2, pp. 303–550.

(28) *Ibid*., pp. 537–38.

(29)『ウィルリアム・ペン伝』(一八八四年〔『全集』第三巻、二三一―六八三頁〕、六一七頁)。

(30)『建国美談、ウヰリヤム・ペン小伝』(一八九五年〔『全集』第三巻〕、一〇七―二二九頁)。

(31) 日米交換教授の件については、『渋沢栄一伝記資料』第四〇巻、三二五―三四一頁参照。新渡戸自身、交換教授の役を引き受けて後、『東京毎日新聞』に「日米交換教授」と題する小文をよせている(一九一一年八月三〇日)。『随感録』一九一三年〔『全集』第五巻〕、三〇七―九頁に所収。

(32) Nitobe Inazo, *The Japanese Nation: Its Land, Its People, and Its Life* (New York: G. P. Putnam's Sons, 1912), in Works, vol. 2, p. 9.

(33)「遊米雑感」(『国家学会雑誌』第二七巻二号、一九一三年二月号)、二六五―二七四頁。

(34) 前掲『新渡戸博士追憶集』、二一五―二二八頁。

(35) 前掲「遊米雑感」、二六五頁。

(36) この講演は前掲 *The Japanese Nation* の Appendix (Peace over the Pacific) として掲載されている。

(37) Works, vol. 2, p. 27.「私はここに(カリフォルニア州)先週の土曜日に上陸したばかりであるが、かつて二五年前ボルティモアへ向う途中サンフランシスコを始めて通過した時と見るもの聞くもの全く異なっており、圧倒されるばかりの感慨である。かつては、戦争の話もなければ、悪意にみちた言葉もきかれなかった。超弩級戦艦建造の造船所の響きもなく、要塞建設の槌音もなく、ラッパや太鼓の騒音もなく、なべて太平洋岸は平和であった。しかし今やアメリカ社会の調子がすっかり変ってしまい、自らの耳目を疑わざるをえないほどである。これがはたして進歩なのか。私としてはそう信じることはできない。私はその兵士や水夫の故に名だたる国に住んでいるものであるが、軍備や軍国主義やそれらに伴うものは、結局はそれをもてあそぶ国民の破滅をもたらすとの思いを拭いえないものである」。Works, vol. 2, p. 293.

(38) 以下ヘボン講座設置に関する件については、特に断わらない限り、高木八尺文庫保存ヘボン講座関係文書、前掲『渋沢栄一伝記資料』第四五巻、四三二―四八〇頁、東京大学法学部教授会議事録、高木八尺教授よりの伝聞による。英文手紙の訳文については、上記『渋沢栄一伝記資料』中の訳文によるところが多い。ヘボン自身、またアメリカ側から見た講座寄付については、Joseph Bucklin Bishop, *A. Barton Hepburn: His Life and Service to His Time* (New York: Charles Scribner's Sons, 1923) を参照。なお一九一九年四月の新帝国大学令が施行され、各分科大学は学部となる。したがって、それまでは法科大学、またその学長であった。

(39)『国民新聞』一九一八（大正七）年一月三日号。同日付の『萬朝報』が「米法に関する帝大の新講座」と題し、内容においても「北米合衆国法制史に関する講座」と誤って報じている以外は、『東京日日新聞』『読売新聞』『やまと新聞』『時事新報』も「米国講座」という見出しを使いその内容を「米国憲法、歴史及外交」としている。

(40) 南原繁ほか『小野塚喜平次――人と業績』（岩波書店、一九六三年）、一三四頁。

(41) ヘボン講座設置反対の動きについては、吉野作造「米国講座新設に対する文相干渉の風説」（『中央公論』一九一八年六月号）。新渡戸自身もこのことにふれ、次のごとくにしている。「日本で某官立の学校に米国人より数万の寄附をして米国事情を明らかにする講座の設置を希望したら、国体が違うから亜米利加に関する智識を養成することは帝国に取って危険なる思想の鼓吹なるが故に大に反対の意見が出たと新聞が報じたが、事実の真偽は兎に角として、これに相類似した考えは相当識者の内さへ伝はって居るらしい。如何に同胞が自国の国体に関して自信のなきかを示すものである。二千年以上伝はった国体が米国史を読んで顚覆するなど思ふのは国体と国民を侮辱するの最も甚しきもので笑止千万なりと思ふが、これに反して米国人の態度には大に見るべき処がある」として、スタンフォード大学、南加大学、またイェール大学、ハーヴァード大学における日本講座の存在を指摘している。「国際的理解に対する努力」（『実業之日本』一九一九年五月一五日号）、一六頁。なお、この問題は当然外国人の関心を惹いた。ジャーナリストのミラードは英字新聞 *Japan Advertiser* 及び *Japan Chronicle* を引用して、この事件を紹介し、日本国家主義の偏狭性の一例としている。Thomas F. Millard, *Democracy and the Eastern Question* (New York: Century, 1919), pp. 26–30.

(42) 山川の演説のかなり詳しい要旨が、前掲、美濃部『米国憲法の由来及特質』序文、一―四頁にのっている。

(43) 新渡戸は札幌農学校学生時代より英文の日誌を書き記していた。この英文日誌は、新渡戸夫人の配慮で一切公開しないことになっており、令嬢の新渡戸こと子夫人のもとに保管されていた。現在では令孫にあたる加藤武子夫人のもとに保管されている。筆者もその日誌を結局直接読むことはできなかったが、加藤夫人はヘボン講座に少しでも関係していると思われるものを丹念に写して送って下さり、いくつかの未知の事実について知ると共に、新渡戸の心境をも知ることができたことを深い感謝をもって記したい。

(44)『全集』第四巻、五四四頁。

(45) 前掲「国際的理解に対する努力」、一六頁。

(46) 前掲「米国研究の急務」、二七頁。

(47)「米国の弱点が与ふる教訓」(『中外』一九一八年一月号、特集「世界各国弱点の究明」)、二三四―二四二頁。

(48) 全くの個人的な回想になるが、一九五二年プリンストンで太平洋問題調査会（ＩＰＲ）の少人数の会合があり、私は当時ハーヴァードに留学していたが特に許されて参加した時のことである。相互理解ということが、いろいろ言い出された席上で、今は亡きダン (Frederick Dunn) 教授が、相互理解、相互理解というが、お互いに相手をよく理解するということは、お互いに好きになるということにはかならずしもならない。むしろ、相手を嫌いになるということが、人間関係でよくあることは諸君も承知のごとくである。このことは、国家間の関係にもあてはまる、とヒューモラスに語った時、その言は爆笑を呼んだが、その鋭い指摘を私は今日も忘れることはできない。

(49) 前掲『帰雁の蘆』(『全集』第六巻)、二〇頁。

(50)『西洋事情と思想』(一九三三年〔『全集』第六巻〕)、六四三頁。

(51)『東西相触れて』(一九二八年〔『全集』第一巻〕)、一五六頁。

(52) 同上、一六二頁。これだけ読むと一種の大和民族優越論にきこえる。しかし、同じエッセイ集の中で彼は「民族優勢説の危険」を説き「日本古代の文化はどれほど純粋の大和民族の頭脳から出たものか」とし、「我我の系図の中に朝鮮人や支那人の入ってゐるのを寧ろ誇とする時代が来るであろう」と説いている。同上、二三一頁。

（53）宮部金吾「札幌農学校時代の新渡戸君」（前掲『追憶集』一九頁）。

（54）大島正健「新渡戸稲造君の思い出」（同上、二二頁）。

（55）『余はいかにしてキリスト者となりしか』（『内村信仰著作集』第二巻）、二〇頁。

（56）Nitobe Inazo, “A Japanese View of Quakerism,” in Works, vol. 4, p. 335. 以下“Quakerism”と略す。

（57）『帰雁の蘆』（『全集』第六巻）、一三九頁、なお一三一—一三九頁参照。

（58）高木八尺「新渡戸稲造先生の宗教を中心として」（東京女子大学『論集』第一六巻二号、一九六六年三月）。

（59）“Quakerism,” p. 334.

（60）Ibid.

（61）Mrs. I. Nitobé, “Jeanne d' Arc and Dr. Nitobé”（前掲『追憶集』四八一頁、綴りは原文のママ）。新渡戸が東京女子大学に寄贈した図書の中には、ジャンヌ・ダークに関する著作が多く含まれている。

（62）“Quakerism,” p. 335.

（63）『武士道』（『全集』第一巻）、一八—一九頁。原文の英文は *Bushido: The Soul of Japan* [1900], in Works, vol. 1, p. 8.

（64）新渡戸の宗教観については武田清子「伝統的エトスの近代化——新渡戸稲造における土着化のアプローチ」（『土着と背教——伝統的エトスとプロテスタント』一九六七年）、宮本信之助「若き新渡戸稲造の信仰」、小泉一郎「新渡戸稲造とクェーカー主義」、藤永保「新渡戸稲造における人格形成」、笹渕友一「新渡戸稲造と東洋思想」以上四篇、前掲『新渡戸稲造研究』所収、鶴見和子「日本人の宗教生活の土着性と世界性」（一九七三年）、そしてことに高木八尺、前掲「新渡戸稲造先生の宗教を中心として」、「新渡戸稲造の宗教思想を探究し、日本によるキリスト教の受入れ問題を考察する」（『日本学士院紀要』第二四巻一号、一九六六年、『高木八尺著作集』第四巻に所収）を参照。新渡戸は地方《ジカタ》学の研究をすすめ、柳田国男とも親交あり、日本の土着的なものを尊重したことは周知のごとくである。しかし、新渡戸はその日本的土着性にキリスト教の世界性をあてはめようとしたというより、キリスト教の世界性の中に日本の、東洋の土着性の存在の場を見出そうとしたといえようか。

【解題】 初出は細谷千博、斎藤眞編『ワシントン体制と日米関係』五七七—六〇二頁（東京大学出版会、一九七八年）。日本における制度的なアメリカ研究は、一九一八年東京大学に設立された「ヘボン講座」をもって嚆矢とするのがふつうであるが、本章及び次章において、著者はそれ以前に遡って、近代日本の学術的関心がアメリカに向けられるようになった経緯を探り、最初期のアメリカ認識のパターンを剔出している。本章ではとくに、著者自身が深く敬愛した新渡戸稲造を、日米の国家間関係の改善に尽力しつつ、同時に、客観的なアメリカ像の日本への伝達に努めたアメリカ研究の一パイオニアとしてとりあげている。著者は、信仰と研究との無媒介的な結合に警戒的であったせいであろうか、自身も含めてキリスト教徒のアメリカ研究者の信仰について、正面から論ずることはむしろまれであった。その点本章は、新渡戸が実践的な目的とした「東西融合」と、自身のクェーカー派キリスト教信仰とをいかに結びつけていたかを、彼の歩みに共感しつつ解明しようとしている点で、著者としては例外的な作品といえよう。しかし著者は、あるいはここで新渡戸に仮託して、自らのアメリカ研究も終始直面せざるをえなかった、日米関係の改善という実践的目的と、アメリカのより客観的な理解という学術的目的との相克に言及していたのかもしれない。

（古矢）

第一二章　日本におけるアメリカ研究──その歴史と今後の課題

はじめに──立教大学アメリカ研究所の設立

日本のアメリカ研究は、戦後の所産であると考えている人も少なくない。太平洋戦争での完敗、続くアメリカ軍中心の連合軍による占領により、日本人の間でアメリカについての強い関心と研究とが生まれた、と解するのはごく自然であろう。事実、日本でアメリカ研究が盛んになり広まったのは戦後のことといえる。しかし、今より六〇年前の一九三九年、つまり太平洋戦争以前に、立教大学アメリカ研究所が設立されていたのである。それは、アメリカ聖公会系の大学という特色を背景に、「現在は申すまでもなく更に一〇年二〇年後のことを思えばアメリカ研究こそ吾国にとって必要欠くべからざる問題と存じます」という認識をもって設立された。戦前すでに、アメリカ研究のために研究機関が設立されていたことの、二つの重要な意味合いについて、まず考えてみたい。

一つは、名称の問題である。後にふれるように「米国研究」「アメリカ研究」という呼び方は、戦前日本においてすでに使われてはいた。しかし、それを個人が使うのではなく、一定の公の機関、施設の名称として使用したのは、立教大学アメリカ研究所が最初ではなかろうか。詳しく調査する余裕をもたなかったが、おそらく外国においても一九三九年には、アメリカ研究所は存在していなかったのではなかろうか。[1]二つは、実態の問題である。単に看板だけではなく、同研究所が、まずアメリカ研究固有の図書・資料室、アメリカ研究文庫として存在したという事実、そして同研究所には、アメリカ合衆国の諸分野につき専門的研究を行っている複数の研究者が、所属学部との兼任であれ所属していたという事実の重さである。関係資料を散見すると、[2]設立当初、すでに立教大学が二〇〇〇冊所蔵していたアメリカ関係図書を中心に、将来八万冊にのぼるアメリカ研究文庫になることが期待されている。事実、開戦後も、注文したアメリカ研究関係文献が交換船で運ばれてきた。戦後しばらく、それらの図書は、日本のアメリカ研究者にとり貴重な資料であり、私なども利用させていただいていた。そして、同研究所に所属する研究者の名前を見ると、そこには戦前から戦後への日本のアメリカ研究の橋渡しをされた何人かの専門研究者の名前を見出だす。その所属した期間など不明な点もあるので、順不同で、何人かの研究者の名前をあげておきたい。

まず、アメリカ文学では高垣松雄、[3]富田彬、経済・経済史では宮川實、菊池謙一、鈴木圭介、憲法・政治関係では松下正壽、藤原守胤、歴史では若き清水博の名が認められる。ここに、アメリカ研究を目的として、固有の専門分野を横断する研究者の組織が形成されたことは重視してよい。ただし、当初これらの研究者の間で、何か具体的な研究プロジェクトがもたれ、アメリカ研究の特色である学際的な共同研究が試みられたかは、残念ながら今一つ明らかではない。この立教大学アメリカ研究所、またそこに所属した個々の研究者の活動については後にまたふれるとして、ここで目を転じて、では日本でいつごろから「米国研究」「アメリカ研究」という名称、接近、それなりの研究が存在したのか、また何故に存在したのかについて、少し考えてみたい。

1 「米国研究」の存在理由——範例と探索

戦前いつごろから「米国研究」という言葉が存在したかを、正確には明らかにすることはできないが、一九一三年（大正二年）には、正岡猶一著『米國及米國人』という大著が刊行され、その第一章は「米國研究の必要」と題されている。(4) 正岡は、ポーツマス会議における日本側代表の随員の一人であったが、日露戦争後の日米関係の悪化を憂い、後述のプライスの『アメリカン・コンモンウェルス』にまねて、この膨大な、いささか百科事典的なアメリカ紹介を記したのである。さらに、新渡戸稲造が「米國研究の急務」と題する小論を、『実業之日本』誌、一九一九年四月号に寄稿し、その冒頭に「近頃になって種々なる方面から米国研究の必要を高唱する声が聞こえてきた」と記している。(5) さらに、少年時代に渡米しジャーナリズムの世界に入った清沢洌は移民問題に伴う日米間の緊張を憂い『米國の研究』を一九二五年刊行している。(6) 一九三三年になると、小原敬士などにより、主としてアメリカ経済についての論文集が『アメリカ研究』という表題で単行本として刊行された。(7) なお、フランクリンの自伝は戦前に各種の訳本が刊行されているが、一九三七年に刊行された松本愼一訳の岩波文庫版の解説の最後に「アメリカ研究者にとって必読の書」という表現が出てくる。(8)

では、なぜ「米国研究」「アメリカ研究」という言葉、そして事実アメリカへの関心、そして研究が存在したのであろうか。端的にいえば、日本人は、抽象的な範例と具体的な大国という二面において、アメリカに関心をもったといえよう。すなわち、日本が外圧により開国し、内発的に維新（一新）せざるをえないという事態において、一方で体制を一新するにあたっての有力な範例・モデルとして、他方で対外関係で当時の表現を使えば「探索」すべき強大な存在として、アメリカが把握されたといえよう。つまり、一方これからの日本のあるべき体制についての一つのモデルとしてアメリカが存在し、他方で太平洋を挟んで相対峙する強大な国家として、その国について情報収集すべき相手としてアメリカが存在したといえよう。

前者、範例としての関心についていえば、開国は文明開化につながり、その文明の範例をまずアメリカに求めたのである。その範例性は、特定の具体的な国・社会としてのアメリカ、というよりはむしろ普遍化・抽象化され理念型とされたアメリカに求められる。このアメリカ全体を普遍化・抽象化して捉える傾向を象徴的に表しているのが、アメリカ研究の古典の邦訳書名であろう。その一つは、有名なアレキシス・ド・トクヴィルの『アメリカにおけるデモクラシー』の邦訳である。同書はすでに一八七三年（明治六年）にその一部が小幡篤次郎訳『上木自由論』として訳出されていたが、自由民権論者の肥塚龍が英訳から同書を訳し、完訳ではないが『自由原論』と題して一八八一―八二年に刊行している。[9] さらに、イギリス人ジェイムズ・ブライスによるアメリカ論『アメリカン・コンモンウェルス』が、原著の出版後間もなく、人見太郎により完訳され『平民政治』と題して一八八九―九一年刊行される。[10] 同書は原著者が序で、私の目的は「アメリカの諸制度と人々について、そのあるがままを描くことであった」と記しているように、[11] きわめて客観的、ある意味では百科事典的であり、むしろ情報提供的な書であるが、訳者はあえて『平民政治』という普遍的表題をつけたことが注目される。両訳者とも、トクヴィル自身の言葉を適用すれば、まさに「アメリカにアメリカ以上のものを見る」という接近・姿勢をとっていたといえよう。

後者、探索としての関心についていえば、外圧による開国により国際政治の場に投げ出された日本にとり、まず直面せざるをえない大国、強国はアメリカであり、その特定国としてのアメリカについての情報を得る、探索する必要があったことである。一八世紀末より、一方で北方よりのロシアの脅威が、他方で阿片戦争などの報を通じて西方よりのイギリスの脅威が意識され、こうした「全く異質的な他者」[12] としての列強について知り、備えることの必要が「海防論」として訴えられていた。そこに長崎のオランダ商館長を通じ、アメリカ艦隊来日の報が知らされる。外国船来航、そして砲艦外交に当面して、幕府の開明派官僚により、また倒幕派の志士により、新しき脅威としてのアメリカについて知ることの必要が意識されてくる。中国滞在のアメリカ人宣教師ブリッジマンの著書の漢訳『聯邦志略』が日本にも入り、重要な情報源として読まれたことも今日研究されている。[13] あるいは、これが米学事始かもしれない。

2　開国と維新――米学事始

開国後、一八六一年のあの大々的な万延元年遣米使節の派遣は、日米友好通商条約批准書交換が公の目的ではあるが、アメリカ軍艦ポーハタン号乗船の使節団、随行の咸臨丸乗組みの一行、合わせて総勢一七〇名余を派遣したのは、一つには対外的示威もあろうが、アメリカについて情報を得たいという意図もあったであろう。[14] しかし、英語のできる通訳も、かつて漂流しアメリカに長く滞在した咸臨丸乗組みの中浜万次郎（ジョン・マン）一人であり、しかも一般にアメリカについての予備知識が余りにも貧弱であり、さらに正使・副使などの中心的使節にその使命の十分な自覚がなく、組織的な情報収集はできていない。ただ、参加した人々による膨大な旅行記、記録、回顧の類いがあり、それらが断片的に彼らのアメリカ観を残している。そのさい、副使村垣淡路守に見られるように、概して身分の高いものには、アメリカは野蛮の国という評価を固持し、仙台藩士玉虫左大夫のように身分の低い者には、アメリカ社会に直接ふれることによって柔軟にアメリカ観を変える者が少なくなかったことは留意してよい。たとえば、玉虫は、往路ポーハタン号上で嵐に遭遇したさいに、艦長以下の行動を見て「辛苦艱難、吉兆禍福衆と同じくし、更に彼此上下の別なく……其国盛なるも亦故ある哉」と感服する。[15] これに対し、副使村垣範正はワシントンで国務長官主催の舞踏会に招待され、「男女組相て足をそばだて」て踊りまくる様子に驚き、「凡そ礼なき国とはいへども、外国の使節を宰相の招請せしには、無礼ととがむれば限りなし。礼もなく義もなく、唯親の一字を表すると見て免るし置ぬ」と記す。[16]

なお、その時の玉虫は仙台藩出身であるが、つとに江戸で林塾などで学び、また一八五七年（安政四年）北方よりのロシア勢力を探索するため、函館奉行の随行者として北海道、樺太の視察旅行に赴き、その北方旅行の記録を『入北記』九巻として残している。遣米使節にはおそらく仙台藩の推薦で加わったと想定されるが、そうした探索者としての経歴が生かされたのであろう。一行での地位は従者であるが、やはり一種の情報収集係であり、記録係であったらしい。帰国後仙台藩に戻るが、そこで情報係として重んぜられ、日本各地の情報を集め、記録するが、戊辰戦争に際し反官軍側に組みし、結局、処刑される。内外の情勢に通じつつ、また自らは反封建的思考の持ち主でありつつ、結果的には時代に逆行して消えざるをえなかった[17]。

ペリー来航により日本は開国を強いられるが、その開国の衝撃はおのずから日本の国内社会・政治状況の変革をもたらさざるをえない。ここに対外的「開国」に続き国内的「維新」に直面した日本は、自らの生存と発展とを、いわゆる「近代化」「文明開化」「脱亜入欧」の方途に求めた、求めざるをえなかった。その時、アメリカは権力政治上の強国としてのみならず、「文明」の、日本にとっての新しい時代の範例として大きく写ってくる。それは、特定の国家としてのアメリカ自体であると共に、それをこえて、普遍的な文明の精神の指し示す存在としてのアメリカでもあった。しかも、アメリカの共和政・民主政が日本の政体（国体）と最も対蹠的であるだけに、アメリカはヨーロッパ諸国よりも、より純粋な、抽象的な範例として描かれることにもなる[18]。

たとえば、福沢諭吉は、咸臨丸で従者としてアメリカを訪れ、ついで一八六二年幕府の遣欧使節に随行してヨーロッパ諸国を訪ね、比較政治的客観的に各国事情を記述した『西洋事情、初編』を出版する。そこでは「純粋の共和政治にて、事実人民の名代人たる者相会して国政を議し、毫も私なきは亜米利加合衆国をもって最とあ」としてアメリカを紹介し、独立宣言、合衆国憲法を全文訳出している[19]。また、アメリカを通じ普遍が求められる場合、時に普遍がそのまま受肉されているものと観念的に想定され、現実における普遍と特定との乖離に失望することも出てくる。福沢よりだいぶ後、一八八四年末渡米した内村鑑三は、札幌農学校時代すでにキリスト教徒になっていたが、後にその渡米時代を顧みて有名な『余は如何にして基督信徒となりし乎』を英文で出版する。その中で、彼は渡米前に自分が抱いていたアメリカ像について「余の心に描かれたアメリカのイメージは聖地のそれであった」とのべたように、キリスト教そのものと、いわゆるキリスト教国とが等置されていた。しかし、渡米後、やがて人種差別、拝金主義の実体を経験し（当時のアメリカは南北戦争後のいわゆる「金メッキ時代」であった）、「もし今日のいわゆる基督教国［Christendom］をつくったものが基督教［Christianity］ならば、天の永遠の詛いをしてその上にとどまらしめよ！」と記し、「余は欺かれた！」と嘆く。[20]

話は前後するが、安中藩（高崎）出身の新島襄は、若き日に、前述したブリッジマンの『聯邦志略』を読み、幕藩体制への批判、アメリカの政治制度、社会制度への関心を強め、脱藩して函館へ行く。[21]さらに一八六四年（元治元年）国禁を犯して日本を脱出しアメリカに渡り、やがてアマスト大学、アンドヴァー神学校に学ぶ。一〇年間滞在の後帰国した彼は周知のように現在の同志社大学の前身を築く。同志社大学が、今日、日本におけるアメリカ研究の有力な拠点であり、多くの研究者を擁し、著名な京都アメリカ研究セミナーを長く維持し、日本のアメリカ研究の振興に大きな貢献をしてきたことはよく知られている。その原点は、やはり幕末から明治初期にかけての、この新島のアメリカ滞在にあったといってよいであろう。

ところで、日本人としてアメリカの全体像を描くことを最初に試みたのは、初代駐米代理公使（正式には小弁務使）として一八七一年初頭渡米した森有礼であったといえよう。森は、アメリカ人の秘書役、チャールズ・ランマンをして、*Life and Resources in America* を代筆させ、校閲し、同年秋に刊行している。本書は日本国民あてにアメリカの各面を事典的に紹介した書物であるが、英文であり、ついに邦訳は出なかった。[22]その点、むしろ森が、アメリカの文人、学者と交わり、日本人留学生の世話をし指導することに努めたことこそ注目されてよい。今日風にいえば文化交流の道を開いたといえようか。たとえば、森は、大学を訪れ、またエマソンなどとも会い、国禁を犯して渡米した新島の留学を合法化するなど、日本からの留学生の面倒を見ている。そうした森の世話になった留学生の一人に、後の日本の英学界の指導者となる神田乃武がいた。彼は、森と同じ船で一八七一年一四歳で渡米し、やがてアマスト大学で学ぶことになる。アメリカ史家として著名なJ・F・ジェイムソンは、アマストにおける神田の級友である。[23]なお、アマスト大学は、その後も日本より先の内村鑑三を含め多くの人材を引きつけることになる。アマスト大学が「日本文化にこれほど影響を与えた外国の大学はおそらく他にあるまい」ともいわれる所以である。[24]

しかく明治の初期には多くの俊才が、教育界、キリスト教界などのみならず、たとえば小村寿太郎、金子堅太郎など、後に官界、政界で重きをなす者を含め、多くアメリカに留学し、そこにあるべき日本の範例を求めていた。女性では、岩倉具視遣外使節一行に伴われて一八七一年（明治四年）、未だ七歳の津田梅子が渡米したことは有名である。一〇余年の学習の後帰国、さらに後ブリンマー大学に学び、津田英学塾を創立、日本の女子高等教育への道を開いたこともよく知られている。そして周知のように、戦後この津田から多くの女性のアメリカ研究者が育ち活躍している。

3　米国について——失われた範例と探究

しかし、明治中期より、状況は微妙に変わってくる。近代化という条件の下で「入欧」の姿勢は基本的には変わらないにせよ、その範例は日本と対照的なアメリカの「平民政治」「平等主義」ではなく、より近似的な君主制の下にあるイギリス立憲君主制（議院内閣制）ないしドイツ流の君主大権の強い立憲君主制に求められてくる。福沢諭吉も『民情一新』（一八七九年）において「英国の治風」[25]を、すなわち政権交代を伴った議院内閣制を、坂野潤次の言葉を借りれば「一九世紀の政治体制のあるべき一般モデル」として説いていた。[26]しかし、やがて制定される明治憲法そのものは、イギリス・モデルでもなく、伊藤博文、井上毅などを中心として、ドイツ（プロシア）・モデルの立憲君主制の憲法として制定されたことは周知のごとくである。そして、その批判者が用いるモデルも、急進的にはルソーに、フランス革命の人権宣言に求められ、穏健的にはイギリス議院内閣制に求められた。ここにアメリカは、そのモデル性を喪失してゆく。

たしかに、維新という価値転換、体制一新の「革命」において、「新しさ」、理念性が求められた時、「新国」アメリカは「あるべき」モデル性をもちえた。しかし、為政者が、権力の安定と富国強兵とを求める時、「平民主義」「平等主義」は不安定化の要因と見なされる。文明も「新しさ」より「旧さ」が、本家から分かれた分家の文明より、伝統ある本家本元の文明が、重んじられてくる。つまり、アメリカ社会・文明は新鮮というよりは浅薄とされ、普遍を離れた特殊なものとされてくる。「入欧」は、ことに学術、文化の面では文字どおり入欧化し、留学先ももっぱらドイツ、イギリス、フランスといった国々が対象となり、科学者・哲学者・音楽家の国ドイツ、紳士の国・議会政治の国イギリス、芸術家の国フランスといったイメージが広くゆきわたる。他方、アメリカは成金の国ということになる。事実、アメリカは南北戦争後急速に工業化し、一九世紀末にはイギリスに追いつき追いこす世界一の工業国となり、スペンサー流の社会的進化論の適者、すなわち成功者として百万長者を輩出させていた。この事実と、上述したヨーロッパへの憧憬と、そして儒教的伝統とが絡み合って、ドイツ流に文化（Kultur）を専ら精神文化と解し、文明を物質文明と解し、アメリカには文明はあるが文化はないとの把握が、知識人の間で支配的になる。[27] こうした状況を背景に、エマソン、ソロー、ホイットマンへの個別的な関心、共感を別とすれば、[28] 総合的な「米学」への関心は失せていった。

また、捕鯨業と中国貿易との関係で砲艦外交により日本に開国を迫ったアメリカも、その後南北戦争という国内の大事件に忙殺される。しかも、その後も国内市場の統合開発を経済的発展の基礎とし、石油の開発により鯨油への需要もなくなり、一九世紀末までは海外への発展は、宣教師による海外伝道を別とすれば、[29] しばらく休止状況になる。ここに日米関係は特に緊張状態もなく、したがって探索の必要もなくなる。

ただ、日本国家としてアメリカに範例性を求めなくなった時にも、少数派であるが、アメリカの中に範例を求めていた人々がいたことは注目される。というのは、アメリカをとおして「社会主義」を学ぶこと、学ぶ日本人が少なくなかったことである。松沢弘陽は「一九二〇年代に入るまで日本の社会主義はドイツの文化ドイツの社会主義との直接接触は殆んどもたず、直接的な接触と影響をもったのは圧倒的にアメリカのそれであった」と指摘する。(30) それには、二つの背景があったといえよう。一方で、アメリカ社会の状況変化で、一八八〇年代より資本主義経済の急成長に伴う歪みへの批判と改革との動きが活発になったことである。アメリカ総同盟（AFL）に見られる労働者の組織化が進行し、ポピュリスト党に代表される農民運動の急進的な政治化が見られ、また学界でも現状批判と改革支持の声が強くなった。さらにキリスト教界でも社会的福音（Social Gospel）、社会的キリスト教が盛んになってくる。他方で、官費をもって留学するのではなく、僅かな私費で、いやいわゆる苦学をして留学生活を送る例が、アメリカへの日本人留学生には多かったことである。たとえば、貧しき農村出の書生、片山潜が、一八八四年渡米するのは、「米国人は貧書生も学問の出来る国なり」という友人よりの手紙に励まされてであった。(31) 足かけ一三年、彼は貧しき中に学問に励み、社会的キリスト教に接し、帰国後社会主義者として活動する。その片山が自己の経験を土台にアメリカでは貧しくても勉強できると、一九〇一年「学生渡米案内」を出版、「渡米協会」を組織していることは興味深い。片山はその後も渡米しているが、一九一四年には事実上アメリカに亡命し、アメリカ共産党の結成に参加、さらに一九二一年以降はソビエトに移り、同地で死去している。

自由の国というアメリカ像とその相対的現実が、日本人の中でも自由民権運動の活動家を引き付けたことはすでにふれたが、その一つの例として馬場辰猪のアメリカ亡命をあげることができよう。馬場は慶應義塾をへて、イギリスで法学を学び、法律の教育と実務とに携わっていた。一八八五年爆発物取締規則違反の容疑で逮捕され（ダイナマイト事件）、半年ほど拘留され、無罪放免となったが、翌年アメリカに渡る。二年半たらず病苦の生活を続けたが、フィラデルフィアで客死する。(32) 一八四八年の革命挫折の後多くのヨーロッパ革命家がアメリカに亡命したが、そのいわゆる四八年組（Forty-eighters）の日本版ともいうべき日本人が案外少なくなかったのである。隅谷三喜男も、労働運動家の高野房三郎、上にあげた片山潜、無政府主義者の幸徳秋水などとアメリカとの関係を論じた後、「明治期には、アメリカは一方で日本に新しい思想と運動を提供する世界でほとんど唯一の基地であったと同時に、他方では日本で運動のために傷ついたものの亡命＝休養の地でもあった」と記している。[33]

4　日露戦争後の日米と大正デモクラシー——「米国研究の急務」

二〇世紀に入り、日露戦争の終了と共に、日米関係が新しい段階に入ると共に、アメリカに対する関心が強まり、「米国研究」の必要が唱えられるようになる。すなわち、一方で、アメリカは、米西戦争を通じハワイ併合、フィリッピンを領有し、中国市場への関心を示す太平洋国家になった。他方、日露戦争をへて、日本は満州に進出、さらに日本海軍は太平洋向になった。ここに、アメリカの西太平洋への進出、日本の中国大陸進出、そして日系移民排斥問題、やがて建艦競争をめぐり、日米は太平洋をはさんで緊張した関係に入る。[34]日米の一部に日米戦争論すら起こる。たとえば、アメリカにおいて、日米戦争を予想したホーマー・リーの著書『無知の勇気』が出版され、評判になったが、日本でもその訳本が刊行され、他にも日米戦争論が出版された。[35]こうした日米間の対立関係を危惧し、本稿の最初に記したように正岡猶一は「日本は太平洋を隔て、米国と相対す……世界各国の中、特に日本人が研究すべき国ありとせば、支那を除きては米国あるのみ……米国研究は刻下の急務」と、広い意味での探索的見地から「米国研究の必要」を訴えた。[36]

他面、日露戦争後、国民の政治参加を拡大しようとの動き、その意味で民主化への動きが進む。三谷太一郎の指摘するように「日露戦争は大正デモクラシーの条件を準備したといえる」。[37]ここに権力政治上の相手国としての太平洋国家アメリカについての知識の必要性の意識（探索）だけではなく、政治体制上の普遍的傾向（デモクラシー）を示すものとしてのアメリカへの関心も再び起こってくる。たとえば、一九世紀末ハーヴァード大学に招かれたドイツの心理学者フーゴ・ミュンステルベルグが、ヨーロッパ人のアメリカにたいする偏見を是正するため多くのアメリカ論を書き、米独間の相互理解に努めたことは有名であるが、その著書の一つで「自主の精神」を中心としたアメリカ人論が一九一一年『米國民』と題して邦訳された[38]。またアメリカ論自体ではないが、アメリカにおいて発達してきた政治学関係の書籍の邦訳が、早稲田大学の前身東京専門学校の高田早苗を中心とする「早稲田叢書」の一部として刊行されていたことも注目される。プリンストン大学の政治学教授であったW・ウィルソンの『政治汎論』をはじめ、アメリカ政治学の創設者たちの半古典が邦訳されたのである[39]。また、早稲田を卒業した大山郁夫は一九一〇年よりシカゴ大学で、後にアメリカ政治学の第一人者となるチャールズ・メリアムに学び、帰国後早稲田大学で社会科学としての政治学の発展を試みた。ちなみに満州事変後一九三二年、彼はアメリカへ亡命する[40]。

さらに第一次大戦の終了と共に、デモクラシーが世界の趨勢となり、デモクラシーはもはや特殊アメリカ的なものではなく、その具体的なあり方はそれぞれの国情により異なるにせよ、あるべき普遍的な体制として次第に認識されてくる。ここに、吉野作造の民本主義を中心として、いわゆる大正デモクラシーの時代が登場する[41]。吉野自身、欧米での在外研究の後、編集の形で『現代米國』を一九一六年刊行し、いわばアメリカ学入門を提供している[42]。こうして、相対する特定の大国として、また普遍としてのデモクラシーの体現国として、アメリカに注目し、研究すべきであるとの意見が出てくる。本稿の冒頭で紹介した新渡戸の「米國研究の急務」とは、まさしくそうした背景の下に書かれたものであった。この論稿自体で、新渡戸がとくに指摘しているのは、日本人、ことに知識人の間にアメリカにつき誤解、曲解が多いことであった。たとえば「精神的文化は米国に皆無である、故に美術文学哲学等は米人に求むべきことでないと云ふ断言は我々の常に耳にする所である」といった指摘がなされている[43]。なお、新渡戸は、その前後に同じ『実業之日本』誌に「デモクラシーの根底的意義」「デモクラシーの要素」「平民道」などのデモクラシー論を寄稿している[44]。

実は、新渡戸がこのように「米國研究の急務」を説いた直接的な契機には、一つには東京大学においてアメリカ研究についての具体的な講座設置計画が進行し、それに対する批判もあったことが関連していたと思われる。宣教師にして医師、明治学院初代総理のヘボンの名は知られているが、その遠縁にA・バートン・ヘボンというチェイス・ナショナル・バンクの取締役会長がおり、教育、医療などに多額の寄付をしていた。そのバートン・ヘボンが、日本から帰国し隠退していた宣教師のヘボンに会い、その話に感銘し、日本の大学への寄付を考え、国際的に著名な日本財界人渋沢栄一あてに、一九一七年六月長文の手紙を出す。彼は「日米両国に於ける慷慨家達は日米の葛藤は避くべからず、其結果は必ずや戦争なりと考え居候……吾等は国際親善の為に今少しく尽力し、全世界の平和と人類の親和の為に今少しく熱心に力を致す必要」ありとし、その方途として「国際法及び国際礼譲の講座」を設けるために東大に寄付したいが、どうであろうかと提案したのである。渋沢は早速東大総長にこれを取り次ぎ、法科大学教授会などで検討することになった。同教授会は、すでに国際法二講座、外交史一講座があるゆえ、むしろ「広義の意味に於ける米国史」の講座を置きたいという逆提案を総長を通じ渋沢に伝えたのである。ヘボンもこれを了承、一一月渋沢あて書簡で、講義名を「American Constitution, History and Diplomacy（米国憲法歴史及外交）」、担当者は日本人、担当者になる若い研究者の三年間アメリカ留学を了承し、寄付金額も五分利附公債一二万円、現金三〇〇〇円にすることにした。東大側で正式に受諾を決定、一九一八年一月初め各新聞にもその旨報道される。ここで確認しておきたいのは、アメリカ研究関係の講座設置となったのは、ヘボン側の提案ではなく、日本側、東京大学側の逆提案によったことである。東大側、法科大学の教授会の中にも反対論があり、論争がなかったわけではない。さらに、同講座設置が大学評議会で正式に決定された後も、文部省筋には、同講座が大学令第一条にいう「国家に須要なる学術の理論及応用」に該当するかどうかの反対論があった。という事情もあり時間はかかったが、一九二三年（大正一二年）八月同講座は正式に発足した。[45]

注目すべきことに、文部省による講座設置の決定前に、すでに同講座、通称ヘボン講座、米国講座の特別講義が行われていた。すなわち、東大内での同講座設置決定と共に、新渡戸稲造による米国建国史、美濃部達吉による米国憲法、吉野作造による米国外交の特別講義が、一九一八年二月から行われた。[46] 法学部教授という枠内ではあるが、アメリカ研究がまず大正デモクラシーのオピニオン・リーダーたちによって始められたことは象徴的である。さらに、その後、法学部以外の学部、また学外から法律、政治関係以外の多くの研究者に特別講義を依頼していることは、同講座が総合的研究としてのアメリカ研究を意図していることを示すものといえよう。他方、同講座の専任担当者として、当時大蔵省に勤務していた高木八尺が一九一八年一一月講師に任命され、翌春アメリカ留学に旅立つ。高木は、ハーヴァード大学でフロンティア理論で有名なF・J・ターナーなどの指導を受け、さらにシカゴ大学に移り、ヨーロッパをへて、一九二三年夏帰国し、一九二四年四月より本格的にアメリカ政治外交史の講義を行う。当時アメリカ以外でも、たとえば一九二二年よりオクスフォード大学にアメリカ史講座（ハームズワース講座）があったが、その講師はアメリカより招聘されていた。その点、自国民によるアメリカ史の定期的講義として、この高木による講義は世界最初であったといえよう。

その頃、一九二四年のいわゆる排日移民法の成立により、日米関係は心理的に異常な緊張関係に直面する。いうまでもなく、この排日条項はアメリカ外交の重大な失敗であり、新渡戸など日米間の友好関係を確立しようとする者に深刻な打撃を与えた。爾来、高木は日米の対立関係の中で、苦悩しつつ相互理解の道を求めようとする。この時、アメリカで苦学し、まさに日系移民と共に生活し、醒めた目でアメリカの現実を肌で熟知していた清沢洌は、最初にもふれたが、そのアメリカ論を『米國の研究』としてまとめ、一九二五年世に問い、日本の感情的世論を戒めたことも記憶されるべきであろう。[47] 高木八尺のアメリカ研究については、拙論を含め幾つか論稿があるので、その紹介は省略したいが、高木は、本格的な研究として『米國政治史序説』を一九三一年刊行するが、同書は、植民地時代より連邦憲法制定にいたるアメリカ政治史であり、日本における最初の学術的アメリカ研究書といえよう。[48] なお、戦後東大駒場のアメリカ科を担当する中屋健弌、立教大学のアメリカ史担当になる清水博は、多くのアメリカ史研究者を育てるが、二人とも東大文学部西洋史出身ながら、アメリカ史自体の研究は高木の講義や研究によっていた。また、京都大学文学部西洋史学科出身で、戦後京大でアメリカ史を担当し関西方面の多くの研究者を育てる今津晃も、戦前・戦中、高木に「私淑」してアメリカ史関係の論文を書いたという。[49]

5　太平洋戦争と「敵国アメリカ」——戦中のアメリカ研究

一九三〇年代、満州事変を契機に日米間の緊張が高まり、「日米冷戦から日米戦争へ」と推移して行く。[50] 普遍としてのデモクラシーはまさに国体に反するものとして否定され、特定としてのアメリカは「鬼畜米英」となる。ここに、範例と探索とが結び付けて考えられ、その範例性が否定されると、戦争の相手国についての客観的知識・判断もまた否定され、それこそ探索も怠り、自己の主観的希望的観測・判断のみに頼り、自ら墓穴を掘るという悲劇にいたる。相手のアメリカでは、逆に戦略上の必要から日本語教育が行われ、日本研究者が動員された。そして、ジャーナリズムも「敵国日本」について知ることの必要性、重要性を訴えた。しかし、日本では、米英について学ぶことは、直ちに米英を模範とすることを意味するという後発国的発想が、客観的認識の道をもしばしば閉ざし、敵国語として英語教育すらおろそかにされた。こうした状況下ではおよそ客観的なアメリカ研究などの存在すべくもなかったと考えられよう。しかし、多くの制約の下ではあるが、アメリカ研究の流れは細々とであれ流れつづけ、戦後へとつながったことは忘れるべきではない。また、一般読者層の間でも、アメリカの現代小説、アメリカ史への関心も結構存在したことも注意してよい。その意味で、当然量的には少ないにせよ、太平洋戦争直前、一九四〇年以降、戦中のアメリカ研究について、やはり留意しておきたい。

たとえば、上にのべてきたヘボン講座の授業は戦争直前も戦中も続けられていた。そして、文字どおりの開戦前夜にあたる一九四一年秋、高木は、門戸開放政策以来のアメリカのアジア政策について、小野塚奨学資金特別講義として三回行う。そこで、高木は、史的事実を客観的にのべると共に、アメリカ外交の特色である原理・原則論について批判的に指摘している。[51] 実は高木はその春「米国極東政策の史的考察——日米両国民に与う」と題する論稿を世に発表することになっていたが、出版社がその原稿の訂正を求めたため筆を折り、その発表を断念した経緯があった。[52] 同じその秋、当時文学部で英文学を担当していた斎藤勇により「アメリカ国民性と文学」と題してヘボン講座の特別講義が三回行われ、法学部学生向きに三人の作家を対象としてアメリカの国民性が論じられた。[53] 開戦後も、その特別講義は、長年のアメリカ滞在から交換船で帰国した都留重人により、一九四三年冬「第一次大戦後の米国の政治と経済」と題して行われた。二〇年代からニューディール、戦争経済へとたどり、そこに連邦主義・三権分立主義の変容など「長期的趨勢」として「新しい方向」が存在することをごく客観的に指摘し、一九四四年六月に刊行されている。[54] なお、戦時中の高木八尺による通常講義は戦後、ほぼそのまま『アメリカ』として刊行されている。[55]

また、一九四三年より立教大学アメリカ研究所に属し、戦後慶應義塾大学におけるアメリカ研究の中心となる藤原守胤が、ハーヴァード大学などでの研鑽の成果をまとめ、米英の比較憲法研究の視座から上下一三〇〇頁に及ぶ浩瀚で地道な研究『アメリカ建國史論』を刊行したのも一九四〇年のことである。[56] 同じ一九四〇年夏、当時立教大学教授であり、アメリカ研究所の所員でもあった松下正壽は、『米國戰爭權論』を刊行した。アメリカ大統領の戦争権（War Power）は、憲法上必ずしも明確ではないが、戦時においていわば非常大権的に行使され、第二次大戦後、ことにヴェトナム戦争後アメリカで大統領権力の肥大化現象との関連で論議された問題である。その点、本書は憲法、政治制度全体にわたる記述も多く説明的ではあるが、第四編「大統領の戦争権」における論述は興味をひく。たとえば「大統領が実質的意味における大元帥であること」を論じ、米国では「平時に於いて伝統的三権分立主義を固守し」ているが「戦時状態発生と共に、一切の国家機関を能率本位に改め、強力なる戦闘機関として威力を発揮し得るよう組織されておる」と指摘していることは興味深い。[57] 太平洋戦争開戦一年前という時点におく時、特殊アメリカ的現象を対象にした、高度に「探索的」政略的研究でもありえた。しかし、当時の日本の政治、軍事の指導者がどこまでこの政略戦略的に重要なこの問題を認識していたであろうか、いや認識しようと努めたであろうか。[58] また、立教のアメリカ研究所では、戦時中もたとえば鈴木圭介がアメリカ経済史の研究を続け、「アメリカ独立戦争の経済的背景」などを発表し、戦後盛んになるアメリカ経済史研究の基礎を造っていたことは注目してよい。[59]

大学外でも、新渡戸の弟子で、滞米経験の多い鶴見祐輔が中心となり、民間団体として太平洋協会が一九三七年設立されるが、同協会により「今日我が國最重要問題の一たる米國研究に対し、何等かの貢献たり得ば」として、鶴見を初め一七名が政治・軍事・外交・社会の各篇を執筆し総合的な『現代アメリカの分析』が一九四一年六月刊行されている。[60] 同協会に戦争中アメリカ研究室（班）がつくられ、長年アメリカの議会図書館の日本課長をつとめ、交換船でアメリカより帰国した坂西志保がその主幹となり、都留重人、鶴見和子、阿部行藏などアメリカよりの帰国者たちを中心に戦時下苦心して客観的な研究を続ける。その成果の一端は『アメリカ國民性の研究』として公刊された。[61]

なお、太平洋戦争前夜、アメリカ史関係の邦訳も、いくつか刊行されているが、たとえばJ・T・アダムズの概説書の訳書『米國史』が刊行され、杉森孝次郎が「アメリカを知る必要」という短い序文を寄せ、「アメリカは我等のためにも大いなる一友邦たるべき必然を認める」と記している。[62] しかも注目すべきことに同書の邦訳は五人の女性によってなされており、今日の日本のアメリカ研究における女性研究者の目覚ましい活躍ぶりの根はすでに戦前にあった、といえよう。

6　戦後のアメリカ研究と今後の課題

（実は戦前の日本におけるアメリカ研究の記述で、註の部分も含めると、予定の枚数をはるかに超えてしまった。講演でも、戦後のアメリカ研究についてのべる余裕なく、話は一足飛びに今後の課題にとんだしだいである。本稿でも、戦後のアメリカ研究の内容については、各分野ごとに詳細に紹介された『アメリカ研究案内』もあり、また戦後のアメリカ研究の特色であるアメリカ研究セミナーについても調査報告書が刊行されているので、註の最後にまとめて「戦後日本のアメリカ研究についての若干の参考文献表[63]」としてのせた諸文献を参照していただくことにし、本稿では、戦後のアメリカ研究、今後の課題についてごく自由に記してみたい。)

太平洋戦争での完敗と占領という状況に、占領軍の文化政策もあり、アメリカ研究への関心が一挙に高まったと解されるのも当然であろう。しかし重要なのは、上にのべたようなアメリカ研究の流れが戦前より存在し、それが戦後に占領軍や日本政府とは関係なく自主的にその研究活動を拡大し発展させ、今日のアメリカ研究の基礎をきずいたことである。たとえば、高木八尺などの戦前からのアメリカ研究者によりアメリカ学会が一九四七年設立され、アメリカ史原典の研究会を丹念につづけ、その成果を『原典アメリカ史』全五巻（後に全七巻となる）として刊行した。同会は一九六六年、より全国的な組織として再出発し、広範な研究活動をおこなっていることは周知のとおりである。立教のアメリカ研究所は、一九四七年その所属を立教学院から立教大学に移して再発足し、清水博などを中心にその研究成果を『アメリカ研究シリーズ』として発表し、また『アメリカ研究邦語文献目録』の作成など地道な研究活動を進めた。他方、鶴見俊輔、都留重人などの戦前のアメリカ留学者を中心に思想の科学研究会が組織され、その活動の一環として『アメリカ思想史』が一九五〇年より全四巻刊行された。

さらに、アメリカ研究とは直接には関係のなかった南原繁東大総長の積極的な発意・指導により、東京大学はスタンフォード大学と提携し、財源は主としてロックフェラー財団によるが、一九五〇年よりアメリカ研究夏期セミナーを主催し、狭い意味のアメリカ研究だけではなく、アメリカで発達した人文・社会科学分野での第一級の学者を招聘し、日本全国から研究者が集まった。同じく京都大学と同志社大学とで関西でアメリカ研究セミナーを開き、アメリカ研究者を育て、その後もアメリカ研究セミナーは北海道大学主催、さらに立命館大学主催にひきつがれ、今日におよんでいる。このアメリカ研究セミナーは、学際的な研究、アメリカ人研究者との交流の場として、日本のアメリカ研究の発展にとり貴重な貢献をしてきている。また、アメリカ文学会、アメリカ経済史研究会など、それぞれの分野での多くの自発的研究集団も組織されている。そして、アメリカ研究セミナーを契機として、一九五八年には同志社大学アメリカ研究所が設立され、関西におけるアメリカ研究の中心になり、一九六七年には正式に東京大学アメリカ研究資料センター（二〇〇〇年四月からはアメリカ太平洋地域研究センター）が設立され、やがて他のいくつかの大学においてもアメリカ研究機関ができる。東大駒場における教養学科アメリカ科を初めとするいくつかの大学の学部、さらに大学院でのアメリカ研究教育も定着し、多くの優秀な研究者を育成する。戦前と異なり、こうした組織的な研究体制が、戦後のアメリカ研究の量・質における格段の発達の一つの土台をなしていた。

ただし、この時代のアメリカ研究にとって、心理的な障壁があったことも否定できない。一つは、戦前からの遺産であろうが、アメリカについて特定の抽象的アメリカ像、固定観念があって、それが客観的な認識の妨げになったという点である。つまり、プラス的にはアメリカは自由な国、民主主義の国、マイナス的には帝国主義の国、独占資本主義の国、人種差別の国、といったアメリカ像が牢固とした信念となって存在しがちであった点である。二つは、個人的体験によるアメリカ像が強烈で、それが一般的アメリカ像にまで拡大されて、固定される場合である。アメリカ内のどこかでの「私」的な体験がおそらく鮮烈であったために、それがそのまま一般的抽象論に拡大化されることもありがちであった。そして、占領、また冷戦という政治状況により、アメリカ研究のあり方自体が、政治的に規定されがちであった点も否定できない。それは研究者の内側の問題であるとともに、研究を判断する外側の問題でもあった。つまり、特定のアメリカ研究が、親米的、反米的といった色分けをされ、時にそれがさらに反共的、容共的と重なって色分けされることがあった。

その点、冷戦も終了し、情報技術も著しく発達し、政治的な配慮からも解放され、戦後間もなくの時代に比べると、今日、アメリカ研究の研究条件は著しく改善されている。資料の入手、在外研究の機会、研究資金の調達、日本における研究者の相互交流、アメリカをはじめ諸外国の研究者との交流、といった研究条件の進歩、発展は顕著であり、研究内容の発展、変化を当然にもたらした。その点、確かに日本のアメリカ研究は、量も質も共に格段に発展し、戦後間もなくに比べるならば、まさに隔世の感があるといってよい。戦前から受け継がれた細々とした流れは、戦後五〇年余、今や大河のごとく、広く深く流れている。ここ数十年アメリカにおいて、マイノリティの研究、多文化主義をめぐる研究、論争が盛んであるが、日本でもむしろ戦後比較的早くから、猿谷要、本田創造などによりアフリカ系アメリカ人についての研究、富田虎男などによりアメリカ先住民の研究は進められ、多くの研究者が育成されている。日本のアメリカ研究者に女性研究者の多いこともあり、周知のように今日女性史研究は隆盛をきわめている。しかし、こうした部門別、個別的研究について述べる余裕も資格も筆者にはない。

今や研究内容が専門化され、しかもアメリカにおいて現在進行中の研究が、インターネットなどのおかげもあり、ほとんど同時的に日本でも紹介され、進行されることも可能となっている。その意味で研究が、日米を越えて、同一空間的、同時間的になったという性格、側面をもつまでになったともいえる。それ自体、素晴らしいことである。ただ、その場合、たとえば資料入手、在外研究がごく容易であることにより、ある研究をして、時に同一空間性により、アメリカの特定の地方、特定の時代の微視的な新資料への埋没的実証的研究へ導き、時に同時間性により、特定のアメリカ人学者の新解釈への後追い的紹介的研究へと導くことも多い。もとより、そのことが日本のアメリカ研究をより広め、より深め、より専門化するという点、そのこと自体評価されるべきことではある。しかし、他面、その専門化され、特殊化され、断片化されたアメリカ研究が、やはりアメリカ社会全体の理解という点で、何らかの意味付けをもつこと、筆者のいう「文脈的理解」あるいは本間長世のいう「総合的理解」への配慮がなされることも必要であろう。

その文脈ないし綜合の鍵になるのは、アメリカ人のアイデンティティの問題であろう。アメリカにおけるアメリカ研究自体、アメリカ人が昔から抱いた、いや抱かざるをえなかったアメリカ人とは何かという、アメリカ人のアイデンティティの追求と無縁ではなかった。もとより、私たち、日本のアメリカ研究者が、すべてその問題に取り組めなどというのではない。ただ、自己の専攻の特定の分野の学問的研究が、長期的に見てアメリカ理解に貢献するためには、やはり比較研究の視点、あるいは今日的にグローバルな視点をもって、アメリカ人のアイデンティティの問題の存在を意識し、それを考慮することが必要なのである。そのさい、アメリカ人のアイデンティティを固定的に捉えるのではなく、アメリカ史を通じて過程的なものであることに留意する必要があろう。あえて言えば、アメリカ社会とは本来的に相互に他者からなる社会であり、相互を結び付ける法的契約が重要であるとともに、それを支える価値基盤が重要視されてきた。しかし、アメリカ的価値とは何なのか。その表現は同じでも、その意味内容は時代環境により異ならざるをえない。

周知のように、一九六五年に移民法の抜本的改正が行われた。その結果、二一世紀の半ばすぎにはアメリカ総人口の半分は非白人系になるとも言われる。はたしてそうなるかは疑問としても、アメリカ社会の人口構成が急激に変わりつつあることは否定しがたい。五〇年後にアメリカ人であることの意味、何がアメリカ人としてのアイデンティティとなるのか、といった長期的な視座、問題意識をどこかに秘めて、その専門の研究対象が何であれ、研究にとりくむ若いアメリカ研究者が輩出するであろうことを信じ期待して、老書生の論稿を閉じることにしたい。

追記

本稿の執筆にあたっては、一九九九年一一月二九日の立教大学太刀川記念館における講演「日本におけるアメリカ研究――その歴史と今後の課題」の録音テイプを参照したが、論稿の構成、記述において、下記文献表中の『アメリカ研究案内』の拙稿「日本のアメリカ研究前史――日米関係の狭間で」及び拙稿「戦後日本のアメリカ研究」『国際文化会館会報』八巻二号（一九九七年七月）と重複している面の多いことをお断りしておきたい。

（1）Robert H. Walker, ed., *American Studies Abroad* (Westport, CT: Greenwood, 1975) においても、第二次大戦前にたとえばイギリスにおいてアメリカ史の講義などあったことは分かるが、戦前におけるアメリカ研究所の存在についての記述は見当たらない。一九四七年にノルウェイ、オスロー大学に設立された Amerikansk Institutt が最初かもしれない（p. 3）。なお、同書には筆者も "American studies in Pre-War Japan" を寄稿したが、その中で立教大学アメリカ研究所が戦前に設立されていることの重要性を指摘している（p. 129）。

（2）立教大学アメリカ研究所設立に関する基本的な資料集としては、『立教学院百二十五年史　資料編』第一巻、第一二章「アメリカ研究所の設立と活動」（立教学院、一九九六年）六五三―七〇〇頁、及び清水博・富田虎男編「創設期の立教大学アメリカ研究所――資料集」『アメリカ研究シリーズ』第一六号（立教大学アメリカ研究所、一九九四年三月）がある。これらの資料、その他の資料につき、同研究所の元所長富田虎男、現所長阿部珠理、現所員の方々にお世話になったことを感謝をもって記しておきたい。

（3）高垣松雄は、設立の翌一九四〇年に死去。彼は、立教卒業後シカゴ大学で学び、帰国後立教大学でアメリカ文学を教える。もとより、アメリカの作家・詩人ついての個人的な関心・研究はあったが、イギリス文学と切り離してのアメリカ文学全体についての本格的研究は、高垣の『アメリカ文學』（一九二七年、増補版一九三八年）が最初であると言われる。また高垣は、後に同研究所に属する杉木喬などのアメリカ文学研究者を養成した。

（4）正岡猶一『米國及米國人』（二酉社、一九一三年）。本書は一〇〇〇頁をこえる大著で、その巻頭には著名アメリカ人多数の寄稿文がならんでいる。

（5）新渡戸稲造「米國研究の急務」『実業之日本』一九一九年四月一日号、二三頁。同論文は、亀井俊介編『日本人のアメリカ論』アメリカ古典文庫二三（研究社、一九七七年）に収録されている。

（6）清澤洌『米國の研究』（日本評論社、一九二五年）。

（7）横浜商業専門学校研究会編『アメリカ研究』（森山書店、一九三三年）。本書は複数の一橋系の経済学者による学術書である。

（8）松本慎一・西川正身訳『フランクリンの自伝』（岩波文庫、一九五七年）。戦後、一九五七年に改訂版が刊行されるが、松本「解説」はそのまま残されている。引用は三〇七頁。

（9）肥塚龍重訳『自由原論』全八巻（薔薇樓藏梓、一八八一―八二（明治一四―一五年））。

（10）人見太郎『平民政治』上下二巻（秀英社、一八八九―九一（明治二二―二四年））。訳書本文、実に二八八九頁という大著である。

（11）James Bryce, *The American Commonwealth*, new ed. (New York: Macmillan, [1888] 1915), vol. 1, p. 4.

（12）丸山眞男『講義録第二冊』一章「前期的国民主義の諸形態」一「海防論の登場」（東京大学出版会、一九九九年）五七頁。なお、海防論の多くは、砲術中心で、排外論の立場にたつことになる。

（13）Elijah Coleman Bridgman, *History of the United States*. ブリッジマン（中国名、高文理）は、アマスト大学出身、一八二九年よりその死去（一八六一年）まで中国に宣教師として滞在した。『聯邦志略』の内容、同書が日本で読まれたことを含め、幕末におけるアメリカ政治についての知識、学習については、遠藤泰生「幕末日本の合衆国憲法学事始」『思想』第七六一号（一九八七年一一月）参照。

（14）この万延元年遣米使節については、もとより研究書も多いが、比較的最近のものとして、Masao Miyoshi, *As We Saw Them: The First Japanese Embassy to the United States (1860)* (Berkeley: University of California Press, 1970); 佳知晃子監訳『我ら見しままに万延元年遣米使節の旅路』（平凡社、一九八四年）参照。手頃には、たとえば、宮永孝『万延元年のアメリカ報告』（新潮選書、一九九〇年）などがある。

（15）玉虫左大夫『航米日録』（沼田次郎校注）、沼田次郎・松沢弘陽編『西洋見聞集』日本思想大系六六（岩波書店、一九七四年）二二八頁。なお引用文中の「……」は引用者による省略を示す。以下同様。

（16）村垣範正『航海日記』、本橋正「村垣範正『航海日記』にあらわれたアメリカ記事」、『日米関係史研究』（学習院大学、一九八六年）二二〇頁。

（17）なお、玉虫については、上記『西洋見聞集』解説、沼田次郎「玉虫左大夫と航米日録」、松沢弘陽「さまざまな西洋見聞」、『西洋見聞集』月報四五、玉虫文一「玉虫左大夫とその周辺」参照。

(18) 明治期における範例、「模範国」としての西洋諸国像については、たとえば山室信一『法制官僚の時代――国家の設計と知の歴程』(木鐸社、一九八四年)。ことに、「模範国・準拠理論の選択と知の制度化」参照。アメリカについては、七二―八四頁参照。

(19) 福沢諭吉『西洋事情、初編』、『福沢諭吉選集』一巻(岩波書店、一九八〇年)。そこには独立宣言、合衆国憲法の全文が訳出されている。もとより、福沢はアメリカへの批判の眼ももっている。やや後になるが『文明論之概略』(一八七五年)において、アメリカの建国の理想(実は理想化された理想であるが)と現実との乖離を指摘し、「合衆政治は人民合衆して暴を行うべし、その暴行の寛厳は、立君独裁の暴行に異ならず……」とトクヴィル流の多数専制の危険を指摘し、「全国の男児は終始馳駆して金円を逐い」と拝金主義の存在を嘆く。また、同書の「自国の独立」において、西洋によるアジア植民地化への警戒との関連においてであるが、「今の亜米利加は元と誰の国なるや。その国の主人たるインジアンは、白人のために逐われて、主客処を異にしたるにあらずや。故に今の亜米利加の文明は白人の文明なり、亜米利加の文明というべからず」と、そのものずばりに批判を下している(松沢弘陽校注、岩波文庫版、一九九五年)、六九、七一、二九〇頁)。

(20) Uchimura Kanzo, *How I Became a Christian: Out of My Diary*;『内村鑑三全集』第三巻(岩波書店、一九八二年)七―一六四頁。訳文は鈴木俊郎訳『余は如何にして基督信徒となりし乎』(岩波文庫、一九五八年改版)による。括弧内は、筆者が便宜原文により挿入したもの。ただし、内村は、一方で現実のアメリカ(キリスト教)文明のあり方を批判しつつ、他方で終始アメリカの本来あるべき姿には共感を失わない。内村研究は多いが、アメリカ文明との関係を視座にして論じたものとして亀井俊介『内村鑑三　明治精神の道標』(中公新書、一九七七年)参照。

(21) 伊藤弥彦「新島襄の脱櫪」『同志社法学』三九巻三・四号(一九八七年一一月)、伊藤弥彦「新島襄の函館紀行」『キリスト教社会問題研究』三七号(一九八九年三月)参照。J・D・デイヴィス著、北垣宗治訳『新島襄の生涯』(同志社校友会、一九七五年)二〇二―三頁参照。

(22) 大久保利謙編『森有禮全集』第三巻(宣文堂、一九七二年)所収。森のこの著は、ランマンの執筆に負うところ大きなものがあったらしい。上記『全集』でも、同書の全文は、Charles Lanman, ed., *The Japanese in America* (New York: University Publishing, 1872) の第三部として所収され、ランマンの序文では「日本代埋公使、従五位森有禮の指示により編集されたアメリカについての小著を再刊したもの」(p. 29) とある。同書の内容については、本橋正、上掲『日米関係史研究』、五章「初代駐米使節森有礼とその業績――アメリカ研究を中心として」の「そのアメリカ研究記事」に詳しい。なお、アメリカの日本研究者による労作、Ivan Parker Hall, *Mori Arinori* (Cambridge, MA: Harvard University Press, 1973) pp. 159–160 を参照。

(23) J. F. Jameson, "Naibu Kanda at Amherst," 神田記念事業委員会編『神田乃武先生追憶及遺稿』全巻英文、英文タイトル *Memorials of Naibu Kanda*（刀江書院、一九二七年）三五頁。彼は神田の養子である高木八尺のアメリカ留学にさいしては良き世話役となる。

(24) オーテス・ケーリ『日本との対話　私の比較文化論』（講談社、一九六八年）四六三頁。アマスト大学と日本との関係については、同書「アーモスト大学、日本、ケーリー家」など。

(25)『民情一新』（明治一二年）、『福沢諭吉全集』第五巻。福沢は、イギリス政治についてのべた後、次のごとく記している。「今後世界の諸国に於て苟も千八百年代の文明を利用する者は、必ず英国の治風に倣ふて始めてよく其人民の不安を慰めて國安を維持するを得んのみ」（五九頁）。この『民情一新』については、その解釈をめぐり多くの論稿があるが、最近のものとして、松沢弘陽「『民情一新』覚え書――官民調和論との関係において」、魚住昌良、M・ウィリアム・スティール編『近代化の思想的系譜　小泉仰教授古稀記念論文集』（国際基督教大学アジア文化研究所、一九九七年）四五―六四頁、がある。

(26) 坂野潤次『近代日本の国家思想』（岩波書店、一九九六年）第二章「三つの立憲政体構想――イギリス・モデルを中心に」一〇八頁。

(27) 前掲、山室『法制官僚の時代』、I、4「ドイツ学導入をめぐる嚮導と対抗」を参照。これは全くの憶測であるが、日本の秀才官僚・軍人・大学教授たちは、その内なる身分意識と流通性を欠く自己の外国語の故に、それこそ「平民主義」の移民社会アメリカでは違和感を覚え、「外国人」として一応その地位に則して待遇してくれるヨーロッパ社会では安心感を覚えるという個人的体験も、そのアメリカ観に影響するところがあったであろう。

(28) たとえば、亀井俊介『近代文学におけるホイットマンの運命』（研究社、一九七〇年）、日本におけるソロー主義については、瀧田佳子『アメリカン・ライフへのまなざし』第二、三章（東京大学出版会、二〇〇〇年）参照。

(29) ことに女性宣教師の来日については、小檜山ルイ『アメリカ婦人宣教師　来日の背景とその影響』（東京大学出版会、一九九二年）参照。

(30) 松沢弘陽『日本社会主義の思想』（筑摩書房、一九七三年）五二頁。

(31) 隅谷三喜男『片山潜』（東京大学出版会、一九六〇年）八頁。

(32) 萩原延壽『馬場辰猪』（中央公論社、一九六七年）五九―二七九頁。一九五一年春、フィラデルフィア在住日系一世の方々の集まり（ピクニック風）が、馬場辰猪の墓の前であり、筆者も連れて行って頂いたことを覚えている。意外に立派な墓であったが、同書によると当時ペンシルヴェニア大学留学中の岩崎久弥（弥太郎の長男）の手になるものらしい。

(33) 隅谷三喜男「日本の社会運動とアメリカ」、斎藤真・本間長世・亀井俊介編『日本とアメリカ――比較文化論二　デモクラシーと日米関係』（南雲堂、一九七三年）八一頁。

(34) たとえば、入江昭「転換期の日米関係、一八九六―一九一四」、細谷千博編『日米関係通史』（東京大学出版会、一九九五年）、入江昭・有賀貞編『戦間期の日本外交』（東京大学出版会、一九八四年）、および細谷博・斎藤真編『ワシントン体制と日米関係』（東京大学出版会、一九七八年）参照。

(35) Homer Lea, *The Valor of Ignorance* (New York: Harper and Brothers, 1909). 断水楼主人（池亨吉）訳『日米戦争』（東京博文館、一九一一年）。たとえば佐藤鋼次郎『日米若し戦わば』（目黒分店、一九二〇年）。

(36) 前掲、註（4）、正岡『米國及米國人』三頁。

(37) 三谷太一郎『新版大正デモクラシー論　吉野作造の時代』（東京大学出版会、一九九五年）一一頁。

(38) Hugo Munsterberg, *The Americans* (New York: McClure, Phillips, 1904). 岡村多計志訳『米國民』（大日本文明協会、一九一一年）。

(39) 内田満『日本政治学の一源流　内田満政治学論集一』（早稲田大学出版部、二〇〇〇年）、二「わが国政治学の発達に対する『早稲田叢書』の貢献」、拙稿「解説」参照。

(40) 同書、六「大山郁夫とC・E・メリアム」参照。

(41) 大正デモクラシー論は多いが、本稿との関係では、前掲、三谷『新版・大正デモクラシー論』、同じく『増補・日本政党政治の形成　原敬の政治指導の展開』（東京大学出版会、一九九五年）参照。

(42) 蘇峰・徳富猪一郎監修、吉野作造編輯『現代米國』（民友社、一九一六年）。蘇峰はその序文冒頭に「世界列強の中、最も未来に富むものは、米国也。而して対岸の友邦として、我国と利害の関係、最も緊切なるもの、亦た米国となす。我が国民は、須らく米国を解せさるへからず。世上、米国に就て、兎角の言をなすもの、多し。然れとも多くは是れ、楯の半面を見て、説を立つるのみ……」と記している。

(43) 前掲、註（6）、新渡戸「米國研究の急務」。なお、拙稿「草創期アメリカ研究の目的意識――新渡戸稲造と〈米国研究〉」（本書所収）、前掲、註（34）、細谷・斎藤編『ワシントン体制と日米関係』四章、参照。

(44) 本文にその表題をのせた三篇の論稿は『実業之日本』大正八年一月一日号、同二月一日号、同五月一日号に掲載され、いずれも『新渡戸稲造全集』第四巻に収録。

(45) このバートン・ヘボン、およびヘボン講座のことについては、一般向きには「もう一人のヘボン――東大ヘボン講座のことなど」として、『学士会会報』七五三号（一九八一年一〇月）に記したことがある。ヘボンの伝記としては、Joseph Bucklin Bishop, *A. Barton Hepburn: His Life and Service to His Time* (New York: Charles Scribner's Sons, 1923) がある。ヘボン講座については、chaps. 2–3, "An American Professorship in Tokio University" を参照。ヘボン講座設置関係の往復書簡は、『渋沢栄一伝記資料』全六八巻（渋沢栄一伝記資料刊行会、一九五五―六五年）の四五巻、四三二―四八〇頁に所収。同『資料』の候文体の邦訳は同時代的感覚を伝えるので、引用には適宜用いた。

(46) 新渡戸稲造『米國建國史要』米國講座叢書第二編（有斐閣、一九一九年）。美濃部達吉『米國憲法の由来及特質』米國講座叢書第一編（有斐閣、一九一八年）。吉野の講義は刊行されていない。

(47) 清澤洌『米國の研究』（日本評論社、一九二五年）四頁。北岡伸一『清沢洌――日米関係への洞察』（中公新書、一九八七年）参照。

(48) 高木八尺『米國政治史序説』米國講座叢書第四編（有斐閣、一九三一年）。高木の研究・生涯については、『高木八尺著作集』全五巻（東京大学出版会、一九七〇―七一年）、斎藤眞・本間長世・岩永健吉郎・本橋正・五十嵐武士・加藤幹雄編『アメリカ精神を求めて　高木八尺の生涯』（東京大学出版会、一九八五年）、拙稿「日本における国際学の先駆者I高木八尺」『明治学院論叢　国際学研究』創刊号四一二号（一九八七年三月）参照。

(49) American Studies in Japan, Oral History Series 23「今津晃先生に聞く」（東京大学アメリカ研究資料センター、一九八九年）、六頁。

(50) 入江昭『日米戦争』（中央公論社、一九七八年）第一章「日米冷戦から日米戦争へ」。

(51) 同講義は、高木八尺『米國東洋政策の史的考察』（岩波書店、一九四二年）として刊行された（『著作集』三巻、本橋正「解説」所収）。

(52)『中央公論』一九四一年三月号に掲載予定であった。戦後、「日米危局と歴史の警告」と改題されて、若干加筆訂正の上、『著作集』第三巻に所収。

(53) 斎藤勇『アメリカの國民性及び文學』米國講座叢書第五編（有斐閣、一九四二年）。

(54)都留重人『米國政治と経済政策――ニューディールを中心として』米國講座叢書第六編(有斐閣、一九四四年)。
(55)高木八尺『アメリカ』(明善書房、一九四八年)。一九六二年加筆して東大新書として刊行された(『著作集』四巻、松本重治「解説」、所収)。
(56)藤原守胤『アメリカ建國史論』上下(有斐閣、一九四〇年)。
(57)松下正寿『米國戰爭權論　その國内法及國際法學的研究』(有斐閣、一九四〇年)。なお、一九四三年度あたりから、陸海軍が立教大学アメリカ研究所にも関与し、研究所の目的も「アメリカ合衆国……の国情を研究し我が国策に寄することを目的とす」ることになる。
(58)日本海軍は、開戦前アメリカについてかなりの客観的情報を持っていたと思われる。たとえば、全く個人的なことではあるが、戦中海軍に勤務していた筆者の上官であった大佐は大尉の頃アメリカ勤務をしていた。同大佐は、前線に赴くにあたって、アメリカで購入した英文書籍を、リヤカー一杯筆者に送ってくれた。その書籍は軍事とは関係なく、ニューディールを含め、ほとんどが経済関係であり、中にはアメリカ文学史の高校用教科書も入っており、すべてが読了されていた。それを見た時、筆者は驚き、そうしたアメリカについてのそれだけの知識が、海軍に、日本に活かされていなかったことに、何ともいえない無念さを覚えた。なお終戦後、戦地より復員して、同大佐がフィリピン沖海戦で空母艦長として戦死されたことを知った。
(59)戦後、鈴木圭介『アメリカ経済史序説』(日本評論社、一九四九年)として刊行。なお、American Studies in Japan, Oral History Series 11「鈴木圭介先生に聞く」(東京大学アメリカ研究資料センター、一九八一年)、鈴木圭介追悼文集刊行委員会編『自由の風〔鈴木圭介追悼文集〕』(私家版、一九九九年)参照。
(60)太平洋協会編『現代アメリカの分析』(生活社、一九四一年六月)。
(61)太平洋協会編(代表坂西志保)『アメリカ國民性の研究』(一九四四年)。なお、『坂西志保さん』(国際文化会館、一九七七年)参照。戦後アメリカについての評論家として長く活躍する陸井三郎も戦中この太平洋協会に勤務していた。American Studies in Japan, Oral History Series 27「陸井三郎先生に聞く」(東京大学アメリカ研究資料センター、一九九一年)参照。
(62)J・T・アダムズ著、木村松代・原田のぶ・原元子・藤井千代・伊藤みゑ共譯『米國史』(理想社出版部、一九四一年六月)。原著は、James Truslow Adams, *The Epic of American* (Boston: Little, Brown, 1931).
(63)戦後日本のアメリカ研究についての若干の参考文献表
a　日本のアメリカ研究の業績を紹介したもの

斎藤眞・嘉治元郎編『アメリカ研究入門』（東京大学出版会、一九六九年）／清水知久・高橋章・富田虎男著『アメリカ史研究入門』（山川出版社、一九七四年、一九八〇年）／本間長世・有賀貞編『アメリカ研究入門第二版』（東京大学出版会、一九八〇年）／阿部斉・五十嵐武士編『アメリカ研究案内』（東京大学出版会、一九九八年）

b　研究状況、研究施設、学会・研究会、などを紹介したもの

『東京大学アメリカ研究資料センター年報』第一号（一九七八年）以下諸号（一九九六年より『東京大学アメリカン・スタディーズ』）／『アメリカ研究シリーズ』立教大学アメリカ研究所編集・発行第一号（一九七六年）以下諸号（一九九九年より『立教アメリカン・スタディーズ』）

c　アメリカ研究、教育面について紹介したもの

『「アメリカ研究」教育　現状の分析と改善への摸索』中・四国アメリカ学会一九八〇年ワークショップ報告書（「アメリカ研究」教育プロジェクト運営委員会、一九八二年）／『日本におけるアメリカ研究教育プログラム　現状と課題』アメリカ研究振興会一九九四年九月アメリカ研究ワークショップの報告書（アメリカ研究振興会、一九九六年）／『高等教育におけるアメリカ研究カリキュラム』一九九五年四月より二年間にわたり行われたアメリカ研究総合調査プロジェクト教育プログラム調査部会の報告書（国際文化会館、一九九七年）

d　アメリカ研究セミナーについての調査報告書

『戦後日本の「アメリカ研究セミナー」の歩み』アメリカ研究総合調査報告書（国際文化会館、一九九八年）

［解題］　初出は『立教アメリカン・スタディーズ』第22号、七―三二頁（立教大学アメリカ研究所、二〇〇〇年）。立教大学アメリカ研究所創立六〇周年記念講演会での講演をもとに執筆されたものである。一九三九年にすでにアメリカ研究所が設立されていたこと自体、きわめて興味深い。著者は、日本におけるアメリカ研究の系譜を、「範例」と「探索」という二つの言葉を提示して、それらを軸に論じている。これはモデルとしてのアメリカと、情報収集の対象とすべきアメリカを意味する。アメリカは「平民主義」の政治を実践していたがゆえに、戦前の日本の関心はイギリスやドイツに凌駕

される傾向にあったが、同時に興味深いことに社会主義者が逃れる場ともなった。最近の研究については、資料の入手が容易になるにつれ、研究の断片化が目に付くと警鐘を鳴らしている。（久保）

あとがき

本書には今から半世紀以上前に執筆された論考も含まれている。しかし、これだけの時間を経ても、どの論文も輝きを失っていない。

むろん、時代の変化ゆえ、すでに妥当しなくなった議論は存在する。一九六〇年代の連邦議会には超党派的雰囲気が濃厚に残っていたが、それは今日痕跡すら見つけることが難しい。国際環境も、冷戦から冷戦終結後の世界、「テロとの戦い」へ、そしてその後の時代へと大きく変転した。

あるいは、当然ながら、個々の論点では、その後の夥しい数のアメリカ、あるいは日本その他の地域での研究の進展によって、修正された部分は存在する。

にもかかわらず、多くの議論は今日でも妥当性を持つと考えてよいであろう。それにはいくつかの理由がある。

何より、著者は、ほとんどつねに、一定の時間を越えて普遍的に妥当するアメリカ論を展開しているからであろう。まさに『アメリカとは何か』（平凡社ライブラリー、一九八九年）に迫る議論・分析・考察を提供してくれている。むろん、アメリカとは何かといういわば巨大な問いに数行で答えられるわけはない。しかも著者が向き合う対象は、ある時はメイフラワー契約であり、ある時はアメリカの国防思想であり、またある時はクリントン政権のホワイトハウスといった具合で、時間を越えて実に多様である。

著者の学問的関心の中心は植民地時代と建国期にあったと考えて大きく間違っていないと思われるが、同時に晩年まで、現在進行中のアメリカ現代史の展開に抜き差しならない関心を抱き続けていた。

第二に、日本人研究者として、そして日本人学生に対してアメリカを教える者として、著者はつねに比較という視座をもってアメリカを理解しようとしてきた。それはさしあたり日本との比較であるが、さらにはヨーロッパ諸国との比較でもある。このことは、一九七八年、東大法学部におけるアメリカ政治外交史の講義で、著者自ら学生に語ったことでもある。

同じように比較の視座をもって大胆にアメリカ的特徴、アメリカの本質に迫ろうとした研究者としては、『アメリカ自由主義の伝統』（講談社学術文庫、一九九四年）の著者、ルイス・ハーツがよく知られている。ハーツはヨーロッパの政治思想との比較の中で、アメリカ史においてつねに、個人の自由を最大限に尊重するロック的自由主義が優位に立ってきたことを力説した。著者はハーヴァード大学留学時代にハーツの授業を受けており、その後のアメリカ史の解釈をみても、ハーツの強い影響を受けていることは確かである。

ただし、著者は、アメリカを一つのものとして見るのでなく、その中での様々な集団間の複雑な力学の存在とそれが持つ重要な含意も見抜いていた。たとえば著者は、アメリカが当初から内包していた多文化性に着目している。それは単にイギリス系とドイツ系といった多様性に尽きるものではない。深い信仰を抱き、信仰に生きるピューリタンたちと、そうでない人々との相違でもあった。著者が現代のアメリカについても幅広く論じながらも、プリマス植民地、とりわけメイフラワー契約にきわめて強い関心を示したのも、アメリカ史に通底する多文化性という連続性に着目したからであろう。

いうまでもなく、多文化性の意味は一七世紀初頭と今日では相当異なる。今日では、先住民やアフリカ系はいうまでもなく、ヨーロッパのみならず、中南米から、そしてアジアからアメリカに多数の移民が押し寄せる。しかも、今日多文化性で意味されるものには、同性愛者など性的指向の多様性が含まれるのはむしろ普通である。多くの研究者は、この種の表面的な多文化性の指摘で満足している。

しかし、同じイギリス系アメリカ人の中でも、信仰に生きる人とそうでない人が存在し、しかも彼らは厳しい環境の中での生存のためとはいえ、平和的に共存していくことを選択した。それも上からの支配でなく、構成員の合意に基づく政治体の構築と決定の手続きを作り出そうとしていた。そのような自己統治の構図はすでに一七世紀初頭から観察することができる。これはアメリカ政治の歴史に一貫して流れる力学であり、特徴なのである。

著者は、本論文集にもその一端が垣間見られるように、第一次大戦期、一九二〇年代、アル・スミス、ヒューイ・ロング、ケネディ、ニクソン、冷戦外交等々、その関心をつねに現代にも向けていたものの、底流にはアメリカをアメリカならしめているものの探求への強い衝動が存在していたと考えられる。

著者はアメリカ政治史を貫くテーマを、しばしば「自由と統合」と短い言葉で表現してきた。まさにメイフラワー契約の状況は、個人あるいは集団の自由を維持しながら、一つの政治社会をいかに取りまとめていくかという問題状況を集約的に象徴している。

それは実は、広く民主社会における普遍的な課題でもある。したがって、これについては、アメリカを特徴づけるにはやや一般的すぎるのではないかとの疑問を提起することが可能であろう。およそ自由を相当程度尊重する政治社会においては、個人の自由を、そこにおける統一的決定、すなわち権力や強制の存在とどのように調整するか、あるいは均衡させるかは、困難にして永遠の課題であり、何もアメリカ合衆国に限定された課題ではないはずだ。

ただ、それがすでにメイフラワー契約にみられるように、一六二〇年に実践され、タウンミーティング、憲法制定会議、アメリカ西部のフロンティアに点在するコミュニティで開かれた無数の小さな会議、州政府、そして連邦政府など、さまざまなレベルと場で引き継がれてきたことは、確実にアメリカ史の重要な特徴の一つといえるであろう。アメリカにおいては、上位権力が一方的に命令を下すのとは異なる近代的状況が、早くから生成していた。それゆえに、「自由と統合」という課題は、植民地時代から現代までを貫く一貫した特徴となりうる。このことを見抜いたのは、まさに著者の慧眼というほかない。

著者の論文の三つ目の特徴は、その卓越した表現力にある。それは、以下のような様々の言葉で形容できよう。透徹した文章、無駄を削り落とした凝縮された表現、張り詰めた神経を感じさせる細部へのこだわり、練りに練られた構成と見出し。ある門下生は、著者には物書きの才能があると断言し、また、一つ一つの文章の終わり方にすら、単調にならないように細心の注意を払っているとも指摘している。

とくに、表題、小見出しに対するこだわりは強い。著者自身、ある研究会で、半ば以上冗談として、自分の論文は「章立てと章の見出しができるとほぼ出来上がりである」と語ったことがあるが、これは必ずしも冗談のみではなかったであろう。しばしば、章のタイトルは見事に韻が踏まれている。

著者はかつて若手の研究者が集まった場で、英語がうまくなる方法は何かを伝授してくれた。その秘訣は、「日本語をうまく話せるようになること」であった。すなわち、何を言おうとしているか、まず自分の中ではっきりさせておかないと、何を言っても通じないという警告であった。

著者は八六歳で他界したが、その数年前まで、自身が立ち上げた「アメリカ政治研究会」という勉強会に頻繁に出席していた。熱心に若い研究者の報告を聞くだけでなく、質問やコメントも怠らなかった。命ある限り学び続ける姿勢がそこから滲み出ていた。

最近の若い研究者でも、後輩から批判されると、威圧的な態度をとる者を見かけるが、それは著者がもっとも嫌う態度であったと思う。著者が東大法学部在職中、同僚・後輩教員のみならず、多数の職員から慕われ、また国際基督教大学に移ってからも、新しい職場環境にすぐに溶け込み、多数の若手研究者を育てたことは、高く評価されるべきであろう。

著者は酒をこよなく愛したが、戦争経験から、そして宗教上の理由もあり、贅沢を避け、高い酒を自ら飲むことはなく、ほとんどの場合、廉価なウイスキーを痛飲した（持病の喘息との関係でビールは避けていた）。行きつけの店は新宿西口のとある質素な居酒屋であった。そこで接待されたある大先生は、自分は軽んじられたと感じたようだが、実はそれは最高の接待であった。

著者が晩年、自分の人生を振り返って書いた『私の自分史』（非売品、二〇〇八年）の末尾は、次のように結ばれている（五四頁）。この引用をもって、拙いあとがきの結びとしたい。

八五歳の今、まだまだ、研究者として、やり残したことがある。早くやり遂げなければ、という逼迫感にも迫られている。それをしっかりとやり遂げることで、家族にも、一つの仕事をなした、と胸を張ることができると思うのだ。そんな私が、自らの人生を顧みて思う言葉をもって、文章の締めくくりとしよう。

人生は、一日も無駄にできない

久保 文明

著者略歴

（さいとう・まこと、1921-2008）

1921年東京生れ．1942年，東京大学法学部政治学科卒業．助手採用の後，直ちに休職し，海軍主計見習尉官．46年，助手に復職し，59年，ヘボン講座を担任し，同時に法学部教授．この間，ハーヴァード大学，プリンストン高等研究所などに留学する．1981年，東京大学を退職し，国際基督教大学教授（-91年）．1997年，文化功労者．2005年，文化勲章．著書に『アメリカ外交の論理と現実』（東京大学出版会，1962）『アメリカ政治外交史』（東京大学出版会，1975）『アメリカ現代史』（山川出版社，1976）『アメリカ史の文脈』（岩波書店，1981，その後改訂を加え『アメリカとは何か』平凡社ライブラリー，1995）『先進工業諸国——普遍性と特殊化』（放送大学教育振興会，1985）『アメリカ革命史研究——自由と統合』（東京大学出版会，1992年）などがある．

監修者略歴

古矢 旬〈ふるや・じゅん〉 1947年東京生れ．東京大学法学政治学研究科修了．1975年，北海道大学法学部助教授に就任する．その後，北海道大学法学部教授，東京大学大学院総合文化研究科教授を経て，現在 北海商科大学教授．北海道大学，東京大学名誉教授．1989年，プリンストン大学でPh.D.を取得する．著書に『アメリカニズム——「普遍国家」のナショナリズム』（東京大学出版会，2002）『アメリカ——過去と現在の間』（岩波新書，2004）『ブッシュからオバマへ——アメリカ変革のゆくえ』（岩波書店，2009）ほか．

久保文明〈くぼ・ふみあき〉 1956年東京生れ．1979年東京大学法学部を卒業し，同法学部助手，筑波大学助教授，慶應義塾大学教授を経て，2003年より東京大学法学政治学研究科教授．法学博士．この間，パリ政治学院招聘教授，ウッドロー・ウィルソン研究員などの他，東京大学ヘボン＝渋沢記念講座を担当する．著書に『ニューデイールとアメリカ民主政——農業政策をめぐる政治過程』（東京大学出版会，1988）『現代アメリカ政治と公共利益——環境保護をめぐる政治過程』（東京大学出版会 1997）ほか．

斎藤 眞
アメリカを探る
自然と作為
古矢 旬・久保文明監修

2017年10月20日 第1刷発行

発行所 株式会社 みすず書房
〒113-0033 東京都文京区本郷2丁目20-7
電話 03-3814-0131(営業) 03-3815-9181(編集)
www.msz.co.jp

本文組版 キャップス
本文印刷所 平文社
扉・表紙・カバー印刷所 リヒトプランニング
製本所 誠製本

ISBN 978-4-622-08644-4
[アメリカをさぐる]